OpRisk-Regulierung der Banken nach Basel III

Patrik Buchmüller/Marcus Haas/Frank Beekmann

OpRisk-Regulierung der Banken nach Basel III

Einführung in die neuen Eigenkapitalanforderungen und in die Vorgaben nach Säule II und III

Schäffer-Poeschel · Verlag · Stuttgart

Verfasser:

Dr. Patrik Buchmüller, Bonn
Marcus Haas, Weiterstadt
Dr. Frank Beekmann, Bonn

Bibliografische Information der Deutschen Nationalbibliothek

Die Deutsche Nationalbibliothek verzeichnet diese Publikation in der Deutschen Nationalbibliografie; detaillierte bibliografische Daten sind im Internet über http://dnb.dnb.de abrufbar.

Print: ISBN 978-3-7910-4393-7   Bestell-Nr. 11027-0001
ePub: ISBN 978-3-7910-4394-4   Bestell-Nr. 11027-0100
ePDF: ISBN 978-3-7910-4395-1   Bestell-Nr. 11027-0150

Patrik Buchmüller/Marcus Haas/Frank Beekmann
OpRisk-Regulierung der Banken nach Basel III
1. Auflage, August 2019

© 2019 Schäffer-Poeschel Verlag für Wirtschaft · Steuern · Recht GmbH
www.schaeffer-poeschel.de
service@schaeffer-poeschel.de

Schäffer-Poeschel Verlag Stuttgart
Ein Tochterunternehmen der Haufe Group

Inhaltsverzeichnis

Vorwort

Das Jahr 2019 ist ein entscheidender Wendepunkt bei der Regulierung der operationellen Risiken. Einerseits müssen die Banken in der EU weiterhin die vollen Anforderungen des Basel-II-Regelwerks erfüllen, wie es in der Bankenverordnung, nachgelagerten Regelungen der EBA und auf nationaler Ebene besteht. Andererseits werden die Grundzüge der neuen Regulierung dieser Risikoart in Umsetzung des Baseler Rahmenwerks vom Dezember 2017 und in Reaktion auf die neue Risikolage im Bankensektor immer klarer.

Dieses Buch stellt sowohl die geltenden Anforderungen als auch die kommenden Neuerungen dar. Der Schwerpunkt liegt dabei aber ganz klar auf den neuen Vorgaben in Säule I durch die neue Baseler Rahmenvereinbarung sowie die sehr umfassenden Anforderungen an die Steuerung des operationellen Risikos in Säule II einschließlich wesentlicher Unterarten wie das sogenannte »Conduct Risk« und »IT-Risiken«.

Kapitel 1 erläutert die **Grundlagen der Risikoart operationelles Risiko und die bestehenden Vorgaben der CRR** inkl. der EBA-Vorgaben zu den drei bestehenden Säule-I-Ansätzen, d. h. dem **Basisindikatoransatz, dem Standardansatz sowie den fortgeschrittenen Messansätzen (AMA-Ansätze)**. Insbesondere zu den AMA-Ansätzen liegt durch eine neue, erst 2018 veröffentlichte **delegierte Verordnung** weiterhin Umsetzungsbedarf bei den Instituten vor.

Kapitel 2 stellt dann gebündelt die **kommenden Änderungen in der Säule I Regulierung** in Folge des Baseler Kompromisses zur Einführung eines neuen Ansatzes zur OpRisk-Eigenkapitalregulierung vom Dezember 2017 dar.

Kapitel 3 erläutert anhand der **Leitlinien der Europäischen Bankenaufsichtsbehörde EBA** sowie der Vorgaben von EZB-Bankenaufsicht und BaFin zur sogenannten **Säule II**, wie operationelle Risiken und deren Unterarten gesteuert und in der bankinternen **Risikotragfähigkeit** sowie mit **Kapitalzuschlägen** durch die Aufsicht nach dem sog. **Säule-I-Plus-Konzept** behandelt werden müssen. Dabei wird auch auf die **Behandlung des operationellen Risikos im aufsichtlichen und institutsinternen Stresstesting** eingegangen.

Kapitel 4 erläutert schließlich die spezifischen bankaufsichtlichen Vorgaben zum **Verhaltensrisiko (Conduct Risk), Rechtsrisiko** sowie Informations- und Kommunikationsrisiko (sog. Information- und Communication Risk, **ICT-Risk) bzw. IT-Sicherheitsrisiko** auf Basis der aktuellen Anforderungen in der EU und im deutschen Recht sowie der Prüfungspraxis von EZB und BaFin/Bundesbank. Darüber hinaus werden die besonderen

Vorgaben zur **Steuerung von Auslagerungen** erläutert, da diese einen engen Bezugspunkt zum operationellen Risiko haben.

Kapitel 5 rundet das Buch schließlich ab mit Erläuterungen zur **Offenlegung des operationellen Risikos** durch die Institute, zum **OpRisk-Meldewesen** sowie einer Vorstellung der **Verlustdatensammlungen und Datenkonsortien**, die bei der OpRisk-Steuerung auch weiterhin eine entscheidende Rolle spielen.

Wir hoffen, Ihnen mit diesem Buch einen lesbaren und motivierenden Überblick über die aktuellen Entwicklungen im operationellen Risiko bezüglich aufsichtsrechtlicher Vorgaben, Entwicklungen der Risikolage sowie der Steuerungspraxis in den Banken zu geben.

Gerichtet ist das Buch einerseits an Praktiker, die bankintern mit der Steuerung operationeller Risiken betraut sind oder als Prüfer die Einhaltung der aufsichtsrechtlichen Anforderungen bewerten. Andererseits hoffen wir mit diesem Überblick auch Neulingen in der Materie, die sich mit dem operationellen Risiko beruflich oder während Ihres Studiums beschäftigen, einen fundierten Einstieg in die Thematik zu bereiten.

Danken möchten wir folgenden erfahrenen Kolleginnen und Kollegen, die uns wertvolle Hinweise im Zuge des fachlichen Austausches in den letzten Jahren bzw. bei der Durchsicht des Manuskriptes gegeben haben: Frank Corleis, Claudia Gregor-Lawrenz und Michael Schöppe seitens der BaFin, Thomas Braun, Sandra Koschate und Sanjay Marchant seitens der Postbank, Christian Dietz, Sandra Schraufstetter und Claudius Schokols seitens der BayernLB, Bodo Schmidt seitens der DZBank, Philipp Sturm seitens Unicredit, Prof. Dr. Gerhard Hellstern (Duale Hochschule Baden-Württemberg, Ravensburg), Walter Dutschke und Rainer Sprengel seitens des Institute of Operational Risk German Chapter sowie last but not least Susanne Röhrig und Bernd Rummel seitens der EBA.

Darüber hinaus möchten wir der VÖB-Service GmbH und hierbei vor allem Petra Ludwig für die Bereitstellung ausgewählter Schadensfälle aus der Verlustdatenbank ÖffSchOR danken.

Bonn-Kessenich, Weiterstadt-Braunshardt und Bonn-Oberkassel

Patrik Buchmüller, Marcus Haas und Frank Beekmann

15.04.2019

Abkürzungsverzeichnis

AIGOR	Accord Implementation Group – Subgroup on Operational Risk des Baseler Ausschusses
AMA	Advanced Measurement Approaches – Fortgeschrittene Messansätze
ASA	alternativer Standardansatz
BAIT	Bankaufsichtliche Anforderungen an die IT
BIA	Basisindikatoransatz
BCM	Business Continuity Management
CEBS	Ausschuss der Europäischen Bankaufsichtsbehörden (Committee of European Banking Supervisors, Vorgängerbehörde der EBA)
CEG	Cyber Expert Group (der G7)
CET1	Common Equity Tier 1 Kapital
CRD	Capital Requirements Directive
CRDTG	Capital Requirements Transposition Group
CRR	Capital Requirements Regulation
EBA	European Banking Authority
EL	Expected Loss – Erwarteter Verlust
FinaRisikoV	Verordnung zur Einreichung von Finanz- und Risikotragfähigkeitsinformationen nach dem Kreditwesengesetz (Finanz- und Risikotragfähigkeitsinformationenverordnung)
FSB	Financial Stability Board (Ausschuss für Finanzstabilität)
ICAAP	Internal Capital Adequacy Assessment Process
IIF	Institute of International Finance
ILAAP	Internal Liquidity Adequacy Assessment Process
ITS	Implementing Technical Standard
KWG	Kreditwesengesetz
LCR	Liquidity Coverage Ratio
LSI	Less Significant Institution

MaRisk	Mindestanforderungen an das Risikomanagement
MaSI	BaFin-Rundschreiben 4/2015 (BA) – Mindestanforderungen an die Sicherheit von Internetzahlungen (MaSI)
MREL	Minimum Requirement for Own Funds and Eligible Liabilities
NSFR	Net Stable Funding Ratio
RechKredV	Verordnung über die Rechnungslegung der Kreditinstitute und Finanzdienstleistungsinstitute
RTS	Regulatory Technical Standard
SI	Significant Institution
SIGOR	Standards Implementation Group – Subgroup on Operational Risk des Baseler Ausschusses
SolvV	Solvabilitätsverordnung
STA	OpRisk-Standardansatz nach Basel II
SREP	Supervisory Review Process
T1	Tier 1
TRIM	Targeted Review of Internal Models
TLAC	Total Loss Absorbing Capacity
OpRisk	Operationelles Risiko
ORX	Operational Riskdata eXchange Association
USD	US-Dollar
UL	Unexpected Loss – Unerwarteter Verlust
VaR	Value at Risk
SWIFT	Society for Worldwide Interbank Financial Telecommunication
WGOR	Working Group on Operational Risk des Baseler Ausschusses

Hinweis

Ein Begriffsglossar mit Erklärungen dieser und weiterer Fachbegriffe im Themenfeld operationelles Risiko, Säule II und Non-Financial Risk finden Sie auf www.marisk.academy

1 Von Basel I bis Basel III: Spezifische bankaufsichtliche Vorgaben zum operationellen Risiko auf dem Vormarsch

1.1 Einführung in die OpRisk-Regulierung

1.1.1 Aktuelle Entwicklungen

Auch wenn zum Teil erwartet wurde, dass sowohl die Anzahl der Schadensfälle als auch die **enormen Schadenssummen aus operationellen Risiken** nach dem **Anstieg im Zusammenhang der Finanzkrise** tendenziell wieder zurückgehen, kommt dem operationellen Risiko (OpRisk) weiterhin unvermindert große Aufmerksamkeit zu. Dies liegt zum einen daran, dass sich die Erfahrungen aus der Finanzkrise nun in **weitreichenden regulatorischen Änderungen** mit direktem oder indirektem OpRisk-Bezug niederschlagen und zum anderen an den **Rekordsummen, die weiterhin zur Beilegung von Rechtsstreitigkeiten gezahlt werden,** sowie den ganz **neuen Drohpotenzialen durch Cyberattacken.**

Auch nach den epochalen »**rogue trading**« Aktivitäten von **Nick Leeson,** die bereits in den 1990er-Jahren zum Ruin der Barings Bank führten und den ähnlich katastrophalen (zumindest teilweise) unauthorisierten Eigenhandelsaktivitäten von **Jérôme Kerviel** bei der Société Générale in 2008 kam es immer wieder durch bankinterne Betrugsfälle in Verbindung mit Handelsaktivitäten, so z.B. bei der UBS in 2011[1] und bei JPMorgan[2] in 2012, bei einzelnen Banken zu OpRisk-Schäden in Milliardenhöhe. Zuletzt traten Fälle von **kollektiven Marktmanipulationen** bei Referenzzinssätzen (insb. beim LIBOR) und im Währungsgeschäft an die Öffentlichkeit und führten zu hohen Strafzahlungen und neuen Herausforderungen bei der Bekämpfung dieser Art des Mitarbeiterfehlverhaltens, das stark an Preisabsprachen im Kartellrecht erinnert.[3]

Generell sind im Zuge der Finanzkrise insbesondere durch **Strafzahlungen** in den USA die OpRisk-Verluste der US-amerikanischen aber auch großer europäischer Institute

---

1 Hierbei handelte es sich um betrügerische Kompetenzüberschreitungen durch den Händler Kweku Adoboli in der Londoner Investment Banking Einheit der UBS. Einen guten Einblick in den Fall gibt der von der Schweizer Bankenaufsichtsbehörde im November 2012 veröffentlichte Untersuchungsbericht, FINMA (2012).

2 Hierbei handelte es sich um den sogenannten »Whale of London«, den Händler Bruno Iksil, dessen Geschichte, z.B. über den entsprechenden Wikipedia-Eintrag gut dokumentiert ist: https://en.wikipedia.org/wiki/2012_JPMorgan_Chase_trading_loss

3 Einen guten Gesamtüberblick über die diversen Rogue Trader Fälle und Absprachen von Tätern in verschiedenen Banken geben Rafeld/Fritz-Morgenthal/Posch (2019).

stark angestiegen. Solche Fälle werden nun unter dem Schlagwort »Conduct Risk« als eigener Teilbereich des operationellen Risikos zusammengefasst. Das **Conduct Risk** umfasst v.a. Strafzahlungen und Schadensersatzleistungen aufgrund des Vertriebs fehlerhafter Produkte, Marktmanipulation und Verstößen gegen die Antigeldwäscheregelwerke. Zur Beilegung von Strafverfahren in den USA mussten die Großbanken seit Beginn der Finanzkrise bereits bis März 2014 100 Mrd. USD aufwenden.[4] Diese Entwicklung wurde sehr wohl vom Baseler Ausschuss zur Kenntnis genommen und floss auch bei den Überlegungen zur Überarbeitung des Basel-III-Rahmenwerks mit ein.

Auch beim **aufsichtlichen Stresstesting** wird das Conduct Risk seit der Finanzkrise besonders berücksichtigt: Bereits die Ergebnisse des vorletzten EBA-Stresstests aus dem Jahr 2016 zeigten die wachsende Bedeutung des Conduct Risk auch in der aufsichtlichen Sichtweise auf das operationelle Risiko der Banken in der Europäischen Union: Demnach hätten die betrachteten OpRisk-Szenarien die harte Kernkapitalquote der betrachteten 51 europäischen Banken im Drei-Jahres-Horizont von Ende 2015 bis Ende 2018 um 110 Basispunkte, bei einem Gesamtschaden von 105 Mrd. EUR, reduziert. Allein das »Conduct Risk« war dabei für 80 Basispunkte und einen Schaden von 71 Mrd. EUR verantwortlich, d.h. den überwiegenden Teil des gesamten operationellen Risikos.[5] Die Methodik und die Ergebnisse des jüngsten EBA-Stresstests in Bezug auf das operationelle Risiko werden in Unterabschnitt 3.2.3 dieses Buches detailliert dargestellt.

Als sehr prominentes jüngeres Beispiel zum Conduct Risk nach der großen Finanzkrise können die betrügerischen Handlungen bei der US-Bank **Wells Fargo** in Form von Scheingeschäften seit 2011 genannt werden. Tausende Bankmitarbeiter haben dabei für Kunden ohne deren Wissen mehr als zwei Millionen Einlagen- und Kreditkartenkonten eröffnet, Gelder transferiert und entsprechende Gebühren ohne Auftrag oder sonstige Zustimmung der Kunden vereinnahmt. Abb. 1.1 stellt den Schadensfall in Kurzform dar. Bis Ende 2018 belief sich die geschätzte Schadenhöhe aus dem Fall auf rund 2 Mrd. EUR (eine Detailvorstellung des Schadensfalls und der aufsichtlichen Reaktion hierzu erfolgt in Unterabschnitt 5.3.4).

---

4   Vgl. McGregor/Stanley (2014). Abschnitt 5.2 stellt die aktuelle Schadensfallentwicklung im Bereich Conduct Risk und insgesamt für das operationelle Risiko dar. Auf der Internetseite http://ccpresearchfoundation.com/ stellen britische Forscher aktuelle Auswertungen zur Schadensfallentwicklung der 20 größten Banken zur Verfügung. Demnach war die Kostenbelastung für die weltweit 20 größten Banken weiterhin steigend und betrug im 5-Jahres-Zeitraum 2012-2016 260 Mrd. britische Pfund (2011-2015 noch knapp 251 Mrd. UKP). Zwischen den Zeiträumen 2008-2012 und 2012-2016 errechnete die Forschergruppe einen Anstieg der Kosten inkl. Rückstellungen um 32%, vgl. CCP Research Foundation (2017).
5   Vgl. EBA (2016).

SF Nr. ▼	Titel ▼	Datum Auftreten ▼	Bruttoschaden max. in EUR ▼
3.092	**Wells Fargo: Millionenstrafe wegen Scheinkonten**	31.12.2011	2.007.195.536,00
	Mitarbeiter der amerikanischen Großbank Wells Fargo generierten seit 2011 Scheingeschäfte. Sie eröffneten rund 1,5 Millionen Konten ohne Auftrag und Einverständnis der betroffenen Kunden, sie übertrugen dann Geld von einem Kundenkonto auf das andere. Viele richteten E-Mail-Adressen ein, um Kunden zum Online-Banking anzumelden. Sie gaben 565.000 Kreditkarten ohne Kundenzustimmung aus. Von 2011 bis 2016 kündigte die Bank 5.300 Mitarbeitern wegen unangemessenen Verhaltens. Aufseher und Ermittler werfen der Bank vor, ihre Mitarbeiter zu stark auf Vertriebsziele verpflichtet zu haben. Wells Fargo schloss am 08.09.2016 mit drei amerikanischen Behörden einen Vergleich über 185 Mio. USD. Hinzu kommen 2,6 Mio. USD Gebührenerstattungen für betroffene Kunden. Im März 2017 einigte sich die Bank mit Privatpersonen auf die Zahlung von 110 Mio. USD, am 04.05.2016 mit Aktionären auf einen Vergleich von 480 Mio. USD.		

Abb. 1.1: Schadensfall »Wells-Fargo« (Quelle: Datenbank ÖffSchOR, mit freundlicher Genehmigung der VÖB-Service GmbH)

SF Nr. ▼	Titel ▼	Datum Auftreten ▼	Bruttoschaden max. in EUR ▼
2.981	**Hacker plündern Konto Bangladeschs in New York:**	04.02.2016	90.130.000,00
	Am 04.02.2016 erhielt die New York Fed Überweisungsaufträge für ein Konto der Bangladesh Bank (Zentralbank Bangladeschs). Fünf davon über insgesamt 101 Mio. USD an private Konten auf den Philippinen und Sri Lanka wurden per Swift ausgeführt. Sie stammten von Hackern, die die Swift-Kundensoftware der Bangladesh Bank gehackt und Abläufe dort ausgespäht hatten. Zu weiteren Transaktionen über 870 Mio. USD kam es wegen eines Tippfehlers nicht: Statt »foundation« stand auf einer Anweisung »fandation«. Dies veranlasste eine Korrespondenzbank zu einer Nachfrage. Gleichzeitig informierte die Fed die Bangladesh Bank über ungewöhnliche Kontobewegungen. Swift gab eine Kundenwarnung heraus. Nach Einschätzung von Internet-Sicherheitsexperten ist die nordkoreanische Hackergruppe Lazarus für den Cyber-Angriff verantwortlich.		

Abb. 1.2: Schadensfall »Central Bank of Bangladesh« (Quelle: Datenbank ÖffSchOR, mit freundlicher Genehmigung der VÖB-Service GmbH)[6]

In der jüngsten Vergangenheit sind neben den »rogue trader-Fällen« und dem »Conduct Risk« auch »Cyber-Risiken« in den Fokus der Aufsicht gerückt. Exemplarisch für das Bedrohungsbild **Cyber-Risiken** ist der Fall der Zentralbank von Bangladesch. Durch einen **Hackerangriff** konnten über das Zahlungsverkehrssystem SWIFT Zentralbankgelder im Volumen von rund 100 Mio. USD auf Privatkonten in den Philippinen und Sri Lanka überwiesen werden. Abb. 1.2 fasst den Schaden zusammen (eine genauere Darstellung,

---

6   Die öffentliche Schadensfalldatenbank ÖffSchOR, aus der dieser Fall entnommen wurde, wird beschrieben in Abschnitt 5.2 dieses Buches. Die in der Datenbank enthaltenen Informationen entstammen durchweg öffentlich zugänglichen Quellen und werden per Internetrecherche vom Datenbankanbieter VÖB-Service GmbH zusammengestellt. Für eine Produktbeschreibung, s. https://www.voeb-service.de/informationsdienste/oeffschor/

ebenfalls anhand der Informationen in der Verlustdatenbank ÖffSchOR erfolgt in Unterabschnitt 5.3.3). Dieser Angriff, der mit staatlichen Stellen in Nordkorea in Verbindung gebracht wird, verdeutlicht, dass IT-Risiken weltweit im Bankensektor potenziell neue besonders bedrohliche Ausprägungen und Dimensionen erreichen können.

Neben den Großschäden aus operationellen Risiken existieren jedoch auch Klassen von **kleinen aber sehr häufig vorkommenden Schäden,** deren Gesamtschadensumme ebenfalls gefährlich für ein Kreditinstitut werden kann. Beispielhaft soll hier das sogenannte »Phishing« genannt werden: Im aktuellen Lagebild des Bundeskriminalamtes wurden für das Jahr 2017 mehr als 85.000 Fälle von Cybercrime im engeren Sinne und mehr als 250.000 Fälle mit dem »Tatmittel Internet« erfasst, darunter allerdings lediglich 1.425 Fälle von **Phishing im Online Banking** mit einem durchschnittlichen Schadenvolumen von 4.000 EUR.[7] In Abschnitt 5.2 erläutern wir die vorliegenden Informationen zum Cybercrime im Finanzsektor. Generell kann hier schon vorneweg festgehalten werden, dass die geschätzten Schäden durch Cybercrime für die gesamte deutsche Wirtschaft stark zunehmen bei gleichzeitig rasant wechselnden Angriffstechnologien.[8]

Den größten Bedarf zur Weiterentwicklung des Risikomanagements sieht die Aufsicht aktuell zweifellos hinsichtlich Cyber- und IT-Risiken. Diese Risikoarten fallen zwar unter den OpRisk-Begriff, werden allerdings zunehmend durch eigene Normen reguliert. Vorläufiger Höhepunkt dieser Entwicklung neuer **Anforderungen zur Steuerung der IT-Risiken** war die Veröffentlichung des Rundschreibens »Bankaufsichtliche Anforderungen an die IT (BAIT)« durch die BaFin am 03.11.2017.[9] Darüber hinaus hat die Europäische Bankenaufsichtsbehörde EBA diverse Vorgaben zu IT-Risiken im Zuge der Präzisierung der SREP-Anforderungen bereits erlassen oder im Entwurf vorgelegt.[10] Auf nationaler Ebene werden in Deutschland auch nach dem Inkrafttreten des IT-Sicherheitsgesetzes zusätzliche Maßnahmen zum Schutz gegen Hackerangriffe vehement gefordert, ebenso wie auf internationaler Ebene.

Die Entwicklung der Anforderungen an das Management operationeller Risiken behandelt Kapitel 3 gebündelt. Kapitel 4 geht dann auf die wesentlichen Teilrisiken Conduct Risk und IT-Risiko sowie **Auslagerungen** ein, die aktuell in Regulierung und Bankpraxis am meisten Aufmerksamkeit erfahren. So hat die EBA hat am 25.02.2019 ihre überarbei-

---

7   Vgl. Bundeskriminalamt (2018). 2015 wurden noch 4.479 Fälle bei ähnlicher Einzelschadenhöhe gemeldet, vgl. Bundeskriminalamt (2016). Als »Phishing« wird die Entwendung der Personal Identfication Number (PIN) im Internetbanking bzw. bei EC- oder Kreditkarten bezeichnet.

8   So schätzt z. B. der Branchenverband der deutschen IT-Unternehmen BITKOM auf Basis einer repräsentativen Umfrage vom Mai 2018, dass die Gesamthöhe der erlittenen Schäden für die deutsche Wirtschaft aus IT-Risiken in den letzten beiden Jahren rund 44 Mrd. EUR beträgt, vgl. hierzu BITKOM (2018). Darin enthalten ist ein beträchtlicher Anteil von Reputationsschäden. Eine genaue Analyse hierzu erfolgt in Unterabschnitt 5.2.2.

9   Vgl. hierzu Buchmüller/Hellstern (2019).

10   Vgl. hierzu den Überblicksbeitrag von Buchmüller/Puntus/Tuder (2019).

teten Leitlinien zum Outsourcing veröffentlicht. Der 125-seitige »final Report« der **EBA Revised Guidelines on Outsourcing Arrangements** enthält dabei auch Vorgaben, die über das geltende deutsche Aufsichtsrecht hinausgehen.[11]

Generell ist in der Institutspraxis eine Fortentwicklung der bisher v.a. für das operationelle Risiko im engeren Sinne zuständigen Einheiten hinsichtlich einer Erweiterung und Zusammenlegung zu größeren Organisationseinheiten festzustellen. Diese sind dann im Regelfall für das sog. »**Non-Financial Risk**« zuständig. Dabei werden oftmals Themenbereiche wie IT-Sicherheit und Geschäftskontinuitätsplanung sowie Auslagerungsmanagement mit der OpRisk-Methodik- und Steuerungseinheit verbunden. Zum Teil umfassen diese Einheiten auch das Reputationsrisiko, das Berechtigungsmanagement, die Fortentwicklung des internen Kontrollsystems bis hin zu risikoartenübergreifenden Gesamtbanksteuerungsthemen wie die Durchführung von Risikoinventuren und Stresstests für alle Risikoarten außerhalb des Kredit- und Marktrisikos.

Im Folgenden werden nun zunächst zwei Änderungen in der ganzheitlichen OpRisk-Regulierung kurz vorgestellt, die über die einzelnen OpRisk-Unterarten hinausgehen. Diese Änderungen in der Regulierung von operationellen Risiken in den letzten beiden Jahren betreffen sowohl die **quantitativen Vorschriften**, d. h. die **Eigenkapitalanforderungen**, als auch die **qualitativen Anforderungen zur Risikosteuerung** in den Banken.

Die wichtigsten Detailvorgaben zur Risikosteuerung sind im deutschen Bankaufsichtsrecht in den sog. **Mindestanforderungen an das Risikomanagement (MaRisk)** enthalten. Im Zuge der jüngsten Überarbeitung dieser Rechtsnormen mit der **fünften MaRisk-Novelle vom 27.10.2017** wurden auch die Vorgaben zur OpRisk-Steuerung angepasst:

*   Im »OpRisk-Modul« BTR 4 MaRisk wurden Vorgaben zur **OpRisk-Definition**, Abgrenzung zu anderen Risiken und erweiterte Pflichten zur Schadensfallsammlung integriert, die Anforderungen an die **OpRisk-Berichterstattung** wurden inhaltlich unverändert in das Modul BT 3.2 verschoben.
*   Das Thema **Datenqualität und Modellrisiken** wurde in vielen Stellen der MaRisk über Anforderungen an die verwendeten Daten und Transparenz der Berechnungsannahmen sowie zur Modellvalidierung implizit adressiert (z. B. AT 4.1 Tz 10 und Erläuterung zu AT 4.1 Tz. 9 sowie AT 4.3.2 Tz. 5).
*   Die **Steuerung der IT-Risiken** wird durch neue Anforderungen v.a. in AT 7.2 Tz. 4 gestärkt. Daneben sind auch die Anforderungen an selbst entwickelte IT-Anwendungen (sog. »IDV«, individuelle Datenverarbeitung) in AT 7.2 Tz. 5 hervorzuheben.

---

11   Vgl. EBA (2019). Die Leitlinien treten nach Übersetzung in die Amtssprachen der EU zum 30.09.2019 in Kraft. Längere Übergangsfristen betreffen das neue Reporting zu Auslagerungen sowie die unter Umständen notwendige Rückholung von Auslagerungen bzw. Verlagerung auf andere Auslagerungsunternehmen, vgl. hierzu Abschnitt 4.5.

Dieser Kurzüberblick über die jüngsten MaRisk-Änderungen mit Bezug zum operationellen Risiko wird in Kapitel 3 mit einer umfassenden Darstellung der Risikosteuerungsanforderungen im deutschen und europäischen Aufsichtsrecht vertieft. Zunächst folgt nun eine Darstellung der Anforderungen an die **Eigenkapitalunterlegung des operationellen Risikos,** wie sie mit dem **Basel-II-Regelwerk** eingeführt wurde und nun mit der Neuen Baseler Rahmenvereinbarung vom Dezember 2017 fundamental geändert wird. Exemplarisch für die Detailtiefe dieser Regelungen und die generelle Komplexität der bisherigen Vorgaben an die Berechnung der Eigenkapitalanforderungen zur Abdeckung des operationellen Risikos ist die **»Delegierte Verordnung 2018/959 zur AMA-Beurteilung«**[12] Die Verordnung legt Kriterien fest, welche die zuständigen Aufsichtsbehörden in der Europäischen Union bei ihren Nachschauprüfungen der zugelassenen fortgeschrittenen Messansätze (sog. AMA-Ansätze) beachten müssen, so lange diese Ansätze zur Festlegung des erforderlichen Bankkapitals zur Risikoabdeckung (sog. Eigenmittelanforderung) verwendet werden. Obwohl diese AMA-Ansätze mit Inkrafttreten der Baseler Rahmenvereinbarung vom Dezember 2017 (Basel III) außer Kraft gesetzt werden, müssen die Institute nun seit in Krafttreten dieser insgesamt 45-Seiten umfassenden Rechtsnorm im April 2018 umfangreiche neue Anforderungen erfüllen.[13]

Damit wurde eine zweite wesentliche neue Anforderung betreffend das operationelle Risiko der Banken kurz genannt, bevor nun mit dem folgenden Unterabschnitt eine grundlegende Einführung in die bankaufsichtliche Regelsetzung und die Entwicklung der OpRisk-Vorgaben beginnt.

1.1.2   Drei Säulen nach Basel II und Säule-I-Plus-Konzept

Seit der Einführung des sogenannten Basel-I-Regelwerks wird zwischen den Eigenkapitalmindestanforderungen nach **»Säule I«** und den (bankinternen) Eigenkapitalanforderungen im aufsichtlichen Überprüfungsverfahren nach **»Säule II«** unterschieden. Die **Mindestanforderungen an die Kapitalausstattung** umfassen in Säule I seit Basel II das

---

12   Der vollständige Titel dieser für alle Mitgliedstaaten der EU gültigen Rechtsnorm lautet: »Delegierte Verordnung (EU) 2018/959 der Kommission vom 14. März 2018 zur Ergänzung der Verordnung (EU) Nr. 575/2013 des Europäischen Parlaments und des Rates durch technische Regulierungsstandards zur Festlegung der Beurteilungsmethode, nach der die zuständigen Behörden Instituten die Verwendung fortgeschrittener Messansätze für operationelle Risiken gestatten.« Die Rechtsnormen und sonstigen Veröffentlichungen der für die deutschen Banken relevanten Regulierungsinstitutionen sind am Ende des Buches separat zu Beginn des Literaturverzeichnisses aufgelistet.

13   Eine gebündelte Darstellung der Anforderungen dieses neuen Regelwerks folgt in Unterabschnitt 1.2.7 sowie in Buchmüller/Beekmann (2017) auf Basis des damals bereits vorliegenden Regelungsentwurfs.

Kredit-, Markt- und operationelle Risiko. Die geforderte Mindestquote ist an den aufsichtsrechtlichen Kapitalbegriff, d. h. die regulatorischen Eigenmittel, geknüpft.[14]

Die Begrifflichkeiten Säule I, Säule II und Säule III wurden also mit **Basel II** geprägt, das zwischen 1999 und 2004 von den im Baseler Ausschuss für Bankenaufsicht vertretenen Bankaufsichtsbehörden der großen westlichen Industriestaaten ausgehandelt wurde. Abb. 1.3 zeigt, wie bereits 1999 das erste Konsultationspapier zur »Neuen Baseler Eigenkapitalvereinbarung« zwischen den drei Säulen Mindestkapitalanforderungen, aufsichtliches Überprüfungsverfahren und Marktdisziplin differenzierte.

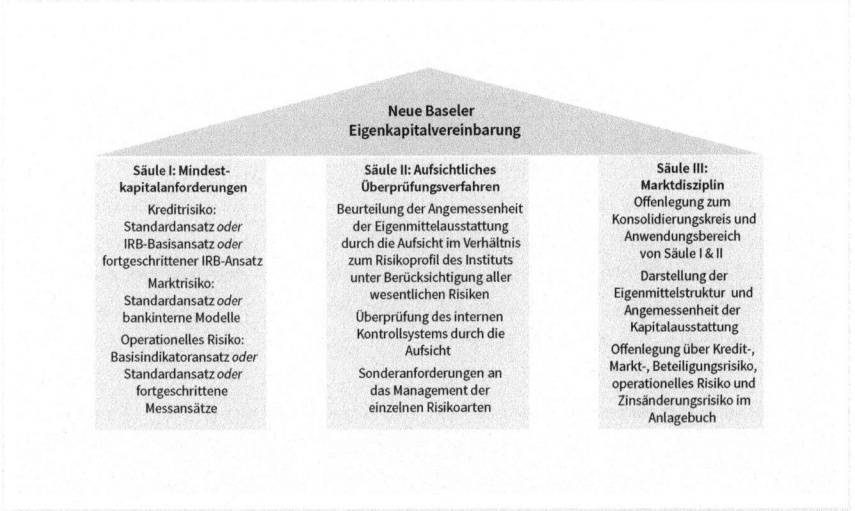

Abb. 1.3: Überblick über die drei Säulen von Basel II (Quelle: eigene Darstellung in Anlehnung an Buchmüller (2008))

Abb. 1.3 vermittelt eine einfache Abgrenzung zwischen den drei Säulen nach Basel II. Bereits mit dem Stresstesting, das z. B. über die bereits genannten regelmäßigen aufsichtlichen Stresstests von EBA, EZB und BaFin eine große Bedeutung erlangt hat, wird diese Trennung zwischen den drei Säulen durchbrochen. Das **Stresstesting durch**

---

14 Vgl. z. B. Engelbach in Binder/Glos/Riepe (2018), S. 287 ff. für eine gute lesbare Einführung zur Definition der Eigenmittel und einen Überblick über die aufsichtlichen Vorgaben zur Berechnung sog. Risikoaktiva für die einzelnen Risikoarten. Eigenmittel und Risikoaktiva stellen den Zähler und Nenner der risikogewichteten Eigenmittelanforderung dar, deren Höhe mit dem Basel-I- und Basel-II-Regelwerk international vom Baseler Ausschuss für Bankenaufsicht auf 8 % festgelegt wurde, vgl. z. B. Buchmüller (2008). Mit dem sog. Basel-III-Regelwerk wurden die Mindestkapitalanforderungen in Säule I sowohl hinsichtlich der Höhe der vorzuhaltenden Eigenmittel als auch deren Qualität stark verschärft: Die bisherige Definition des »regulatorischen Eigenkapitals« wurde enger gefasst, die Kernkapitalquote wird nun auf Basis eines enger definierten Tier 1(T1)-Kapital-Konzepts ermittelt. Neu hinzugekommen ist die sog. »harte Kernkapitalquote« auf Basis einer noch engeren Definition des regulatorischen Eigenkapitals, dem sog. »Common Equity Tier 1« (CET1).

Institute und Aufsicht fungiert stattdessen seit längerem als Bindeglied zwischen Säule I und II. Mit dem neuen **Säule-I-Plus-Konzept** (s. Abschnitt 3.1 und die nachfolgende Kurzerläuterung in diesem Unterabschnitt) hat die Bankenaufsicht in der EU und Deutschland zudem die drei Säulen mittlerweile stark modifiziert. Dennoch ist eine Kenntnis der ursprünglichen Definition nach Basel II weiterhin notwendig.

Die Eigenmittelregulierung wird gemeinhin als wichtigster Bereich der laufenden Bankenregulierung gewertet: Hier werden eindeutige quantitative Vorgaben an die Banken gestellt, deren Nichteinhaltung sofort harte Sanktionen bis hin zum Schließen eines Instituts nach sich ziehen. Während bisher das Kreditwesengesetz (KWG) bis zur Finanzkrise von 2007/2008 lediglich »einfache Eigenmittelvorschriften« als zentrale Risikobegrenzungsnorm enthielt, ist mit den Reformpaketen Basel III/«Basel IV« und dem Inkrafttreten der Capital Requirements Regulation (CRR)[15] nun eine viel stärkere **Auffächerung der Eigenmittelvorschriften** vorgenommen worden. Seitdem bestehen nun folgende Instrumente der Eigenmittelregulierung im europäischen Aufsichtsrecht:

- **Eigenmittelanforderungen in Säule I** gemäß Teil 2 und 3 der CRR (Art. 25–386) mit diversen Pufferregelungen gemäß CRD IV/CRD V/KWG);
- **Eigenmittelanforderungen in Säule II** gemäß CRD IV/CRD V/KWG, MaRisk und SREP-Guidelines (Supervisory Review and Evaluation Process);
- **Leverage Ratio** als nicht risikogewichtete Eigenmittelanforderung gemäß Art. 429–430 CRR;
- **Minimum Requirement for Own Funds and Eligible Liabilities** (MREL) sowie **Total Loss Absorbing Capacity** (TLAC) als ergänzende kombinierte Eigen- und Fremdkapitalanforderungen im Zuge der internationalen Vorgaben zur Sanierungs- und Abwicklungsplanung.

An die Höhe der Eigenkapitalausstattung in den genannten Dimensionen sind zahlreiche Sanktionsmechanismen geknüpft, darunter auch konkrete Vorgaben zur Verbesserung der bankinternen Risikosteuerung. Insofern besteht eine **enge Verknüpfung zwischen den quantitativen Kenngrößen der Bankenaufsicht und den qualitativen Verhaltensvorschriften**.

Das operationelle Risiko (in der Bankpraxis als »OpRisk« abgekürzt) wurde mit Basel II – nach Kreditrisiko und Marktrisiko – zur dritten Risikoart aufgewertet, die in Säule I mit Kapital unterlegt wird. Eingeführt wurden OpRisk-Kapitalanforderungen mit der **Baseler Eigenkapitalvereinbarung vom Juni 2004 (= Basel II)**.

---

15   Verordnung (EU) Nr. 575/2013 des Europäischen Parlaments und des Rates vom 26. Juni 2013 über Aufsichtsanforderungen an Kreditinstitute und Wertpapierfirmen.

Das Basel-II-Regelwerk wurde in der EU zunächst in Form einer Richtlinie umgesetzt, die ihrerseits wieder eine nationale Umsetzung erforderte. Dabei handelte es sich um die sogenannte **Capital Requirements Directive** (CRD)[16], die rechtlich bindend in Deutschland mit der **Solvabilitätsverordnung** (SolvV) vom Dezember 2006 umgesetzt wurde. Die deutschen Institute mussten die OpRisk-Eigenkapitalanforderung erstmals zum 01.01.2008 erfüllen. Mittlerweile sind die OpRisk-Anforderungen in Teil 3 Titel III der CRR[17] geregelt (s. Unterabschnitt 1.1.3).

Auslöser für die Einführung einer eigenständigen Kapitalanforderung für das operationelle Risiko waren vor allem die bereits genannten spektakulären Großschäden in Banken durch betrügerische Handelsaktivitäten (insbesondere der Fall Nick Leeson). Die nach der Finanzkrise gestartete Vielzahl der aufsichtsrechtlichen Reformprojekte hat letztlich zu einer wesentlich größeren Komplexität der Eigenkapitalregulierung geführt. Das **Drei-Säulen-Modell ist heute nur noch teilweise erkennbar.** Abb. 1.4 skizziert, wie sich die Kernelemente der Eigenkapitalregulierung heute darstellen.

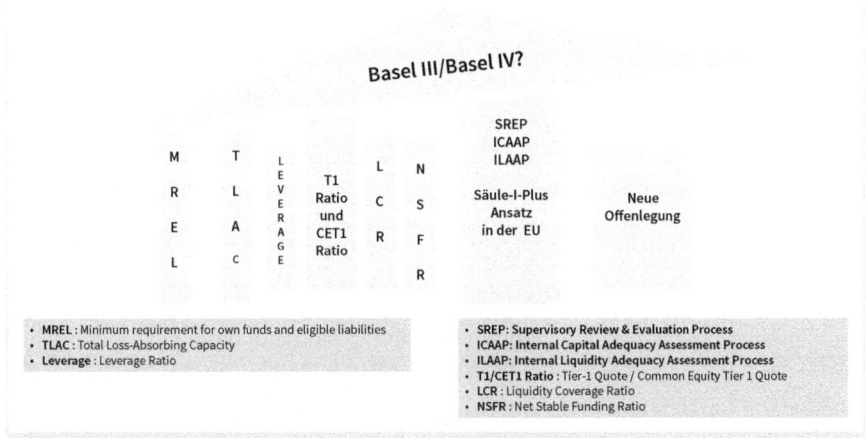

Abb. 1.4: Umbau des Baseler 3-Säulen-Modells (Quelle: eigene Darstellung in Anlehnung an Buchmüller (2018), S. 275)

Bisher waren für die Banken in Deutschland vor allem die Mindesteigenkapitalanforderungen in Säule I der begrenzende Faktor für die Geschäftstätigkeit. Zwar besaß die Ban-

---

16   Richtlinie 2006/48/EG des Europäischen Parlaments und des Rates v. 14.06.2006 über die Aufnahme und Ausübung der Tätigkeit der Kreditinstitute – Bankenrichtlinie 2006/48, ABl. EU L 177/1 v. 30.6.2006.

17   Gegenüber der bisher in Teil 3 der SolvV a. F. enthaltenen nationalen Umsetzung der Bankenrichtlinie 2006/48 hatten sich keine wesentlichen inhaltlichen Änderungen ergeben, mit Ausnahme der Behandlung des Leasinggeschäftes in den einfachen OpRisk-Ansätzen. Aus diesem Grund gab es im Rahmen der Fertigstellung der CRR, die am 27.06.2013 im Amtsblatt der EU veröffentlicht wurde, auch keinerlei öffentliche Diskussion zum Thema OpRisk.

kenaufsicht bereits vor Basel II die Möglichkeit in Form negativer Sonderverhältnisse gemäß § 10 KWG Kapitalzuschläge zu erheben. Trotz formeller Einführung des aufsichtlichen Überprüfungsverfahrens mit Basel II wurden diese Zuschläge allerdings nicht häufiger erhoben. Mit der jüngsten Reform der Baseler Eigenkapitalvorgaben und vor allem der Vereinheitlichung der Bankenaufsicht in der EU sind nun ganz neue Beschränkungen für die Banken in der Praxis wirksam als noch vor der Finanzkrise: Mittlerweile wird im **Einheitlichen Aufsichtsmechanismus** (Single Supervisory Mechanism – SSM) für alle Institute in Säule II eine über Säule I hinausgehende Kapitalanforderung nach dem sog. **Säule-I-Plus-Ansatz** erhoben. Die Anforderung setzt auf der Säule-I-Kapitaldefinition auf. Sie beinhaltet die mit Basel III eingeführten Kapitalpuffer ebenso wie Zuschläge auf Basis von Stresstests, für Modellschwächen der Säule-I-Ansätze sowie für darin nicht berücksichtigte Risiken. Insbesondere **für nicht in der Quantifizierung in Säule I angemessen erfasste operationelle Risiken können somit Kapitalzuschläge in Säule II verhängt werden**.

1.1.3   Die drei OpRisk-Ansätze der Säule I in der CRR

Die Bankenverordnung (CRR) hat die Regelungen der Baseler Kapitalvereinbarung (Basel II) zur Berechnung der OpRisk-Eigenkapitalanforderung in Säule I im Wesentlichen unverändert übernommen. Art. 312–324 CRR in Teil 3 Titel III Kapitel 1 CRR legen die aktuell gültigen Eigenmittelanforderungen an die Risikoart operationelles Risiko fest. **Art. 312 CRR** regelt die grundsätzlich freie **Wahlmöglichkeit zwischen den drei OpRisk-Ansätzen**, dem Basisindikatoransatz (BIA), Standardansatz (STA) und einem fortgeschrittenen Messansatz (Advanced Measurement Approaches – AMA).

Während die **Anforderungen im Rahmen von Säule II** europarechtlich in der Bankenrichtlinie (CRD IV/CRD V) sowie diversen EBA-Leitlinien geregelt sind (vgl. hierzu Kapitel 3 im Detail), sind die **Offenlegungsanforderungen der dritten Säule** wiederum als Teil 8 in Art. 431–455 der CRR enthalten (vgl. Abschnitt 5.1). Art. 446 CRR verlangt bisher hinsichtlich des operationellen Risikos lediglich die Offenlegung des Ansatzes, für den sich das Institut qualifiziert hat, sowie zusätzlich folgende Angaben: bei Anwendung des AMA die Beschreibung der Messmethodik, insbesondere der relevanten internen und externen Einflussfaktoren, sowie bei Anwendung des sog. »Partial Use« die Beschreibung des Anwendungsbereichs und des Umfangs der genutzten Methoden.

Insgesamt ist vorneweg festzuhalten, dass auch für die »junge« Risikoart operationelles Risiko mittlerweile ein umfassendes Regelwerk entwickelt wurde, das weit über die Eigenmittelunterlegungsvorschriften der CRR hinausgeht. Die **hohe Regelungsdichte** entspricht mittlerweile den Risikoarten Kredit- und Marktrisiko, ist allerdings in vielerlei Hinsicht prinzipienorientierter und erschließt sich oftmals nur im Vergleich zwischen den der Regelungssphären von Säule I und Säule II.

Der noch geltende CRR-Text macht die vom Basisindikatoransatz (BIA) über den Standardansatz (STA) zu den fortgeschrittenen Messansätzen (AMA) zunehmende Regelungsdichte in Säule I deutlich: **Art. 315 CRR** legt die **Berechnungsmethodik im BIA** fest und **Art. 316 CRR** definiert die für die Höhe des OpRisk-Anrechnungsbetrags im BIA und STA entscheidende **Variable des maßgeblichen Indikators** (auch Bruttoertrag oder relevanter Indikator genannt).

Der **OpRisk-Standardansatz (STA)** ist in **Art. 317–320 CRR** geregelt. Neben dem maßgeblichen Indikator gemäß Art. 316 CRR und der Berechnungslogik gemäß Art. 317 CRR ist für die Höhe der Eigenmittel im STA die sog. »**Geschäftsfeldzuordnung**« (business line mapping) entscheidend. Die Vorgaben hierzu enthält **Art. 318 CRR**. Art. 319 CRR regelt mit dem sog. **alternativen Standardansatz (ASA)** eine Untervariante des Standardansatzes, den ein Institut wählen darf, das die in diesem Artikel genannten Voraussetzungen erfüllt. **Art. 320 CRR** enthält abschließend die **qualitativen Voraussetzungen**, die alle Standardansatz-Institute (inkl. ASA-Institute) für die Anwendung dieses Ansatzes erfüllen müssen.

Die vier zum Teil recht ausführlichen **Art. 321–324 CRR** legen die **Voraussetzungen und Berechnungsmodalitäten im AMA** fest. Eine eigentliche Berechnungssystematik wird im Gegensatz zu den beiden einfachen OpRisk-Ansätzen nicht mehr vorgegeben. Stattdessen wird eine große Flexibilität bei der Berechnungsmethodik eingeräumt, sofern die **qualitativen AMA-Zulassungsvoraussetzungen gemäß Art. 321 CRR** und die **quantitativen Zulassungsvoraussetzungen gemäß Art. 322 CRR** erfüllt werden. **Art. 323 CRR** ergänzt den AMA-Teil der CRR hinsichtlich der Möglichkeit der risikomindernden Anrechnung von Versicherungen und anderen Risikoübertragungsmechanismen, während **Art. 324 CRR** den OpRisk-Teil der CRR beendet, indem er die in Art. 322 CRR genannten»**Verlustereigniskategorien**« mittels einer tabellarischen Auflistung darstellt (s. Unterabschnitt. 1.1.4).

Nach der **Grundkonzeption von Basel II** sollte eine im Durchschnitt beim Übergang von BIA zu STA und vor allem zum AMA sinkende Kapitalbelastung dabei den zentralen Anreiz darstellen, um die Institute zu bewegen, sich freiwillig höheren Anforderungen zu unterwerfen (s. hierzu Unterschnitt 1.2.1). Der Basel-II-Regeltext wies in diesem Zusammenhang darauf hin, dass die Bankenaufsicht die Eigenkapitalanforderungen, die eine Bank mit dem von ihr verwendeten OpRisk-Ansatz errechnet hat, auf ihre Plausibilität überprüft und, sofern die Plausibilität nicht gegeben ist, angemessene aufsichtliche Maßnahmen i. R. der Säule II in Erwägung zieht. Aus diesem Grund erläutert diese Gesamtdarstellung nicht nur die neuen Säule-I-Vorgaben zum OpRisk ausführlich, sondern stellt auch ebenso ausführlich die **Säule-II-Vorgaben** zum operationellen Risiko in Kapitel 3 dieses Buches vor.

1.1.4   Definition der Risikoart operationelles Risiko

Art. 4 Abs. 1 Nr. 52 CRR definiert »operationelles Risiko« als »das Risiko von Verlusten, die durch die Unangemessenheit oder das Versagen von internen Verfahren, Menschen und Systemen oder durch externe Ereignisse verursacht werden, einschließlich Rechtsrisiken«. Demnach fallen insbesondere **Betrugsrisiken** (»Fraud Risk«) und **Rechtsrisiken** vor allem im Zusammenhang mit arbeitsrechtlichen Streitigkeiten oder Produkthaftung sowie Sachschäden und finanzielle Verluste durch Prozessfehler oder aufgrund menschlichen Versagens, IT-Problemen oder sonstigen außerordentlichen Umständen unter die OpRisk-Definition.

Der **Begriff des operationellen Risikos** wurde erst in den 1990er-Jahren durch den Baseler Ausschusses für Bankenaufsicht in die bankenaufsichtliche Literatur eingeführt: Der Baseler Ausschuss verlangte erstmals 1997 in seinen **Core Principles for Effective Banking Supervision,** dass die international tätigen Institute ihr »Operational Risk« geeignet steuern sollen.[18] In der Institutspraxis und Wissenschaft wurde der englische Fachbegriff »operational risk« vor der rechtlichen Umsetzung von Basel II oftmals auch als »**Betriebsrisiko**« und »operationales Risiko« oder »operatives Risiko« übersetzt. Auch in der deutschen Übersetzung der Core Principles for Effective Banking Supervision durch die Deutsche Bundesbank aus dem Jahr 1997 wurde »Operational Risk« noch als »Betriebsrisiko« übersetzt.

Erst mit den Konsultationspapieren zu Basel II, im Zusammenhang mit den EU-Umsetzungsrichtlinien sowie der rechtlichen Umsetzung in Deutschland legte sich die deutsche Bankenaufsicht auf den **Begriff operationelles Risiko** fest.[19] Die zu Beginn dieses Abschnitt angeführte OpRisk-Definition nach Basel II ist so allgemein gehalten, dass letztlich fast alle Risiken darunter eingruppiert werden können. Da eine weitere Schärfung der Definition weder in der CRR noch in der CRD, dem Kreditwesengesetz oder anderen europäischen und nationalen Rechtsnormen erfolgt, muss zur Verdeutlichung ihrer Inhalte vor allem auf die Publikationen des Baseler Ausschusses sowie auf die Erläuterungen, die im **Fachgremium OpRisk** in Zusammenarbeit zwischen

---

18   Vgl. Basel Committee (1997), S. 29.
19   In der deutschen und internationalen Bankpraxis hat sich die Abkürzung »OpRisk« durchgesetzt. In bankaufsichtlichen Texten wurde zum Teil auch die Abkürzung »OpR« verwendet, vgl. z. B. BaFin (2009).

OpRisk-Experten der deutschen Aufsicht und der Bankpraxis entwickelt wurden, verwiesen werden.[20]

Als wesentliche weitere Detailregelung zur OpRisk-Definition muss daneben die bereits genannte delegierte Verordnung zur AMA-Beurteilung herangezogen werden (s. Unterabschnitt 1.2.7). Eine Klarstellung der OpRisk-Definition gibt die CRR indirekt über die sog. **Verlustereigniskategorien**[21] gemäß Art. 324 CRR, die in Tab. 1.1 dargestellt sind.

Ereigniskategorie	Begriffsbestimmung
Interner Betrug	Verluste aufgrund von Handlungen mit betrügerischer Absicht, Veruntreuung von Eigentum, Umgehung von Verwaltungs-, Rechts- oder internen Vorschriften, mit Ausnahme von Verlusten aufgrund von Diskriminierung oder sozialer und kultureller Verschiedenheit, wenn mindestens eine interne Partei beteiligt ist.
Externer Betrug	Verluste aufgrund von Handlungen mit betrügerischer Absicht, Veruntreuung von Eigentum oder Umgehung von Rechtsvorschriften durch einen Dritten.
Beschäftigungspraxis und Arbeitsplatzsicherheit	Verluste aufgrund von Handlungen, die gegen Beschäftigungs-, Gesundheitsschutz- oder Sicherheitsvorschriften bzw. -vereinbarungen verstoßen, Verluste aufgrund von Schadenersatzzahlungen wegen Körperverletzung, Verluste aufgrund von Diskriminierung auch aufgrund sozialer und kultureller Verschiedenheit.
Kunden, Produkte und Geschäftsgepflogenheiten	Verluste aufgrund einer unbeabsichtigten oder fahrlässigen Nichterfüllung geschäftlicher Verpflichtungen gegenüber bestimmten Kunden (einschließlich Anforderungen an Treuhänder und in Bezug auf Angemessenheit der Dienstleistung), Verluste aufgrund der Art oder Struktur eines Produkts.
Sachschäden	Verluste aufgrund von Beschädigungen oder des Verlustes von Sachvermögen durch Naturkatastrophen oder andere Ereignisse.

---

20   Hierzu war für die Fortentwicklung einer einheitlichen Begrifflichkeit in Deutschland v.a. die Empfehlung des Fachgremiums OpRisk zur OpRisk-Definition aus dem Frühjahr 2008 hilfreich, vgl. Fachgremium OpRisk (2008g). Eine vollständige Darstellung der zahlreichen Empfehlungen des Fachgremiums OpRisk zur Anwendung der geltenden Eigenkapitalanforderungen an das operationelle Risiko liefert die Kommentierung von Buchmüller/Beekmann (2017).
21   S. Unterabschnitt 1.2.6 bzw. Buchmüller/Beekmann (2017), Tz. 237 f.

Ereigniskategorie	Begriffsbestimmung
Geschäftsunterbrechungen und Systemstörungen	Verluste aufgrund von Geschäftsunterbrechungen oder Systemstörungen.
Ausführung, Lieferung und Prozessmanagement	Verluste aufgrund von Fehlern bei der Geschäftsabwicklung oder im Prozessmanagement, Verluste aus Beziehungen zu Geschäftspartnern und Lieferanten/Anbietern.

Tab. 1.1: Verlustereigniskategorien gemäß Art. 324 CRR (in der im Amtsblatt der Europäischen Union am 27.06.2013 veröffentlichten Version)

Institute, die einen fortgeschrittenen Messansatz anwenden, müssen ihre Verluste gemäß Art. 322 Abs. 3 Buchst. b) CRR einordnen. Die in Art. 324 aufgelisteten Begriffsbestimmungen der sieben Verlustereigniskategorien verdeutlichen, welche konkreten Verlustereignisse unter die Risikoart operationelles Risiko gefasst werden. Demnach fallen Betrugsrisiken und Rechtsrisiken insbesondere im Zusammenhang mit arbeitsrechtlichen Streitigkeiten oder Produkthaftung sowie Sachschäden und finanzielle Verluste durch Prozessfehler oder aufgrund menschlichen Versagens, IT-Problemen oder sonstigen außerordentlichen Umständen unter die OpRisk-Definition.

Eine wesentliche Einschränkung der sehr weit gefassten OpRisk-Definition erfolgt durch eine gewisse Begrenzung der Risikomessung und Risikoschätzung auf »Verluste«. Grundsätzlich müssen dabei bei AMA-Modellen sowohl **bankinterne Verluste** als auch andere, bankexterne Verluste in die Modellierung einfließen. Vorgaben für die Sammlung von Verlusten bestehen allerdings gemäß MaRisk und den Meldeanforderungen der CRR für alle Institute. Dabei müssen allerdings auch **Beinaheverluste** und andere Ereignisse für die OpRisk-Steuerung bankintern erfasst werden, sodass tatsächlich keine Beschränkung der OpRisk-Erfassung auf »harte« Verluste, die zu entsprechenden Aufwandsbuchungen in der Bankbilanzierung führen, vorliegt.

Gemäß Art. 4 Abs. 1 Nr. 52 CRR schließt die OpRisk-Definition **Rechtsrisiken** ein. Die Abgrenzung zu anderen Risikoarten erfolgt allerdings ansonsten nicht in der CRR selbst, sondern vielmehr per Auslegung der deutschen Bankenaufsicht und der EBA bzw. aktuell auch über die delegierte Verordnung zur AMA-Bewertung. In der Baseler Rahmenvereinbarung ist zudem klar geregelt, dass die Risikoarten **Reputationsrisiko und strategisches Risiko** nicht Teil des operationellen Risikos sind[22] Eine Erläuterung der aufsichtlichen Festlegungen zum Reputations- und strategischen Risiko

---

22   Vgl. Baseler Ausschuss (2006), Tz. 644.

erfolgt in Abschnitt 4.1 sowie zum Rechtsrisiko und Conduct Risk in Abschnitt 4.2. Kapitel 4 stellt die besonderen Steuerungsverfahren zu diesen OpRisk-Unterrisikoarten vor.

1.1.5 Nutzung der OpRisk-Ansätze durch die Institute

Wie bereits erläutert ermöglicht **Art. 312 CRR die grundsätzlich freie Wahl der beaufsichtigten Institute zwischen den drei OpRisk-Ansätzen,** dem Basisindikatoransatz (BIA), Standardansatz (STA) und einem fortgeschrittenen Messansatz (advanced measurement approaches, AMA). Nach der Grundkonzeption von Basel II sollte eine im Durchschnitt beim Übergang von BIA zu STA und vor allem zum AMA sinkende Kapitalbelastung dabei den zentralen Anreiz darstellen, um die Institute zu bewegen, sich freiwillig höheren Anforderungen zu unterwerfen. Die einfachen Ansätze sind derart kalibriert, dass im Durchschnitt die OpRisk-Kapitalanforderung durch Anwendung eines fortgeschrittenen, risikosensitiveren Ansatzes sinken sollte.[23]

Der Baseler Ausschuss, die EU und die deutsche Aufsicht hatten sich im Zuge der Einführung von Basel II und auch später gescheut, Institute mit hohem OpRisk klar zur Anwendung eines fortgeschrittenen Messansatzes oder zumindest des Standardansatzes zu verpflichten, um die hiermit verbundene Anreizproblematik zu lindern.[24] Der Baseler Regeltext wies in diesem Zusammenhang allerdings darauf hin, dass die Bankenaufsicht die Eigenkapitalanforderungen, die eine Bank mit dem von ihr verwendeten OpRisk-Ansatz errechnet hat, auf ihre Plausibilität überprüft, und sofern die Plausibilität nicht gegeben ist, angemessene **aufsichtliche Maßnahmen im Rahmen der Säule II** in Erwägung zieht (s. a. Unterabschnitt 1.2.1).[25]

Gesammelte Angaben zu den **von den beaufsichtigten Instituten genutzten OpRisk-Ansätzen** veröffentlichen die Aufsichtsbehörden in der EU regelmäßig als Teil der soge-

---

23 Vgl. Basel Committee (2006), Tz. 14 sowie Buchmüller (2008), S. 116-121. Diese Zielsetzung ist auch in Erwägungsgrund Nr. 52 der CRR explizit genannt.

24 Der Basel-II-Text enthielt diesbezüglich nur die folgende »Guidance« im Sinne einer gegenüber den Instituten geäußerten Erwartung: »Von international tätigen Banken und von Banken, die erheblichen operationellen Risiken ausgesetzt sind (z. B. auf Transaktionsverarbeitung spezialisierte Banken), wird erwartet, dass sie ein anspruchsvolleres Verfahren als den Basisindikatoransatz anwenden, das ihrem individuellen Risikoprofil angemessen ist«, Basel Committee (2006), Tz. 647. Eine solche »Erwartung« wurde allerdings weder in die CRD noch in die CRR übernommen.

25 Vgl. Basel Committee (2006), Tz. 647, dort Fn. 98. Solche Maßnahmen waren im deutschen Aufsichtsrecht ohnehin nach § 25a KWG und den MaRisk bereits seit längerem möglich, gewinnen aber erst jetzt mit den Säule-I-Plus-Konzept an Bedeutung.

nannten aufsichtlichen Offenlegung (**supervisory disclosure**).[26] Die deutschen Institute, die als sogenannte weniger bedeutenden Institute (LSI, less significant institutions) weiterhin unter direkter Aufsicht der BaFin stehen, nutzen in Säule I fast ausschließlich den Basisindikatoransatz. Tab. 1.2 zeigt, dass die wenigen Institute, die einen Standardansatz oder AMA nutzen, tendenziell überdurchschnittlich groß sind, da sie für einen größeren Anteil an der aggregierten OpRisk-Eigenmittelanforderung aller deutschen LSI verantwortlich sind als ihrem zahlenmäßigen Anteil entspricht.

OpRisk-Ansatz (in Säule I)	Anteil an Gesamtzahl der Institute	Anteil an gesamter OpRisk-Eigenmittelanforderung
Basisindikatoransatz	98,16 %	88,69 %
Standardansatz	1,43 %	3,33 %
AMA	0,41 %	4,95 %

Tab. 1.2: Gewählte OpRisk-Ansätze der deutschen LSI zum 31.12.2017 (Quelle: eigene Darstellung auf Basis des Supervisory Disclosure von BaFin und Bundesbank)

Aggregierte Daten für alle deutschen Institute, also auch die bedeutenden Institute, die nun von der EZB beaufsichtigt werden, liegen zum letzten Mal für das Jahr 2013 vor. Damals betrug der Anteil der AMA-Institute an der gesamten OpRisk-Kapitalanforderung der deutschen Institute 36,7 % und der Anteil der Standardansatzinstitute 19,2 %.[27] Völlig anders als bei der Offenlegung von BaFin und Bundesbank zu den deutschen LSI sieht das Bild beim **Supervisory Disclosure der EZB** über die von ihr im Jahr 2017 beaufsichtigten 114 significant Insitutions (SI) aus.[28] Tab. 1.3 zeigt, dass hier die AMA-Institute beim Anteil an der OpRisk-Eigenkapitalanforderung und die STA-Institute bei der Anzahl der Institute dominieren.

OpRisk-Ansatz (in Säule I)	Anteil an Gesamtzahl der Institute	Anteil an gesamter OpRisk-Eigenmittelanforderung
Basisindikatoransatz	34,26 %	6,00 %
Standardansatz	62,96 %	37,02 %
AMA	19,44 %	56,98 %

Tab. 1.3: OpRisk-Ansätze der Institute unter direkter EZB-Aufsicht (Quelle: eigene Darstellung auf Basis des Supervisory Disclosure der EZB für das Jahr 2017)

---

26   Zum »Supervisory Disclosure« vgl. z. B. Buchmüller (2007), S. 462. Die aufsichtliche Offenlegung von BaFin und Bundesbank erfolgt auf der folgenden eigenen Internetseite: https://www.supervisory-disclosure.de/supervisory-en/supervisory.
27   Vgl. Buchmüller (2018), Tz. 205.
28   Zu finden unter: https://www.bankingsupervision.europa.eu/banking/approach/supervisory/html/index.en.html

Der Umfang der jeweiligen CRR-Textabschnitte verdeutlicht die vom Basisindikatoransatz über den Standardansatz zu den fortgeschrittenen Messansätzen zunehmende **Regelungsdichte**:

*   **Art. 315 CRR** legt die **Berechnungsmethodik im Basisindikatoransatz (BIA)** fest und **Art. 316 CRR** definiert den für die Höhe des OpRisk-Anrechnungsbetrags im BIA und STA entscheidenden **maßgeblichen Indikator**.
*   **Art. 317 CRR** enthält die grundlegende **Berechnungslogik im Standardansatz (STA)**. Für die Höhe der erforderlichen Eigenmittel im STA ist die sog.»**Geschäftsfeldzuordnung**« (business line mapping) entscheidend. **Art. 318 CRR** gibt diese vor. **Art. 319 CRR** regelt mit dem sog. **alternativen Standardansatz (ASA)** eine Untervariante des Standardansatzes, den ein Institut, das die in diesem Artikel genannten Voraussetzungen erfüllt, wählen darf. **Art. 320 CRR** enthält abschließend die Voraussetzungen, die alle Standardansatz-Institute (inkl. ASA-Institute) für die Anwendung dieses Ansatzes erfüllen müssen.
*   Die vier zum Teil recht ausführlichen **Art. 321–324 CRR** legen die **Voraussetzungen und Berechnungsmodalitäten im AMA** fest. Eine eigentliche Berechnungssystematik wird im Gegensatz zu den beiden einfachen OpRisk-Ansätzen nicht mehr vorgegeben. Stattdessen wird eine große Flexibilität bei der Berechnungsmethodik eingeräumt. Erfüllt werden müssen die **qualitativen Zulassungsvoraussetzungen** gemäß **Art. 321 CRR** und die **quantitativen Zulassungsvoraussetzungen** gemäß **Art. 322 CRR**. **Art. 323** CRR ergänzt den AMA-Teil der CRR hinsichtlich der Möglichkeit der risikomindernden **Anrechnung von Versicherungen** und anderen Risikoübertragungsmechanismen, während **Art. 324 CRR** den OpRisk-Teil der CRR quasi als Anhang beendet, indem er die in Art. 322 CRR genannten»**Verlustereigniskategorien**« mittels einer tabellarischen Auflistung darstellt (s. Unterabschnitt 1.1.4).

Im Gegensatz zur Kredit- und Marktrisikomodellierung bestehen bei den fortgeschrittenen OpRisk-Messansätzen viel umfangreichere Modellierungsmöglichkeiten für die Institute, ohne dass durch den Regelungstext sichergestellt ist, dass die Institute tatsächlich für vergleichbare Risiken auch eine Eigenmittelunterlegung in vergleichbarer Höhe berechnen. Während für die Marktrisikomodelle bereits bei Einführung der internen Modellansätze ein sog. **Backtesting** festgelegt wurde und für die IRBA-Modelle, ebenso wie für die Marktrisikomodelle, mit Basel III ein sog. **Referenzportfolio** gemäß § 6 SolvV eingeführt wurde, wurde ein solches Korrektiv für die AMA-Modelle nie eingeführt. Ebenso wenig wurden die AMA-Modelle einem Quervergleich unterzogen, wie er für die IRBA-Ansätze im Kreditrisiko sowie die Marktrisikomodellansätze mit dem **Targeted Review of Internal Models (TRIM)** seit 2017 seitens der EZB-Aufsicht durchgeführt wird.

1.1.6   Vorgaben in Säule II vs. Anforderungen in Säule I

Die bereits 1998 mit einem ersten Baseler Diskussionspapier begonnenen Arbeiten an Vorgaben zum OpRisk-Management führten nach intensiver Diskussion mit den betroffenen Banken im Jahr 2003 zur Veröffentlichung des Guidance-Papiers »**Sound Practices for the Management and Supervision of Operational Risk**«.[29] Die diesbezüglichen Anforderungen an das OpRisk-Management wurden als Teil des »**supervisory review process**« in Säule II des Basel-II-Textes übernommen. Neben der expliziten Berücksichtigung des operationellen Risikos sollten dabei auch solche Risiken mit einbezogen werden, die im Rahmen der ersten Säule nicht in die Bestimmung der Eigenkapitalanforderung einfließen, wie z. B. das bei der Definition des operationellen Risikos ausgeklammerte **Reputationsrisiko** und das **strategische Risiko**. Zudem sollte Säule II nach ihrer ursprünglichen Konzeption im Basel-II-Rahmenwerk aus dem Jahr 2006 ein besonderes Augenmerk darauf legen, ob die mit dem Basisindikatoransatz oder Standardansatz ermittelten Anrechnungsbeträge für das operationelle Risiko das tatsächliche Risiko eines Instituts unterschätzen.

In Deutschland hat die BaFin mit den **MaRisk** die Baseler und Brüsseler Vorgaben an die Institute in Säule II umgesetzt. Die MaRisk-Anforderungen werden in diesem Abschnitt lediglich kurz erläutert (eine umfassende Darstellung folgt in Abschnitt 3.3). Teil der MaRisk ist seit deren Erstfassung in 2005 ein eigenes **Modul mit OpRisk-spezifischen Anforderungen (BTR 4)**. Neben diesen besonderen Anforderungen sollen auch die meisten anderen Anforderungen der MaRisk letztlich operationelle Risiken, z. B. menschliches Versagen oder Fehlverhalten bis hin zum Betrug durch detaillierte Regelungen zur Funktionstrennung begrenzen. Ein Vergleich des Moduls »BTR 4 Operationelle Risiken« mit den in Art. 320 CRR enthaltenen qualitativen Anforderungen an den OpRisk-Standardansatz macht die großen Ähnlichkeiten zwischen den beiden Regelungsbereichen deutlich. Tab. 1.4 stellt die beiden Regelwerke im Vergleich dar.

---

29   Vgl. Basel Committee (2003). 2011 hat der Baseler Ausschuss hierzu ein Update in Form der Principles for the Sound Management of Operational Risk veröffentlicht und 2014 ein umfangreiches Review mit Fokus auf die sog. »three lines of defence«, abgeschlossen mit dem Dokument Review of the Principles for the Sound Management of Operational Risk, vgl. Basel Committee (2011, 2014) sowie Buchmüller/Sturm (2018) zu der Entwicklung der Säule-II-Vorgaben zum operationellen Risiko unter Würdigung der Baseler Sound Practices.

Anforderungen nach Art. 320 CRR	Anforderungen nach BTR 4 MaRisk
• Einrichtung und gute Dokumentation eines angemessenen Systems zur Steuerung und Bewertung der operationellen Risiken sowie klare Definition der Zuständigkeiten und Verantwortung für dieses System.	• Das Kreditinstitut hat den operationellen Risiken durch angemessene Maßnahmen Rechnung zu tragen. • Es muss gewährleistet sein, dass wesentliche operationelle Risiken zumindest jährlich identifiziert und beurteilt werden.
• Ermittlung der Gefährdung durch operationelle Risiken und Sammlung relevanter Daten zu operationellen Risiken, einschließlich wesentlicher Verluste. • Regelmäßige Prüfung des Systems durch unabhängige interne oder externe Stelle. • System zur Bewertung der operationellen Risiken muss eng in Risikomanagementprozesse des Instituts eingebunden sein.	• Bedeutende Schadensfälle sind unverzüglich hinsichtlich ihrer Ursachen zu analysieren. • Die Geschäftsleitung ist mindestens jährlich über bedeutende Schadensfälle und wesentliche operationelle Risiken zu unterrichten. Die Berichterstattung hat zumindest die Art des Schadens bzw. Risikos, die Ursachen, das Ausmaß des Schadens bzw. Risikos und gegebenenfalls bereits getroffene Gegenmaßnahmen zu umfassen.
• Ergebnisse des Systems zur Bewertung der operationellen Risiken müssen ein fester Bestandteil der Prozesse für die Überwachung und Kontrolle des operationellen Risikoprofils des Instituts sein. • System zur Berichterstattung an die Geschäftsleitung, damit den maßgeblichen Funktionen innerhalb des Instituts über das operationelle Risiko berichtet wird. • Das Institut muss über Verfahren verfügen, um entsprechend den in den Berichten an das Management enthaltenen Informationen geeignete Maßnahmen ergreifen zu können.	• Auf Basis der Berichterstattung ist zu entscheiden, ob und welche Maßnahmen zur Beseitigung der Ursachen zu treffen oder andere Risikosteuerungsmaßnahmen (z. B. Versicherungen, Ersatzverfahren, Neuausrichtung von Geschäftsaktivitäten, Katastrophenschutzmaßnahmen) zu ergreifen sind. Die Umsetzung der zu treffenden Maßnahmen ist zu überwachen.

Tab. 1.4: Qualitative STA-Anforderungen und BTR 4 MaRisk im Vergleich (Quelle: aus Buchmüller/Beekmann (2017), Tz. 147)[30]

Nach den MaRisk müssen alle Institute ein **grundlegendes Instrumentarium zum OpRisk-Management** besitzen. Somit müssen also auch diejenigen Institute, die den Basisindikatoransatz verwenden, ihr OpRisk geeignet identifizieren, beurteilen, überwachen und steuern, ohne dass sie es für die Bestimmung des OpRisk-Anrechnungsbetrages tatsächlich messen. Dennoch steigen auch die sog. »qualitativen« Anforderungen an die OpRisk-Steuerung nicht nur mit der Größe des Instituts und der Komplexität sei-

---

30 Die abgebildeten Anforderungen des BTR 4 MaRisk entsprechen zur besseren Verdeutlichung noch dem MaRisk-Stand vom 14.12.2012. Die OpRisk-Vorgaben der MaRisk in der Fassung vom 27.10.2018 sowie die darin enthaltenen Änderungen im Zuge der 5. MaRisk-Novelle werden umfassend in Abschnitt 3.3 dargestellt.

ner Geschäftstätigkeit, sondern auch durch die Anforderungen zur Nutzung des Standardansatzes oder eines fortgeschrittenen Messansatzes. Dies wurde an den bereits in Tab. 1.4 in Kurzform dargestellten Anforderungen an die Nutzung des OpRisk-Standardansatzes deutlich, denen keine entsprechenden Anforderungen bei der Nutzung des Basisindikatoransatzes entgegenstehen.

Bei den **fortgeschrittenen Messansätzen** umfasste die **Zulassungsprüfung** bisher auch eine umfangreiche bankaufsichtliche Überprüfung des OpRisk-Managements der Institute, die regelmäßig über Nachschauprüfungen wiederholt wurde. Mit der Abschaffung der AMA-Ansätze in Säule I fällt dies nun weg, sodass das Zusammenspiel zwischen Säule I und Säule II nicht nur hinsichtlich der Anforderungen an den neuen OpRisk-Standardansatz, sondern auch bezüglich der Prüfungen durch die Aufsicht neu adjustiert werden muss. Auch aus diesem Grund wird nachfolgend in Abschnitt 1.2 das bestehende Rechtsgefüge der Anforderungen an die geltenden drei OpRisk-Ansätze in Säule I umfassend dargestellt, da dies die Grundlage zum Verständnis der neuen Regelungen bildet, deren Entwicklung in Abschnitt 1.3 kurz vorgestellt wird.

1.2   Detailanforderungen gemäß geltender CRR

1.2.1   Grundsystematik der drei OpRisk-Ansätze

Abb. 1.5 stellt die Grundkonzeption der drei OpRisk-Ansätze dar und zeigt, dass die im Durchschnitt sinkende Kapitalbelastung bei der freien Wahl zwischen den Ansätzen den zentralen Anreiz darstellt, der die Institute überhaupt erst bewegt, sich freiwillig höheren Anforderungen zu unterwerfen.

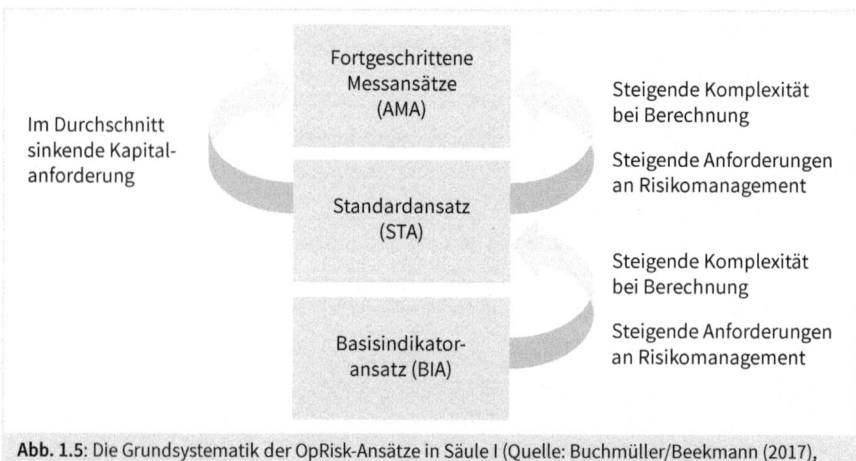

Abb. 1.5: Die Grundsystematik der OpRisk-Ansätze in Säule I (Quelle: Buchmüller/Beekmann (2017), Tz. 40)

Trotz dieser generellen Anreize im Durchschnitt der Institute würde die Eigenkapitalbelastung von Instituten mit ungewöhnlich hohem OpRisk durch Anwendung eines fortgeschrittenen Messansatzes steigen, da diese ihr operationelles Risiko mit Anwendung des wenig risikosensitiven Basisindikator- oder Standardansatzes unterschätzen. Grundsätzlich besteht somit das **Problem der adversen Selektion** bei der Auswahl des Ansatzes zur Bemessung der Höhe der Eigenkapitalanforderung: Die Bankenaufsicht musste befürchten, dass Institute mit besonders hohem operationellem Risiko die einfachsten Berechnungsansätze wählen. Eine Weiterentwicklung der Risikomess- und Managementansätze über die Mindestanforderungen hinaus würde solche Institute durch einen Anstieg der Kapitalanforderungen bestrafen. Sofern sich das OpRisk-Profil eines Institutes stark verschlechtert, besteht zudem der Anreiz, durch den Wechsel von einem aktuell genutzten komplexeren Ansatz zu einem einfacheren Ansatz Kapital zu sparen.[31]

Der Baseler Ausschuss, die rechtsetzenden Instanzen auf Ebene der Europäischen Union und die deutsche Aufsicht haben sich gescheut, Institute mit hohem OpRisk klar zur Anwendung eines fortgeschrittenen Messansatzes oder zumindest des Standardansatzes zu verpflichten, um die beschriebene Anreizproblematik zu lindern. Dennoch bestehen gewisse **Einschränkungen in der freien Nutzung der drei Ansätze**, die nachfolgend vorgestellt werden. Konkret handelt es sich um Art. 313 CRR (Rückkehr zu weniger komplizierten Ansätzen) und Art. 314 CRR (Kombination verschiedener Ansätze) sowie den sog. Model Change Prozess für die AMA-Ansätze (gemäß Art. 312 Abs. 2 und 3 der CRR).

Zunächst nennt **Art. 312 Abs. 1 Satz 1 CRR folgende Anforderungen, die bei Nutzung des Standardansatzes** erfüllt sein müssen:
- Erfüllung der Voraussetzungen nach Art. 320 CRR (die sogenannten qualitativen Anforderungen, s. Unterabschnitt 1.1.6)
- Erfüllung der allgemeinen Risikomanagement-Standards nach Art. 74 und 85 CRD.[32]

Mit den allgemeinen Risikomanagement-Standards wird auf einen Kernbereich von Säule II verwiesen. Die Vorgaben hierzu sind im Deutschland im Wesentlichen durch die MaRisk für alle Institute verbindlich vorgegeben (vgl. hierzu Unterabschnitt 1.1.6 sowie Abschnitt 3.3).

Gemäß Art. 312 Abs. 1 Satz 2 CRR müssen die Institute die zuständigen Behörden vor der Verwendung des Standardansatzes in Kenntnis setzen, hierzu besteht also eine **Anzeige-**

---

31 Aus diesen Gründen hatte der deutsche Gesetzgeber ursprünglich die freie Wahl zwischen den Ansätzen durch Sonderregelungen in der Solvabilitätsverordnung bei der Umsetzung von Basel II in deutsches Recht eingeschränkt, s. Buchmüller/Beekmann (2017), Tz. 39-44.
32 Die Detailinhalte der genannten CRD-Artikel in ihre Relevanz für die OpRisk-Prüfungen erläutern Buchmüller/ Beekmann (2017), Tz. 45-55.

pflicht. Eine verpflichtende Zulassungsprüfung der Aufsicht vor Anwendung des Standardansatzes wurde weder auf EU-Ebene noch in Deutschland für notwendig gehalten.[33]

Für die AMA-Ansätze ist allerdings eine umfassende von den Instituten zu bezahlende **Zulassungsprüfung** notwendig entsprechend den Vorgaben in Art. 312 Abs. 2 CRR.[34] Art. 312 Abs. 2 Unterabs. 2 CRR legt zudem fest, dass die Institute, die bereits einen AMA verwenden, wesentliche Erweiterungen oder Änderungen ihres fortgeschrittenen Messansatzes bei der Aufsicht vor Umsetzung beantragen müssen. Art. 312 Abs. 3 CRR legt darüber hinaus fest, dass ein Institut, das einen AMA anwendet, jede Änderung seines fortgeschrittenen Messansatzes bei der zuständigen Aufsichtsbehörde anzeigt. Diese beiden Anforderungen begründen den sog. **Model-Change-Prozess** für AMA-Änderungen inkl. Erweiterungen.[35]

Art. 313 CRR regelt gebündelt für den Standardansatz und den fortgeschrittenen Messansatz die Rückkehr zu einfacheren Ansätzen, d. h. vor allem zum Basisindikatoransatz, für den ja keinerlei qualitative Mindestanforderungen wie im Standardansatz oder für die fortgeschrittenen Messansätze gelten. Art. 313 Abs. 3 CRR schreibt vor, dass folgende beiden Anforderungen erfüllt sein müssen, bevor ein Institut vom Standardansatz oder fortgeschrittenen Messansatz zu einem einfacheren Ansatz umsteigen kann:

- Das Institut konnte der Aufsicht nachweisen, dass der Umstieg
  a) nicht eine Kapitalersparnis bezweckt,
  b) angesichts der Art und Komplexität des Instituts notwendig ist,
  c) die Solvenz des Instituts nicht wesentlich beeinträchtigt und
  d) die Fähigkeit des Institutes, seine operationellen Risiken wirksam zu steuern, nicht wesentlich beeinträchtigt (Art. 313 Abs. 3 Buchst. a) CRR).
- Das Institut hat vor der Anwendung des einfacheren Ansatzes eine entsprechende Genehmigung der zuständigen Behörde erhalten (Art. 313 Abs. 3 Buchst. b) CRR).

Mit diesen beiden Bedingungen ist klar, dass die Rückkehr zu einem einfacheren Ansatz ein **Genehmigungsverfahren** darstellt und in diesem Verfahren das Institut das Vorhandensein der gemäß Art. 313 Abs. 3 Buchst. a) CRR geforderten Voraussetzungen belegen muss. Sowohl der Umfang der Voraussetzungen gemäß Art. 313 Abs. 3 Buchst. a) CRR als auch das

---

33 Vgl. hierzu Buchmüller/Beekmann (2017), Tz. 45-55 zu der genauen Ausgestaltung des Anzeigeverfahrens zur Anwendung des OpRisk-Standardansatzes in Deutschland.
34 Vgl. hierzu Buchmüller/Beekmann (2017), Tz. 56-64.
35 Einen solchen Model Change Prozess gibt es auch für Änderungen der IRB-Ansätze im Kreditrisiko sowie für interne Marktrisikomodelle. Die Details der Vorgaben zum AMA-Model-Change-Prozess sind über die knappe Nennung in der CRR hinaus in Form der Delegierten Verordnung (EU) Nr. 529/2014 geregelt, vgl. hierzu Buchmüller/Beekmann (2017), Tz. 65-70.

Fehlen weiterer Beschreibungen des Antragsverfahrens zeigt, dass es sich bei der Rückkehr zu einem einfacheren Ansatz um einen absoluten Ausnahmetatbestand handeln sollte.

Die sog. **Partial-Use-Regelungen** zur gleichzeitigen Nutzung verschiedener OpRisk-Ansätze für unterschiedliche Teile eines Instituts oder einer Institutsgruppe gehören zu den umstrittensten Regelungen in Bezug auf die Eigenkapitalunterlegung des operationellen Risikos. Daher ist es auch nicht verwunderlich, dass **Art. 314 CRR**, der die Kombination verschiedener OpRisk-Ansätze regelt, mit fünf Absätzen einer der längsten Artikel des OpRisk-Teils der CRR ist. Art. 314 Abs. 1 CRR eröffnet zunächst einmal die generelle Möglichkeit, alle OpRisk-Ansätze miteinander zu kombinieren, falls die zuständige Aufsichtsbehörde dies zulässt. Die Zulassungserlaubnis erfolgt auf Basis der Zulassungskriterien gemäß Art. 314 Abs. 2–4 CRR. Darin geregelt sind sowohl die Kombination zwischen Basisindikator- und Standardansatz als auch die gleichzeitige Nutzung des fortgeschrittenen Messansatzes mit dem Basisindikator- oder Standardansatz für unterschiedliche Bereiche eines Instituts.

Während der **Partial Use zwischen BIA und STA nur im Ausnahmefall** zugelassen wird, ging die Aufsicht bereits während der Konzeption der Basel-II-Regelungen davon aus, dass die AMA-Institute im Regelfall nicht sofort ihre gesamte Geschäftstätigkeit in den AMA einbeziehen können, sodass **im AMA übergangsweise ein Partial Use mit einfacheren Ansätzen zulässig** sein müsste. Die Frage, wie großzügig diese Regelungen sein sollten, war und ist strittig. So wurde durch Art. 314 Abs. 5 CRR die EBA beauftragt, technische Regulierungsstandards zu erstellen, um diese Anforderungen an den AMA Partial Use näher zu spezifizieren. Ein Entwurf dieser Regelungen, der seitens der EBA bis 31.12.2016 erstellt werden soll, liegt bisher immer noch nicht vor und wird wohl angesichts der Abschaffung der bisherigen OpRisk-Ansätze auch nicht mehr erstellt werden.

Die durch den neuen OpRisk-Standardansatz nach Basel III bezweckte Vereinfachung der von den Instituten genutzten Ansätze wird durch die Partial-Use-Regelungen im geltenden Regelwerk bisher verhindert. Nach der Grundkonzeption der bisherigen OpRisk-Ansätze fungiert der AMA als »Krone der Schöpfung« in dem Sinne, dass ein Rückbau dieser Methodik, sofern ein Institut dies einmal erreicht hat, nur unter sehr einschränkenden Bedingungen möglich ist.[36] In der Erstumsetzung von Basel II war zwischen den Instituten und der Aufsicht am stärksten umstritten, wie schnell ein AMA auf das ganze Institut ausgerollt werden musste. Einen **dauerhaften Partial Use** hat die Aufsicht dabei nur in Ausnahmefällen zugelassen, um eine sogenannte Rosinenpickerei zu verhindern, wonach nur solche Teile des Instituts vom AMA abgedeckt werden, in denen in Relation

---

36   Vgl. hierzu im Detail Buchmüller/Beekmann (2017), Tz. 75-87.

zum bisherigen Ertrag der Geschäftsfelder wenige Schäden durch operationelles Risiko aufgetreten sind.[37]

1.2.2   Die Berechnungslogik des Basisindikatoransatzes

Wählt ein Institut den Basisindikatoransatz (BIA), so beträgt sein **OpRisk-Anrechnungsbetrag nach Art. 315 Abs. 1 CRR** bisher 15% des Drei-Jahres-Durchschnitts des sog. »maßgeblichen Indikators«.[38] Der Faktor 15% stellt einen rechnerischen Kalibrierungsfaktor dar und besitzt ansonsten keine Bedeutung.[39]

Der **maßgebliche Indikator** ist eine buchhalterische Größe, die aus der jährlichen Gewinn- und Verlustrechnung des Instituts entnommen wird.[40] Der OpRisk-Anrechnungsbetrag wird durch die **Berechnung eines Drei-Jahres-Durchschnitts des maßgeblichen Indikators** gemäß Art. 315 Abs. 1 CRR geglättet. Dies dient dazu, Schwankungen in der Eigenkapitalanforderung zu vermindern.[41] Gemäß Art. 315 Abs. 4 CRR werden bei der Ermittlung des Drei-Jahres-Durchschnitts **nur Geschäftsjahre berücksichtigt, in denen der maßgebliche Indikator einen positiven Wert annimmt** (d. h. ein Wert > 0, ein maßgeblicher Indikator i. H. von null geht in die Berechnung ebenfalls nicht ein). Diese Regelung soll sicherstellen, dass die mit dem Bankgeschäft untrennbar verbundenen operationellen Risiken auch bei negativer Ertragslage mit Eigenkapital zu unterlegen sind.

---

37   Eine Vorgabe, wie schnell der AMA bei der Erstanwendung wesentliche Teile des Instituts abdecken musste, hat die deutsche Aufsicht gemeinsam mit den Instituten dann als erste im Fachgremium OpRisk ausgearbeitete Empfehlung erlassen, vgl. Fachgremium OpRisk (2018) sowie Buchmüller/Beekmann (2017e), Tz 77-84.

38   Die Kenngröße »maßgeblicher Indikator« (relevant indicator) nach dem Wortlaut der CRR wurde in der SolvV a. F. analog zur Baseler Rahmenvereinbarung aus dem Jahr 2006 als »Bruttoertrag« (gross income) bezeichnet. Art. 316 CRR definiert diese Kenngröße.

39   Dieser Faktor wurde in den Baseler Konsultationspapieren als »Alpha-Faktor« bezeichnet und ursprünglich auf 30% geschätzt, dann schrittweise auf 17–20% und schließlich im Oktober 2002 auf 15% gesenkt, um die Kalibrierungsziele des Baseler Ausschusses hinsichtlich der Höhe der resultierenden Kapitalanforderungen beim Übergang vom bisherigen »Basel I«-Regelwerk ohne Kapitalanforderungen für das operationelle Risiko zu Basel II zu erreichen, vgl. Buchmüller (2008), S. 119-121, 125.

40   Nach Art. 315 Abs. 1 CRR sind die vorliegenden letzten drei Jahreswerte zu verwenden, wobei auch Schätzungen herangezogen werden können, wenn noch keine durch Abschlussprüfer geprüfte Werte vorliegen. In der Praxis kann eine solche »Schätzung« am leichtesten mittels eines aufgestellten Jahresabschlusses erfolgen. Da eine Testierung der Jahresabschlüsse bei deutschen Instituten oft erst Ende März oder Anfang April erfolgt, erleichtert es diese Regelung, bereits für die vierteljährliche CRR-Meldung zum 31.03. den Jahresabschluss für das letzte Geschäftsjahr heranzuziehen.

41   Die Verwendung des Drei-Jahres-Durchschnittes schlug der Baseler Ausschuss erstmals 2001 im Zuge der im Juli 1999 begonnenen öffentlichen Konsultation zur Ausgestaltung des Basel-II-Regelwerks vor und begründete dies mit der Volatilität des im maßgeblichen Indikator enthaltenen Handelsergebnisses, vgl. Basel Committee (2001b), S. 7, Fn. 50.

Abb. 1.6 stellt die Berechnungsweise im Basisindikatoransatz zusammenfassend dar. Auffällig ist, dass für Institute, deren maßgeblicher Indikator in allen drei betrachteten Jahren null oder negativ ist, gemäß Art. 315 CRR kein OpRisk-Anrechnungsbetrag errechnet werden kann.[42]

$$K_{BIA} = \frac{0{,}15 \cdot \sum_{i=1}^{n} \text{maßgeblicher Indikator}}{n} \text{ mit:}$$

K_{BIA} = OpR-Anrechnungsbetrag im Basisindikatoransatz

n = Anzahl der Jahre mit maßgeblichem Indikator innerhalb der letzten drei Jahre

maßgeblicher Indikator$_i$ = maßgeblicher Indikator des Jahres i mit positivem maßgeblichen Indikator

mit:

K_{BIA}	=	OpRisk-Anrechnungsbetrag im Basisindikatoransatz
n	=	Anzahl der Jahre mit maßgeblichem Indikator innerhalb der letzten drei Jahre
maßgeblicher Indikator$_i$	=	maßgeblicher Indikator des Jahres i mit positivem maßgeblichen Indikator.

Abb. 1.6: Berechnungslogik im Basisindikatoransatz (Quelle: Buchmüller/Beekmann (2017), Tz. 94)

Entscheidend für die Ermittlung des operationellen Risikos im Basisindikatoransatz (und auch im Standardansatz) ist der »maßgebliche Indikator«. Dieser sollte in etwa das Ergebnis eines Instituts aus seiner ordentlichen Geschäftstätigkeit vor den Verlusten abbilden, die auf OpRisk oder andere Risikoarten zurückzuführen sind. Der Baseler Ausschuss begründete die Verwendung dieses offensichtlich wenig risikosensitiven maßgeblichen Indikators im Zuge der Basel-II-Konsultation letztlich damit, dass dieser einfach zu bestimmen und vergleichbar sei, die Möglichkeiten zur Kapitalarbitrage verringere und vor allem, dass kein risikosensitiverer Indikator gefunden wurde.[43] Diese **mangelnde Risikosensitivität** ist auch der Hauptkritikpunkt am aktuell noch von der überwiegenden Mehrzahl der deutschen Institute genutzten Basisindikatoransatz. Diese trifft auch auf den Standardansatz zu, der ebenfalls auf dem maßgeblichen Indikator basiert.

Nachfolgend werden die bisherige Definition des maßgeblichen Indikators und die damit verbundenen Herausforderungen im Detail dargestellt, da mit dem neuen OpRisk-

---

42   Das Basel-II-Abschlussdokument erläuterte hierzu, dass die Bankenaufsicht in einem solchen Fall i. R. von Säule II einen adäquaten OpRisk-Anrechnungsbetrag festlegen wird, vgl. Baseler Ausschuss (2006), Fn. 99 zu Tz. 649). Dieser Fall ist allerdings eher hypothetisch, da ein Institut, das drei Jahre in Folge schon vor Berücksichtigung seines Verwaltungsaufwands einen Verlust erleidet, in der Regel nicht mehr lebensfähig sein dürfte. Dennoch besteht auch gemäß § 10 Abs. 3 KWG mit den sog. negativen Sonderverhältnissen eine Möglichkeit, dann einen entsprechenden angemessenen OpRisk-Anrechnungsbetrag festzulegen. Mit dem Säule-I-Plus-Ansatz ist ohnehin genau für diesen und andere Fälle eines »Versagens« des Säule-I-Ansatzes ein besonderer Kapitalzuschlag im Einzelfall durch die Aufsicht festzulegen.

43   Vgl. Basel Committee (2001b), S. 7.

Standardansatz und dem darin genutzten »Business Indicator« sehr ähnliche Fragen verbunden sind.

1.2.3 Die Definition des maßgeblichen Indikators

Die CRR hat – wie bisher bereits die CRD I – den maßgeblichen Indikator auf Basis einzelner GuV-Posten nach Art. 27 der **Bankbilanzrichtlinie**[44] festgelegt. Tab. 1.5 stellt die entsprechenden GuV-Posten gemäß Art. 316 CRR, Tab. 1 dar (wobei Erträge zu addieren und Aufwendungen abzuziehen sind). Die Bankbilanzrichtlinie aus dem Jahr 1986 ist ein früher und immer noch relevanter Schritt zur einheitlichen Rechtsetzung im EU-Binnenmarkt. Im deutschen Bankaufsichtsrecht wurden wesentliche Vorgaben der Bankbilanzrichtlinie in der Verordnung über die Rechnungslegung der Kreditinstitute und Finanzdienstleistungsinstitute (**RechKredV**) umgesetzt, mit denen die HGB-Vorgaben für die Bankbilanzierung ergänzt werden.[45] Die in Tab. 1.5 dargestellten GuV-Posten entsprechen den Vorgaben zur GuV-Gliederung über die entsprechenden Formblätter der RechKredV.[46]

1	Zinserträge und ähnliche Erträge
2	Zinsaufwendungen und ähnliche Aufwendungen
3	Erträge aus Aktien, anderen Anteilsrechten und nicht festverzinslichen/festverzinslichen Wertpapieren
4	Erträge aus Provisionen und Gebühren
5	Aufwendungen für Provisionen und Gebühren
6	Ertrag/Aufwand aus Finanzgeschäften
7	Sonstige betriebliche Erträge

Tab. 1.5: Bestandteile des maßgeblichen Indikators gemäß Art. 316 CRR, Tabelle 1 (in der im EU-Amtsblatt am 27.06.2013 veröffentlichten Version)

Mit der **CRD V** wird nun eine kleine Korrektur bei der Berechnung des maßgeblichen Indikators in Art. 316 Nr. 1 CRR vorgenommen, mit der die **Behandlung des Leasing-Ergebnisses** an die bereits in Deutschland übliche Praxis angeglichen wird. Der Wortlaut

---

44 Richtlinie 86/635/EWG des Rates v. 08.12.1986 über den Jahresabschluß und den konsolidierten Abschluß von Banken und anderen Finanzinstituten, ABl. EG L 372/1.
45 Vgl. hierzu Scharpf/Schaber (2018), Abschnitte 1 sowie 5.1.
46 Vgl. Scharpf/Schaber (2018), Abschnitt 6.

der Anpassungen, wie er nach der politischen Einigung zum Bankenpaket am 15.02.2019 veröffentlicht wurde, ist im Folgenden wiedergegeben. [47]

> ÄNDERUNG DES ART. 316 ZUM LEASINGERGEBNIS MIT DER CRD V (82a)
>
> In Article 316(1), the following subparagraph is added:
> «By way of derogation from the first subparagraph, institutions may choose not to apply the accounting categories for the profit and loss account under Article 27 of Directive 86/635/EEC to financial and operating leases for the purposes of calculating the relevant indicator, and may instead:
> (a) include interest income from financial and operating leases and profits from leased assets into the category referred to in point 1 of Table 1;
> (b) include interest expense from financial and operating leases, losses, depreciation and impairment of operating leased assets into the category referred to in point 2 of Table 1.«

Nach dem bisherigen Wortlaut der CRR war mitunter eine »**asymmetrische Behandlung**« **des Leasing-Ergebnisses** bei der Bestimmung der maßgeblichen Indikators gemäß Art. 316 CRR notwendig: Bei Bilanzierung des Leasingergebnisses als sonstiges betriebliches Ergebnis hätten demnach die Erträge aus dem Leasinggeschäft den maßgeblichen Indikator erhöht, ohne dass die Aufwände im Zusammenhang mit Leasinggeschäften den relevanten Indikator vermindert hätten. Diese Asymmetrie lag in der Entscheidung des Baseler Ausschusses begründet, lediglich sonstige betriebliche Erträge nicht aber sonstige betriebliche Aufwände in die Berechnungsformel für den relevanten Indikator/Bruttoertrag einzubeziehen. Die Ergänzung des Art. 316 CRR mit der CRD V eröffnet den Instituten nun ein Wahlrecht, entgegen den Bilanzierungsvorgaben das Leasingergebnis als Teil des Zinsergebnisses bei der Bestimmung des maßgeblichen Indikators zu berücksichtigen.

Auch bisher waren bereits **weitere Erläuterungen** der sehr knapp gehaltenen Vorgaben des Art. 316 auf EU-Ebene notwendig. Ursache hierfür ist, dass der Baseler Ausschuss den Bruttoertrag letztlich völlig abstrakt ohne Verweis auf spezifische Rechnungslegungsstandards definierte. Eine genauere Definition des Bruttoertrags überließ der Ausschuss den nationalen Bankenaufsichtsinstitutionen und/oder Rechnungslegungsstandards. Als Eingrenzung ist in der Basel-II-Rahmenvereinbarung lediglich folgende Formulierung enthalten: »*It is intended that this measure should: (i) be gross of any pro-*

---

47 Per Pressemitteilung vom 15.02.2019 hat der EU-Rat darüber informiert, dass eine politische Einigung über das seit November 2016 im EU-Rechtssetzungsprozess befindliche »Bankenpaket« vorliegt. Auf der Internetseite des EU-Rates wurden begleitend zur Pressemitteilung die aktuellen englischsprachigen Textentwürfe zur Änderung von CRR, CRD, BRRD und SRM-VO veröffentlicht. Auf Basis dieser Texte werden die Vorlagen zu (Stand 28.02.2019) noch ausstehenden finalen Beschlussfassung von Rat und Europäischem Parlament durch den Rechts- und Sprachendienst der Kommission ausgearbeitet. Hier ist dieser (finale) englischsprachige Entwurfsstand der CRR zitiert, vgl. Council of the European Union (2019).

visions (e. g. for unpaid interest); (ii) be gross of operating expenses, including fees paid to outsourcing providers; (iii) exclude realised profits/losses from the sale of securities in the banking book; and (iv) exclude extraordinary or irregular items as well as income derived from insurance«.[48]

Der Baseler Ausschuss hat keine konkreten GuV-Posten zur Eingrenzung des Bruttoertrags vorgegeben, da weltweit kein einheitlicher Bankbilanzierungsstandard besteht. Lediglich in einer Fußnote enthält das Basel-II-Regelwerk den Hinweis, dass Gewinne/ Verluste aus Wertpapieren in den Rechnungslegungskategorien »held to maturity« und »available for sale«, die z. B. bei der **Bilanzierung nach IFRS** verwendet werden, nicht in den Bruttoertrag einfließen.[49] Die Vorgaben in der EU und in Deutschland konnten sich hingegen an den GuV-Schemata des nationalen Bilanzrechts bzw. den europarechtlichen Rahmenvorgaben orientieren: Die dabei verwendete Bankbilanzrichtlinie (RL 86/635 EWG) deckt dabei aber nur Institute ab, die nach HGB bilanzieren. Gemäß Art. 316 Abs. 2 CRR berechnen Institute, die nicht der Bilanzierung gemäß Bankbilanzierungsrichtlinie unterliegen, den maßgeblichen Indikator anhand von Daten, die der Definition des Art. 316 CRR am nächsten kommen. Dies betrifft die Institute, die nach IFRS bilanzieren. **Art. 316 Abs. 3 CRR** enthält die Anforderung an die EBA, einen technischen Regulierungsstandard zur Präzisierung der Vorgaben gemäß Art. 316 Abs. 2 CRR bis zum 31.12.2017 vorzulegen. Eine solche Festlegung der bei der Berechnung des maßgeblichen Indikators nach IFRS zu verwendenden GuV-Positionen ist bisher noch nicht einmal im Entwurfsstadium erfolgt. Auch weiterhin ist kurzfristig nicht mit konkreten Vorgaben auf EU-Ebene zur Berechnung des maßgeblichen Indikators nach IFRS zu rechnen.

Mangels konkreter EU-Vorgaben bleiben die bisherigen nationalen Auslegungen in Kraft (es sei denn, die EZB wird hierzu für die SSM-Mitgliedstaaten schneller als die EBA Harmonisierungsschritte einleiten, womit allerdings ebenfalls nicht zu rechnen ist). Mit der **Empfehlung des Fachgremiums OpRisk zur Bestimmung des relevanten Indikators**[50] hat die deutsche Aufsicht auch bereits vor dem Inkrafttreten der erstmaligen Basel-II-Meldeanforderungen für die Rechnungslegung nach IFRS eine Orientierungshilfe bei der Bestimmung des maßgeblichen Indikators geschaffen.[51] Tab. 1.6 listet die GuV-Posten auf, die laut Empfehlung des Fachgremiums OpRisk zur Bestimmung des relevanten

---

48   Basel Committee, (2016), Tz. 650. Da eine genaue Übersetzung der buchhalterischen Fachbegriffe ohne einen zugrunde gelegten Rechnungslegungsstandard schwierig ist, wird auf den englischen Originalwortlaut und nicht auf die deutsche Übersetzung verwiesen.
49   Vgl. Basel Committee (2006), Fn. 102 zu Tz. 650.
50   Vgl. Fachgremium OpRisk (2008a).
51   Da kapitalmarktorientierte Institutsgruppen spätestens seit dem Geschäftsjahr 2007 ihren Jahresabschluss nach IFRS vorlegen mussten, war die Berechnung des maßgeblichen Indikators auf Gruppenebene nach IFRS zumindest für einige große deutsche Institute eine sehr wichtige und eilige Frage.

Indikators gemäß IFRS herangezogen werden müssen, sofern ein Institut seine GuV auf Basis der bisherigen FINREP-Klassifikation gliedert.

	Interest Income
-	Interest Expenses
+	Dividend Income
+	Fee and commission income
-	Fee and commission expenses
+/-	Gains/losses on financial assets and liabilities held for trading, net
+/-	Exchange differences, net
+/-	Gains/losses from hedge accounting, net
+	Other operating income

Tab. 1.6: Maßgeblicher Indikator nach IFRS gemäß Fachgremium OpRisk (Quelle: eigene Darstellung nach Fachgremium OpRisk (2008))

Zwar hat das Fachgremium OpRisk in seiner Empfehlung zur Bestimmung des relevanten Indikators nach IFRS heranzuziehende GuV-Posten aufgelistet. Diese in Tab 1.6 dargestellten Posten sind allerdings nicht in allen IFRS-Abschlüssen deutscher Institute enthalten, da die zugrunde liegende GuV-Klassifikation der das **Financial Reporting (FINREP)** behandelnden Arbeitsgruppe des CEBS nach deutschem Recht nicht verbindlich ist. Für die Institute ist das Fehlen einer einheitlichen GuV-Gliederung hinsichtlich der Berechnung des Bruttoertrags nach IFRS nachteilig: Sofern ein Institut seine GuV nach IFRS nicht analog zur FINREP-Empfehlung gliedert, müssen die OpRisk- und Rechnungslegungsspezialisten des Instituts den maßgeblichen Indikator bestmöglich auf Basis der institutsspezifischen GuV-Gliederung abgrenzen, mit dem Wirtschaftsprüfer abstimmen und für die interne Revision dokumentieren.[52]

Bereits im Basel-II-Rahmenwerk enthalten war eine klarstellende Fußnote, dass Einnahmen aus dem Anbieten von Outsourcing-Dienstleistungen in die Berechnung des Bruttoertrags einfließen.[53] Die CRR enthält eine Sonderregelung zur **Berücksichtigung von Aus-**

---

52 Ein weiteres Praxisproblem ergibt sich aus dem Wechsel von der HGB- zur IFRS-Bilanzierung. Dabei ermöglicht die Empfehlung des Fachgremiums OpRisk zur Bestimmung des relevanten Indikators die Kombination von GuV-Zahlen nach HGB und IFRS bei der Berechnung des OpRisk-Anrechnungsbetrags als Drei-Jahres-Durchschnitt des maßgeblichen Indikators. Auch auf europäischer Ebene hatte die sog. Capital Requirements Transposition Group (CRDTG) als Auslegung zu Anhang X Teil 1 Tz. 3 und 9 der Bankenrichtlinie 2006/48 ebenfalls die Vermischung unterschiedlicher Rechnungslegungsstandards bei der Berechnung des Drei-Jahres-Durchschnitts des relevanten Indikators zugelassen.
53 Vgl. Basel Committee (2006), Fn. 101 zu Tz. 650.

lagerungen im maßgeblichen Indikator, um arbeitsteilige Geschäftsmodelle zwischen Banken nicht durch zu hohe OpRisk-Anrechnungsbeträge zu bestrafen: Nach Art. 316 Abs. 1 Unterabs. 2 Buchst. a) CRR dürfen Aufwendungen für ausgelagerte Tätigkeiten als Teil der Betriebsausgaben den maßgeblichen Indikator dann vermindern, wenn diese Aufwendungen an gruppenfremde Unternehmen, die unter die OpRisk-Regeln der CRR fallen oder an Unternehmen, die einer vergleichbaren Aufsicht unterliegen, geleistet werden. Solche Aufwendungen fallen gemäß Art. 316 Abs. 1 Unterabs. 2 Buchst. a) Satz 2 CRR unter die Betriebsausgaben, die ebenso wie Rückstellungen und Risikovorsorge den maßgeblichen Indikator nicht vermindern dürfen. In diesem Fall ist den Instituten über eine »Kann-Regelung« allerdings explizit erlaubt, solche Aufwendungen für Auslagerungen als eigene Abzugsposten des maßgeblichen Indikators anzurechnen. Aufwendungen im Rahmen des Outsourcings an gruppenangehörige Unternehmen, die den maßgeblichen Indikator, z. B. als Teil des Provisionsaufwands reduzieren können, sind in diesen Sonderregelungen nicht genannt. Sie müssen also nicht herausgerechnet werden und können so (weiterhin) den maßgeblichen Indikator schmälern.

Analog zu den Baseler Vorgaben sind gemäß CRR **weitere Bereinigungen** der in Art. 316 Abs. 1 Unterabs. 1 CRR, Tab. 1 definierten GuV-Posten zur Ermittlung des maßgeblichen Indikators durchzuführen. Während der Wortlaut der Baseler Rahmenvereinbarung hinsichtlich des tatsächlichen Zwanges zur Bereinigung des Bruttoertrags relativ vage ist,[54] gibt Art. 316 Abs. 1 Unterabs. 2 Buchst. b) CRR klarere Vorgaben zu den erforderlichen Bereinigungen:»*The following elements shall not be used in the relevant indicator: (a) realised profits/losses from the sale of non-trading-book items; (b) income from extraordinary or irregular items; (c) income derived from insurance.*«

In der Berechnungspraxis der Institute ist dabei jede Sonderregelung, die den maßgeblichen Indikator gegenüber den in der GuV der Institute ausgewiesenen Einzelposten differenziert, **mit beträchtlichem Sonderaufwand verbunden**. Die Sonderregeln führen zu Zusatzrechnungen und einem Identifikationsaufwand teilweise bis hinunter auf Einzelkonten- bzw. Transaktionsebene. Mit den Vorgaben zur Bereinigung der GuV-Posten wurde die Risikoadäquanz des maßgeblichen Indikators kaum erhöht. Stattdessen sank die Transparenz des ermittelten Indikators weiter.[55]

---

54   Vgl. Basel Committee (2006), Tz. 650:»It is intended this measure should be: (i) gross of any provisions (e. g. for unpaid interest); (ii) be gross of operating expenses, including fees paid to outsourcing services providers; (iii) exclude realised profits/losses from the sale of securities in the banking book; and (iv) exclude extraordinary or irregular items as well as income derived from insurance«.

55   Vgl. Buchmüller/Beekmann (2017). Im deutschen Aufsichtsrecht wurde während der Erstumsetzung der Basel-II-Vorgaben die Möglichkeit geschaffen, auf diese Bereinigungen zu verzichten. Dies war europarechtskonform, da dies zu einer Erhöhung des maßgeblichen Indikators geführt hätte und somit kein Unterlaufen der Mindesteigenkapitalvorschriften dargestellt hätte. Mit Überführung der CRD in die CRR wurde die Pflicht zum Herausrechnen allerdings europarechtlich verbindlich.

Bei dem notwendigen **Herausrechnen außerordentlicher oder unregelmäßiger und irregulärer Erträge** hatte das Fachgremium OpRisk erfreulicherweise bereits frühzeitig eine Festlegung getroffen, die den diesbezüglichen Identifikationsaufwand stark begrenzt. Gemäß der am 19.12.2007 aktualisierten Empfehlung des Fachgremiums OpRisk zur Bestimmung des relevanten Indikators gilt: »*Unter unregelmäßigen Erträgen sind zudem Auswirkungen auf die Gewinn- und Verlustrechnung zu verstehen, die innerhalb der üblichen Tätigkeit liegen und die einzeln oder mit anderen Ereignissen gemeinsam mit dem Betrag ihrer Auswirkung auf den Jahresabschluss separat im Anhang auszuweisen sind, um die tatsächliche Finanz- und Vermögenslage widerzuspiegeln. Ein Abzug ist in diesem Fall jedoch nur zulässig, wenn davon auszugehen ist, dass sich das zu Grunde liegende Ereignis innerhalb einer Dreijahresperiode wahrscheinlich nicht wiederholen wird.*« [56]

Neben der Berücksichtigung der in dieser Empfehlung angeführten unregelmäßigen Erträge aus der Auflösung von Rückstellungen, aus Versicherungsleistungen und Steuerrückerstattungen müssen die Institute nach dieser Empfehlung »lediglich« den **Anhang zum Jahresabschluss** prüfen und nicht mehr institutsintern »unregelmäßige Erträge« definieren und die GuV-Posten darauf gesondert überprüfen. Dieses transparentere Verfahren konnte in der Institutspraxis gerade auch hinsichtlich einer Prüfung der Bestimmung des maßgeblichen Indikators durch die interne Revision oder den Wirtschaftsprüfer eine bedeutende Erleichterung darstellen. Da bisher keine geläufige europarechtliche Präzisierung vorgenommen wurde, können sich die deutschen Institute weiterhin an dieser Festlegung des Fachgremiums OpRisk orientieren.

Zu den **Erträgen aus Versicherungstätigkeiten**, die nicht in den maßgeblichen Indikator einfließen, gehören nach bisheriger Lesart in der deutschen Umsetzungspraxis der CRD und SolvV nur die Erträge aus dem originären Versicherungsgeschäft, das einer eigenständigen Regulierung unterworfen ist. Da hier eigene Kapitalanforderungen gelten, wurde auf die Einbeziehung des Versicherungsgeschäfts in die OpRisk-Kapitalanforderung auf Basis bankaufsichtlicher Vorgaben verzichtet.

Art. 316 Abs. 1 Unterabs. 2 Buchst. c) CRR enthält die »Kann-Vorgabe«, dass **Neubewertungen von Handelsbuchpositionen** bei der Berechnung des maßgeblichen Indikators berücksichtigt werden dürfen, sofern diese in der GuV verbucht werden, sowie den Zwang diese Neubewertungen im maßgeblichen Indikator zu berücksichtigen, sofern Art. 36 Abs. 2 der RL 86/635 EWG angewandt wird. Dieser Teil der Bankbilanzrichtlinie gibt den diese Rechtsnorm umsetzenden Mitgliedstaaten die Möglichkeit, börsenfähige Wertpapiere, die nicht die Eigenschaft von Finanzanlagen haben, anstelle des Anschaffungswertes auch zum höheren Marktwert am Bilanzstichtag bilanzieren zu lassen.

---

56   Vgl. Fachgremium OpRisk (2008a).

1.2.4   Grundkonzeption des bisherigen Standardansatzes

Im Gegensatz zum Basisindikatoransatz soll mit dem Standardansatz das operationelle Risiko differenzierter und damit grundsätzlich risikosensitiver gemessen werden. Nach diesem beträgt die Kapitalanforderung je nach den **regulatorischen Geschäftsfeldern**, unter welche die Geschäftstätigkeiten des Instituts fallen, 12–18 % des maßgeblichen Indikators gemäß Art. 316 CRR (im Basisindikatoransatz durchweg 15 %).[57] Eine gesonderte Untervariante des Standardansatzes ist der sog. »alternative Standardansatz«, dessen Berechnungsweise und Zulassungsvoraussetzungen Art. 319 CRR vorgibt.[58]

Bei Anwendung des Standardansatzes müssen die Institute neben den Anforderungen an die Zuordnung des maßgeblichen Indikators zu den unterschiedlichen regulatorischen Geschäftsfeldern auch Anforderungen an das OpRisk-Management erfüllen. Diese sog. »qualitativen« Anforderungen gemäß Art. 320 CRR entsprechen allerdings im deutschen Aufsichtsrecht weitestgehend den Mindestanforderungen an das OpRisk-Management, die gemäß MaRisk alle Institute erfüllen müssen (s. hierzu Unterabschnitt 1.1.6).

Nach Art. 317 Abs. 2 CRR wird im Standardansatz wie im Basisindikatoransatz der OpRisk-Anrechnungsbetrag berechnet, indem der maßgebliche Indikator mit einem Faktor multipliziert wird.[59] Der **Beta-Faktor** genannte Multiplikationsfaktor wird nach acht sog. regulatorischen Geschäftsfeldern differenziert, die gemäß Art. 317 Abs. 1 CRR i. V. m. Art. 317 CRR, Tab. 2 aufsichtsrechtlich einheitlich vorgegeben sind. Tab. 1.7 stellt die Beta-Faktoren und die regulatorischen Geschäftsfelder im Standardansatz dar.

Geschäftsfeld	Kapitalfaktor
Unternehmensfinanzierung/-beratung	$\beta_1 = 18\%$
Handel	$\beta_2 = 18\%$
Privatkundengeschäft	$\beta_3 = 12\%$
Firmenkundengeschäft	$\beta_4 = 15\%$
Zahlungsverkehr und Verrechnung	$\beta_5 = 18\%$

---

57   Zum mit der Nutzung des Standardansatzes verbundenen Anzeigeverfahrens, s. Unterabschnitt 1.2.1.
58   Eine umfassende Darstellung hierzu geben Buchmüller/Beekmann (2017), Tz. 140-144. Daneben wird in Unterabschnitt 2.2.3 im Zuge der Darstellung des neuen OpRisk-Standardansatzes der bisherige alternative Standardansatz erläutert.
59   Dabei gilt für die Definition und Ermittlung des maßgeblichen Indikators Art. 316 CRR wie im Basisindikatoransatz, s. Unterabschnitte 1.2.2 und 1.2.3.

Geschäftsfeld	Kapitalfaktor
Depot- und Treuhandgeschäft	$\beta_6 = 15\%$
Vermögensverwaltung	$\beta_7 = 12\%$
Wertpapierprovisionsgeschäft	$\beta_8 = 12\%$

Tab. 1.7: Regulatorische Geschäftsfelder und Beta-Faktoren im STA

Die acht regulatorischen Geschäftsfelder sind also eingestuft in:
- drei als risikoreich eingestufte Tätigkeiten (Unternehmensfinanzierung/-beratung, Handel, Zahlungsverkehr und Verrechnung (wobei »Settlement« im Sinne von »Abwicklung« gemeint ist)),
- drei als risikoarm eingestufte Tätigkeiten (Privatkundengeschäft, Vermögensverwaltung und Wertpapierprovisionsgeschäft) und
- zwei durchschnittlich risikobehaftete Tätigkeiten (Firmenkundengeschäft sowie Depot- und Treuhandgeschäft).

Mit Beta-Faktoren von 18% sind die OpRisk-Anrechnungsbeträge der besonders riskanten Tätigkeiten in Relation zum maßgeblichen Indikator um 50% höher als die der relativ risikolosen Tätigkeiten mit Beta-Faktoren von 12%. Gegenüber den durchschnittlich risikobehafteten Tätigkeiten und dem Basisindikatoransatz (mit Beta-Faktoren bzw. Alpha-Faktor von 15%) betragen die Zuschläge für die riskanten und die Abschläge für die relativ risikolosen Tätigkeiten jeweils 20%. Institute wie z. B. Sparkassen und Genossenschaftsbanken, deren Haupttätigkeit im Privatkundengeschäft liegt, erhalten durch den Beta-Faktor von 12% für dieses Geschäftsfeld einen **Anreiz zur Nutzung des Standardansatzes** im Vergleich zum Basisindikatoransatz, in dem der Multiplikator (= Alphafaktor) standardisiert auf 15% gesetzt wurde.

Im **Geschäftsfeld Handel** kann der maßgebliche Indikator besonders häufig negativ ausfallen und wird mit einem Beta-Faktor von 18% besonders stark gewichtet. Da ein solcher negativer Wert mit positiven Teilanrechnungsbeträgen aus anderen Geschäftsfeldern verrechnet werden kann, wird zumindest der Anreiz für Institute mit hohen und volatilen Handelsergebnissen zur Nutzung des Basisindikatoransatzes (mit dem niedrigeren Alpha-Faktor von 15%) etwas gemildert. Somit könnte die Aufsicht durch die leicht unterschiedliche Behandlung eines negativen maßgeblichen Indikators in den beiden Ansätzen das Ziel erreichen, dass Institute mit größeren Ertragsvolatilitäten den Standardansatz wählen und sich damit strengeren Regeln zum OpRisk-Management unterwerfen.

Nach Art. 317 Abs. 4 CRR wird ebenso wie im Basisindikatoransatz ein **Drei-Jahres-Durchschnitt** zur Berechnung herangezogen und es dürfen institutsinterne Schätzungen verwendet werden, sofern (noch) keine durch den Jahresabschlussprüfer geprüften Werte vorliegen.[60] Die genaue Berechnungslogik gemäß Art. 317 Abs. 3 CRR stellt Abb. 1.7 per Formel dar.

$$K_{STA} = \frac{\sum_{t=1}^{3} \max\{\sum_{j=l}^{8} \beta_j \cdot \textit{maßgeblicher Indikator}_{ij}, 0\}}{3} \quad \text{mit:}$$

β_j = Beta-Faktor des regulatorischen Geschäftsfeldes j

maßgeblicher Indikator ij = maßgeblicher Indikator des Geschäftsfeldes j im Jahr des entsprechenden Dreijahreszeitraums

mit:

β_j	=	Beta-Faktor des regulatorischen Geschäftsfeldes j
maßgeblicher Indikator ij	=	maßgeblicher Indikator des Geschäftsfeldes j im Jahr i des entsprechenden Dreijahreszeitraums.

Abb. 1.7: Berechnungslogik im Standardansatz (Quelle: aus Buchmüller/Beekmann (2017), Tz. 126)

Pro Geschäftsjahr werden also zunächst durch die Gewichtung des maßgeblichen Indikators für dieses Jahr pro regulatorischem Geschäftsfeld mit dem jeweiligen Beta-Faktor die **Teilanrechnungsbeträge pro regulatorischem Geschäftsfeld** gebildet. Die Teilanrechnungsbeträge werden dann aufsummiert. Falls die Summe der Teilanrechnungsbeträge positiv ist, geht dieser in die Drei-Jahres-Durchschnittsberechnung ein, falls nicht, geht der Betrag null ein. Die Summe der Drei-Jahres-Werte wird im Zähler gebildet, im Nenner wird immer durch drei dividiert, unabhängig davon, ob in einem Jahr die Summe der Teilanrechnungsbeträge negativ war und somit stattdessen der Wert null in die Drei-Jahres-Summierung im Zähler eingeht.

Indem **negative Jahreswerte** im Gegensatz zum Basisindikatoransatz mit einem Betrag von null angesetzt und bei der Durchschnittsbildung mit einbezogen werden, ist der OpRisk-Anrechnungsbetrag von Instituten, deren gesamter maßgeblicher Indikator in einem Jahr negativ ist, im Standardansatz in der Regel geringer als im Basisindikatoransatz. Damit erhalten Institute mit stark volatilen Erträgen einen Anreiz, zum Standardansatz zu wechseln.

---

60   Des Weiteren enthält Art. 317 Abs. 4 CRR Regelungen zu Instituten, die bisher weniger als drei Jahre bestehen sowie zum Umgang mit Fusionen, Übernahmen oder Veräußerungen von Unternehmensteilen, die den Regelungen zum Basisindikatoransatz in Art. 315 Abs. 2 und 3 CRR entsprechen.

1.2.5 Geschäftsfeldzuordnung und Kritik am Standardansatz

Mit der Ausdifferenzierung nach unterschiedlichen regulatorischen Geschäftsfeldern sollte der Standardansatz gegenüber dem Basisindikatoransatz risikosensitiver sein. Eine solche Schlussfolgerung ist allerdings vorschnell. Der Standardansatz besitzt gegenüber dem Basisindikatoransatz nur dann eine höhere **Risikosensitivität**, wenn die regulatorischen Geschäftsfelder sinnvoll voneinander abgegrenzt und die Beta-Faktoren so kalibriert sind, dass diese das unterschiedlich hohe, spezifische operationelle Risiko dieser Geschäftsfelder in Relation zum maßgeblichen Indikator hinreichend genau abschätzen. Genau dies wurde vom Baseler Ausschuss nach langjährigen Analysen und Diskussionen verneint und als ein Grund für die geplante Abschaffung des Standardansatzes in seiner bisherigen Form angeführt.[61]

In der Praxis stößt eine wirklich trennscharfe Abgrenzung der regulatorischen Geschäftsfelder auf große Probleme und verursacht für die betroffenen Institute hohen **Implementierungsaufwand**. Die Detailvorgaben der Aufsicht zur Geschäftsfeldzuordnung nach Art. 318 CRR in Verbindung mit der Kurzdefinition der Geschäftsfelder in Art. 317 CRR, Tab. 2 sind sehr umfangreich und stellen mengenmäßig den Hauptteil der regulatorischen Anforderungen zum Standardansatz dar.[62]

Der **Mehrwert des Standardansatzes** gegenüber dem Basisindikatoransatz liegt gegenwärtig weniger in einer risikosensitiveren Bestimmung des OpRisk-Anrechnungsbetrags, sondern darin, dass die mit seiner Nutzung verbundenen qualitativen Anforderungen die Institute zur Verbesserung ihres OpRisk-Managements zwingen. Diesem Mehrwert hinsichtlich der Risikosteuerung steht allerdings auch ein zusätzlicher Aufwand bei der Zuordnung des maßgeblichen Indikators zu den regulatorischen Geschäftsfeldern gegenüber.

Der ursprünglichen **Kalibrierung der Beta-Faktoren** durch den Baseler Ausschuss lagen keine statistisch signifikanten Unterschiede in der Relation zwischen dem OpRisk und dem maßgeblichen Indikator der einzelnen Geschäftsfelder zugrunde: Sie fand im Wesentlichen im Jahr 2001 auf Basis des von 29 Instituten ihren internen Geschäftsfeldern zugeordneten ökonomischen Kapitals statt, also zu einem Zeitpunkt, zu dem die institutsinternen OpRisk-Quantifizierungsverfahren und die Verlustdatensammlung noch stark entwicklungsbedürftig waren. Die Beta-Faktoren wurden dann zwar immer wieder überprüft, allerdings nicht mehr geändert.

---

61 Vgl. Basel Committee (2014b), Tz. 3-4.
62 Dazu kommen noch zusätzliche Empfehlungen des Fachgremiums OpRisk und zum Teil inhaltlich unterschiedliche Erläuterungen auf europäischer und Baseler Ebene.

Zwar hätte eine **Überarbeitung der regulatorischen Geschäftsfelder und Beta-Faktoren** (beispielsweise auf Basis der immer weiter zunehmenden Verlustdatensammlungen der Institute, die regelmäßig seitens der Bankenaufsicht analysiert werden) möglicherweise die Messung des operationellen Risikos und Grobfestlegung des Anrechnungsbetrags im Standardansatz voranbringen können. Neu definierte Geschäftsfelder hätten dann allerdings tatsächlich empirisch über mehrere Jahrzehnte hinweg stabile, besonders markante Unterschiede in der Relation zwischen eingetretenen Verlusten und leicht messbaren GuV-Größen aufweisen müssen. Solche weltweit idealerweise überall ähnlich auftretenden, gut messbaren Zusammenhänge konnten nicht identifiziert werden.

Grundlegende Zweifel sind auch mehr als zehn Jahre nach ihrer Konzeption hinsichtlich der Aussagekraft der regulatorischen Geschäftsfelder und Beta-Faktoren geblieben, sodass die Risikosensitivität des Standardansatzes auch wegen der Problematik des maßgeblichen Indikators als eines wenig geeigneten Risikoindikators insgesamt bezweifelt werden muss. Insofern ist die mittlerweile vom Baseler Ausschuss vorgeschlagene Abschaffung des Standardansatzes in seiner bisherigen Form konsequent.

Art. 318 CRR fordert von Instituten, die den Standardansatz anwenden, institutsspezifische Grundsätze und Kriterien, um ihre Geschäftstätigkeiten und den maßgeblichen Indikator den regulatorischen Geschäftsfeldern zuzuordnen, eine sogenannte»**Mapping Policy**«. Dabei ist zu beachten, dass die Geschäftsleitung »unter Aufsicht des Leitungsorgans« gemäß Art. 318 Abs. 2 CRR für die Zuordnungsgrundsätze verantwortlich ist und insoweit in deren Festlegung z. B. durch einen formellen Beschluss auf Vorstandsebene unter Mitzeichnung der Geschäftsbereiche einzubinden ist. Somit empfiehlt sich, die Mapping Policy zumindest dem Gesamtvorstand zur Freigabe vorzulegen. Eine Vorlage an den Aufsichtsrat scheint allerdings weiterhin nicht notwendig zu sein. Eine Abstimmung mit den für die jeweiligen Geschäftsbereiche Verantwortlichen erscheint jedoch vor Finalisierung der entsprechenden Vorstandsvorlage weiterhin sinnvoll.

Weitere regulatorische Anforderungen gemäß Art. 317 CRR an die Governance der Mapping Policy sind, dass die Zuordnungsgrundsätze regelmäßig auf ihre Angemessenheit und der Zuordnungsprozess »unabhängig«, d. h. **durch interne Revision oder Wirtschaftsprüfer bzw. eine unabhängige interne Validierungsstelle zu überprüfen** sind und hinsichtlich neuer oder geänderter Geschäftstätigkeiten bzw. »Risiken« anzupassen sind. Inwieweit die von einer Risikosicht völlig unabhängigen Mapping-Anforderungen in Bezug auf »Risiken« konkret modifiziert werden können, bleibt dabei allerdings offen.

Grundsätzlich ist gemäß Art. 317 CRR jede Geschäftstätigkeit genau einem regulatorischen Geschäftsfeld zuzuordnen und auch unterstützende Tätigkeiten sind nach objektiven Kriterien über die unterstützte Haupttätigkeit den regulatorischen Geschäftsfeldern zuzuordnen. Interne Verfahren zur Verrechnung des maßgeblichen Indikators zwischen Geschäftsfeldern können berücksichtigt werden. Die Kriterien für die Zuordnung zu den regulatorischen Geschäftsfeldern müssen zudem widerspruchsfrei zu den im Kredit- und Marktrisiko verwendeten sein.

Bereits 2005 hatte sich das Fachgremium OpRisk für die **Zulässigkeit einer pauschalen Zuordnung des maßgeblichen Indikators zu den regulatorischen Geschäftsfeldern mittels prozentualer Schlüssel** auf Basis des internen Rechnungswesens ausgesprochen, solange die Aufteilung im Zeitablauf konsistent ist und keine Kapitalarbitrage betrieben wird. Damit hatte die deutsche Aufsicht ein Signal gegeben, dass sie den Aufwand der Institute auch bei der Zuordnung des maßgeblichen Indikators in engen Grenzen halten wollte.

Die entsprechenden Festlegungen der deutschen Aufsicht sind weiterhin gültig und in der im März 2008 veröffentlichten aktualisierten Empfehlung des Fachgremiums OpRisk zur Geschäftsfeldzuordnung enthalten. Somit ist nach deutschem Aufsichtsrecht keine Zuordnung des maßgeblichen Indikators auf Ebene einzelner Tätigkeiten oder Konten notwendig. Nach Art. 318 Abs. 3 CRR musste die EBA bis 31.12.2017 der EU-Kommission **Entwürfe technischer Regulierungsstandards** vorlegen, mit denen die Kriterien für die Geschäftsfeldzuordnung weiter spezifiziert werden sollen. Bisher hat die EBA hierzu noch keine Dokumente veröffentlicht. Angesichts der mittlerweile beschlossenen Abschaffung des bisherigen Standardansatzes ist fraglich, ob es hierzu noch kommen wird.

Die Vorgaben der Baseler Rahmenvereinbarung (und der CRR zur Abgrenzung der einzelnen regulatorischen Geschäftsfelder sind nicht hinreichend trennscharf und unterscheiden sich. Die grundsätzlichen Abgrenzungsprobleme werden anhand der in Tab. 1.8 dargestellten, vom Baseler Ausschuss vorgegebenen Definition der regulatorischen Geschäftsfelder deutlich.

Geschäftsfeld	Geschäftstätigkeit	Aktivitäten
Unternehmensfinanzierung/ -beratung	Unternehmensfinanzierung/-beratung	Unternehmenszusammenschlüsse, Emissions- und Platzierungsgeschäft, Privatisierung, Verbriefung, Research, Kredite (öffentliche Hand, hochrentierend), Aktien, Syndizierungen, Börsengang, Privatplatzierungen
	öffentliche Haushalte	
	Handelsfinanzierungen	
	Beratungsgeschäft	

Geschäftsfeld	Geschäftstätigkeit	Aktivitäten
Handel	Kundengeschäfte Market Making Eigenhandel Treasury	Anleihen, Aktien, Devisengeschäfte, Warenhandel, Mittelaufnahme, Mittelanlage, Wertpapiereigengeschäfte, Wertpapieranleihe und Repos, Brokerage (Orderausführung und Service für professionelle Investoren), Schuldtitel, Prime Brokerage
Privatkundengeschäft	Massengeschäft (Retail-Geschäft)	Einlagen- und Kreditmassengeschäft, Bankdienstleistungen, Steuer- und Nachlassberatung
	Private Banking	Für vermögendere Privatkunden: Finanzierungen und Geldanlagen, Steuer- und Nachlassberatung, Vermögens- und Anlageberatung
	Kartendienstleistungen	Handels-/Gewerbe-/Unternehmenskarten, individuelle Karten und Massengeschäft
Firmenkundengeschäft	Firmenkundengeschäft	Projektfinanzierung, Immobilienfinanzierung, Exportfinanzierung, Handelsfinanzierung, Factoring, Leasing, Kreditgewährungen, Bürgschaften und Garantien, Wechselgeschäft
Zahlungsverkehr und Abwicklung	Externe Kunden, Dritte	Zahlungsverkehr und Inkasso, Geldüberweisungen, Clearing und Wertpapierabwicklung
Depot- und Treuhandgeschäfte	Depot, Verwahrung	Anderkonten, Depotgeschäft, Wertpapierleihe (für Kunden), weiterer Service für Unternehmen
	Treuhändergeschäft	Emissions- und Zahlstellenfunktionen
	Stiftungen	
Vermögensverwaltung	Gebundene Vermögensverwaltung	Pool, einzeln, privat, institutionell, geschlossen, offen, »Private Equity«
	Freie Vermögensverwaltung	Pool, einzeln, privat, institutionell, geschlossen, offen
Wertpapierprovisionsgeschäft	Ausführung von Wertpapieraufträgen	Ausführung von Orders, Verwaltungsgeschäft für Privatkunden

Tab. 1.8: Erläuterungen zur Geschäftsfeldzuordnung nach Basel II (Quelle: Baseler Ausschuss (2006), Anhang 8)

Der Ausschuss hat die gesamte Geschäftstätigkeit der Institute in ein einheitliches Raster gepresst und dabei einerseits in den Geschäftsfeldern Privatkunden- und Firmenkundengeschäft nach Kundengruppen differenziert. Andererseits hat er daneben weitere sechs Geschäftsfelder definiert, in denen wie z. B. im »Wertpapierprovisionsgeschäft« oder in der »Unternehmensfinanzierung/-beratung« spezifische Leistungen für Firmen- und/oder Privatkunden eingestuft werden. Eine **trennscharfe, risikoadäquate Abgrenzung ist dabei nicht gelungen.**

Infolgedessen ist die Zuordnung der Geschäftsaktivitäten zu den regulatorischen Geschäftsfeldern für viele Institute immer noch problematisch. Einige Institute erhofften sich von der Aufsicht klarere Regelungen und wünschten umfangreiche Erläuterungen. Viele Institute haben allerdings schon jetzt Probleme mit **Detailauslegungen der Aufseher,** die sich untereinander und von der bisherigen Umsetzung der Institute unterscheiden und allgemein den Umsetzungsaufwand erhöhen. So unterscheiden sich z. B. die nach Art. 317 CRR, Tab. 2 unter den jeweiligen regulatorischen Geschäftsfeldern aufgelisteten Aktivitäten von den Aktivitäten der Baseler Rahmenvereinbarung, da die Europäische Kommission die in EU-Richtlinien definierten Rechtsbegriffe verwendet. Diese sind jedoch den OpRisk- und Bilanzierungsspezialisten, welche die praktische Geschäftsfeldzuordnung des maßgeblichen Indikators vornehmen müssen, oftmals nicht geläufig, sodass sich in der Folge Unschärfen in der Zuordnung einschleichen können oder der Zusatzaufwand zum genauen Verständnis der Rechtslage enorm wäre.

Grundsätzlich **bleibt die Geschäftsfeldzuordnung den Instituten überlassen und** wird von der Aufsicht nicht in Form eines Zulassungsverfahrens überprüft. Dies ist zur Vermeidung von Kapitalarbitrage hinreichend, da Institute, die systematisch große Teile ihres maßgeblichen Indikators Geschäftsfeldern mit niedrigen Beta-Faktoren zuweisen, Gefahr laufen müssen, von der Aufsicht mittels der aufsichtlichen Meldeanforderungen (vgl. Abschnitt 5.1) entdeckt und sanktioniert zu werden. Da die den Standardansatz anwendenden Institute neben dem OpRisk-Anrechnungsbetrag auch die Aufteilung ihres maßgeblichen Indikators auf die regulatorischen Geschäftsfelder der Aufsicht melden müssen, können die zuständigen Aufseher größere Unregelmäßigkeiten bei der Zuordnung erkennen und gegebenenfalls eine Sonderprüfung anordnen.

Das Fachgremium OpRisk hatte die an dieses Gremium herangetragenen Auslegungsfragen mit Anpassungen seiner **Empfehlung zur Geschäftsfeldzuordnung** geklärt: Mit den Abänderungen der Empfehlung im August 2006 und Juni 2007 hatte das Fachgremium zu weiteren Abgrenzungsproblemen Aussagen getroffen, wie z. B. zur Zuordnung des Factoring-Geschäfts (Firmenkundengeschäft, aber auch Aufteilung zwischen Privat- und Firmenkundengeschäft zulässig) oder unterstützenden Tätigkeiten wie z. B. Kreditkartengeschäft für Firmenkunden (kann ins Privatkundengeschäft eingestuft werden).

Daneben enthält die Empfehlung Hinweise, wie die Kundengruppenaufteilung zwischen Privat- und Firmenkundengeschäft am besten bewerkstelligt werden kann.

In der Institutspraxis empfiehlt sich, die gemäß Art. 318 CRR geforderten Zuordnungs- grundsätze unter Einbindung der Spezialisten des Rechnungswesens zu erstellen und zu dokumentieren. Um bei einem schlanken Verfahren für die Geschäftsfeldzuordnung zu bleiben, kann ein Institut im Bedarfsfall auch die nach Art. 318 CRR vorhandene Mög- lichkeit nutzen, solche Geschäftätigkeiten, die keinem regulatorischen Geschäftsfeld zugeordnet werden, einem Geschäftsfeld mit dem höchsten Beta-Faktor zuzurechnen. Damit gibt die Aufsicht den Instituten die Möglichkeit, im Einzelfall auf eine genaue Geschäftsfeldzuordnung zu verzichten.

Zur Plausibilisierung der Zuordnungsmethodik empfiehlt sich der Vergleich der Geschäftsfeldzuordnung mit der im Rahmen des Jahresabschlusses offengelegten Segmentberichterstattung sowie der Einstufung der Kreditgeschäfte in die aufsicht- lichen Forderungsklassen gemäß dem Kreditrisiko-Standardansatz oder IRBA. Die- ser Quervergleich kann zeigen, ob bei der Geschäftsfeldzuordnung alle wesentlichen Geschäftsaktivitäten berücksichtigt wurden und richtig zwischen den Geschäftsfel- dern Privat- und Firmenkundengeschäft bzw. Unternehmensfinanzierung abgegrenzt wurde. Daneben ist ein Quervergleich zwischen der Zuordnung des maßgeblichen Indikators und den gesammelten Verlustdaten sinnvoll. Die Verlustdaten sind im Stan- dardansatz zwar nach den Anforderungen gemäß Art. 318 CRR nicht zwangsläufig regulatorischen Geschäftsfeldern zuzuordnen, es entspricht aber der Best Practice der Institute dies zu tun.

Sofern der bisherige Standardansatz wie geplant abgeschafft wird, stellt sich nun auto- matisch auch die **Frage der Gruppierung der Verlustdaten**. Bisher müssen auch die Ins- titute, die den fortgeschrittenen Messansatz anwenden, ihre Geschäftätigkeiten den regulatorischen Geschäftsfeldern zuordnen, wie sie ihre Verlustdaten auf die regulato- rischen Geschäftsfelder gemäß Art. 322 Abs. 3 Buchst. c) CRR zuordnen müssen. Dieses »Mapping« der Verlustdaten ist die Grundlage für den anonymisierten Austausch von Verlustdaten zwischen den Banken in Form von Datenkonsortien (vgl. Kapitel 5). Auch das von der Aufsicht eingeführte OpRisk-Meldewesen (vgl. Abschnitt 5.1) basiert auf den regulatorischen Geschäftsfeldern des Standardansatzes nach Basel II (sowie den Ver- lustereigniskategorien, die bisher in den AMA-Anforderungen der CRR enthalten sind). Mit der Überführung der Basel-III-Vorgaben in die CRR muss die Europäische Kommis- sion nun einen Vorschlag entwickeln, welche Elemente des Standardansatzes dabei wei- terhin gebraucht werden. Gleiches gilt für die fortgeschrittenen Messansätze, die nach- folgend genauer beschrieben werden.

1.2.6   Fortgeschrittene Messansätze (AMA)

Die höchste Regelungs- und Erläuterungsdichte im Bereich OpRisk liegt aktuell weiterhin bei den fortgeschrittenen OpRisk-Ansätzen, den sogenannten AMA-Ansätzen (Advanced Measurement Approaches, AMA) vor. Die **qualitativen AMA-Anforderungen** in Art. 321 CRR gehen in einigen Punkten über die qualitativen Anforderungen des OpRisk-Standardansatzes und der MaRisk hinaus: Die Regelungen stellen auch insofern eine weitergehende Anforderung an die Institute dar, als dass die Institute, die den fortgeschrittenen Ansatz verwenden, über eine **unabhängige zentrale Einheit für das Management operationeller Risiken** verfügen müssen. Tab. 1.9 stellt überblicksartig alle von AMA-Instituten zu beachtenden Anforderungen dar.

Anforderungen an Modellinputfaktoren	Mindestens fünf Jahre (übergangsweise drei Jahre) interne Verlustdaten
	Relevante externe Verlustdaten
	Szenario-Analysen auf Basis externer Daten und Expertenmeinungen
	Geschäftsumfeld und interne Kontrollfaktoren
Anforderungen an OpRisk-Management	Integriertes OpRisk-Managementsystem und Rahmenwerk
	Unabhängige zentrale OpRisk-Managementeinheit mit hinreichend Ressourcen
	Integration des OpRisk-Messverfahrens in OpRisk-Managementsystem
	Angemessenes Berichtswesen und Reaktion auf OpRisk-Verluste
Anforderungen an Messverfahren	Solidität vergleichbar mit 99,9 %-Konfidenzniveau bei einjähriger Betrachtungszeit
	Hinreichende Granularität des Messverfahrens
	Erfassung der OpRisk-Haupttreiber, die Rand der Verlustverteilung prägen
	Angemessene Modellentwicklungsverfahren
	Korrelationsannahmen müssen begründet und plausibel sein
	Einbeziehung des erwarteten Verlustes (EL); sofern der EL in Geschäftspraktiken berücksichtigt wird, kann der Anrechnungsbetrag entsprechend reduziert werden
	Versicherungen und andere Risikoverlagerungsinstrumente dürfen Anrechnungsbetrag maximal um 20 % reduzieren

Tab. 1.9: Die AMA-Anforderungen im Überblick (Quelle: in Anlehnung an Buchmüller (2008), S. 145)

Im Folgenden werden die aktuell weiterhin gültigen Detailvorgaben zum AMA in der CRR kurz vorgestellt. Teil 3 Titel III Kapitel 4 der CRR umfasst vier Artikel, in denen die Anforderungen an die fortgeschrittenen Messansätze festgeschrieben werden (s. Unterabschnitte 1.1.3 und 1.1.5). Während die einfachen OpRisk-Ansätze Basisindikator- und Standardansatz die Berechnungsweise des OpRisk-Anrechnungsbetrags klar vorgeben, sind fortgeschrittene Messansätze das Paradebeispiel einer **prinzipien-orientierten Aufsicht** im Rahmen von Basel II. Die Anforderungen an die Berechnungsweise des Anrechnungsbetrags mit fortgeschrittenen Messansätzen sind bewusst sehr schlank gehalten und lassen die unterschiedlichsten bankinternen Messansatzvarianten zu.[63]

Bei der Konzeption der »Advanced Measurement Approaches« (AMA), gaben der Baseler Ausschuss, die CRD I, die SolvV und nun auch die CRR nur die sog. **vier AMA-Inputfaktoren** und die Messgenauigkeit des AMA-Anrechnungsbetrags vor: Zur Berechnung des AMA-Anrechnungsbetrags müssen gemäß Art. 322 Abs. 2 Buchst. b CRR sowohl erstens (instituts-)interne Verlustdaten (vgl. Art. 322 Abs. 3 CRR) als auch zweitens externe Verlustdaten (vgl. Art. 322 Abs. 4 CRR), drittens Szenarioanalysen (vgl. Art. 322 Abs. 5 CRR) sowie viertens Geschäftsumfeld- und interne Kontrollfaktoren (vgl. Art. 322 Abs. 6 CRR) herangezogen werden.

Mit Art. 322 Abs. 2 Buchst. a CRR legt die europäische Aufsicht analog zu den Baseler Regelungen fest, dass der OpRisk-Anrechnungsbetrag im AMA hinsichtlich seiner Solidität mit einem 99,9-prozentigen **Konfidenzniveau** bei einer einjährigen Haltedauer vergleichbar sein muss und nutzt dabei das aus dem Marktrisiko bekannte Risikomaß **Value at Risk** (VaR). Die genannte Festlegung der AMA-Messgenauigkeit ist nicht allgemein verständlich, sondern erfordert statistische Fachkenntnisse. Der Value at Risk (VaR) als Risikomaß gibt an, welcher Wert bei einer aus den verfügbaren Daten geschätzten Verlustverteilung mit einer vorgegebenen Wahrscheinlichkeit nicht überschritten wird.

Vereinfacht und unmathematisch ausgedrückt, wird mit dem AMA aufgrund der Festlegung nach Art. 322 Abs. 2 Buchst. a CRR ein OpRisk-Anrechnungsbetrag so festgelegt, dass die geschätzte Summe der im betreffenden Institut innerhalb eines Jahres auftretenden Verluste aus operationellem Risiko mit einer Wahrscheinlichkeit von 99,9 % den OpRisk-Anrechnungsbetrag nicht überschreitet. Anders ausgedrückt, soll der OpRisk-Anrechnungsbetrag so hoch sein, dass er in 99,9 % der Fälle dafür ausreicht, die gesam-

---

63   Ein Beispiel für ein AMA-Modell, das in der Praxis angewendet wurde, findet sich in Beekmann/Stemper (2014). Schumacher/Steinhoff (2009) beschreiben ebenfalls sehr detailliert eine in der Praxis in Deutschland genutzte Berechnungsmethodik.

ten Verluste eines Instituts aus OpRisk-Ereignissen innerhalb eines Jahres abzudecken. Zielsetzung eines AMA-Modells muss es also sein, einen derartigen VaR zu bestimmen. Abb. 1.8 verdeutlicht das Konzept des VaR: Der VaR für das operationelle Risiko eines Instituts (OpVaR) entspricht gemäß den aufsichtlichen Vorgaben dem 99,9%-Quantil seiner Gesamtverlustverteilung. Er umfasst sowohl den **erwarteten Verlust (EL)** als auch den **unerwarteten Verlust (UL)**, wobei der erwartete Verlust als Erwartungswert der Verlustverteilung bestimmt werden kann.

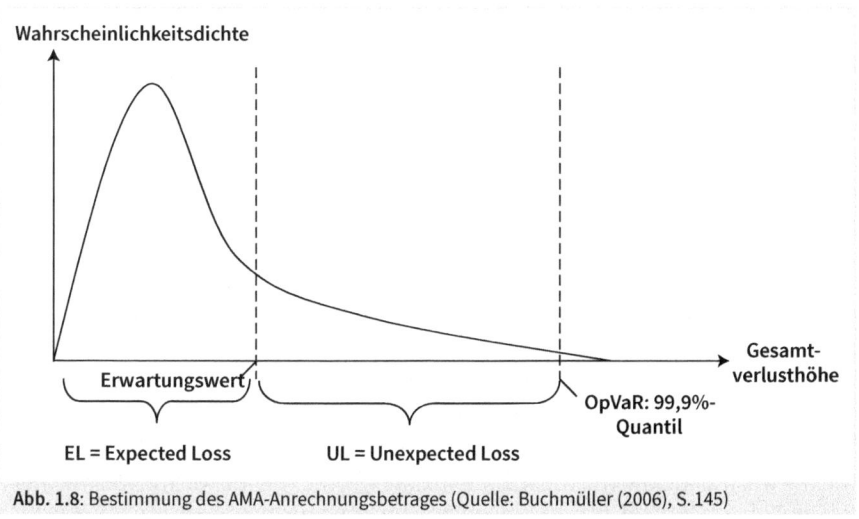

Abb. 1.8: Bestimmung des AMA-Anrechnungsbetrages (Quelle: Buchmüller (2006), S. 145)

Wie die Institute die vier Inputfaktoren in ihrem AMA gewichten, bleibt ihnen selbst überlassen. Genauere Anforderungen haben die Aufseher vor allem an **interne Verlustdaten** gestellt. Institute müssen interne Verlustdaten mindestens über einen Zeitraum von fünf Jahren hinweg bei der Modellierung verwenden und in der Lage sein, diese den acht regulatorischen Geschäftsfeldern und sieben vom Baseler Ausschuss (BCBS) definierten Verlustereigniskategorien zuzuordnen. Tab. 1.9 zeigt, dass die Aufsicht neben Anforderungen an die Modellinputfaktoren auch hohe Anforderungen an das OpRisk-Management sowie an das Messverfahren als Voraussetzung für eine AMA-Zulassung stellt. Gerade diese Anforderungen sind Treiber einer steten Verbesserung des Risikomanagements, unabhängig vom eigentlichen Modell und dessen Ergebnis.

Das gemäß Art. 321 Buchst. d CRR als AMA-Zulassungsvoraussetzung geforderte OpRisk-Managementsystem enthält die auch gemäß MaRisk und im Standardansatz geforderten Bestandteile Identifizierung, Beurteilung, Überwachung, Berichterstattung und Steuerung der operationellen Risiken. Zudem muss ein Rahmenwerk die Grundsätze des OpRisk-Managementsystems fixieren und die Verantwortlichkeiten festlegen. Die Aufsicht fordert mit Art. 321 Buchst. b CRR von den AMA-Instituten eine unabhängige, **zentrale OpRisk-Managementeinheit**. Weitere »qualitative Anforderungen« betreffen nach Art. 321 Buchst. c CRR das Berichtswesen für operationelle Risiken, die Einbindung der OpRisk-Messergebnisse in die bankinterne Steuerung gemäß Art. 321 Buchst. a CRR sowie Vorgaben zur Validierung (Art. 321 Buchst. e und f CRR). Schließlich wurden zudem Anforderungen an die Transparenz der Datenflüsse und Prozesse im Zusammenhang mit dem Risikomesssystem in Art. 321 Buchst. g CRR aufgestellt.

Der AMA stellt die höchsten Anforderungen an eine Bank, die erheblichen Mehraufwand für das Betreiben eines derartigen Ansatzes einplanen muss. Diesem Aufwand steht allerdings in der Regel eine geringere Eigenkapitalbelastung gegenüber. Außerdem schließen Dritte wie Geschäftspartner oder Ratingagenturen die Anwendung eines AMA in ihre Bonitätsbewertung mit ein, weil dadurch von einer höheren Sicherheit etwa bei der Prozessstabilität ausgegangen werden kann. Letztlich sollten aber einem AMA-Institut selbst Vorteile aus dem Management operationeller Risiken erwachsen, insofern als etwa fehlerhafte verlustbringende Prozesse durch die eingeführten Managementinstrumente schneller erkannt und behoben werden.

Die grundsätzliche **Kritik an den großen Freiheitsgraden** der internen Messverfahren hat auf Baseler Ebene zur Abschaffung der fortgeschrittenen Messansätze geführt: Die Abschaffung des fortgeschrittenen Messansatzes wurde dabei bereits im Oktober 2015 den betroffenen Banken direkt auf einen Treffen der internationalen Bankenvereinigung IIF (Institute of International Finance) angekündigt.[64] Die diesbezüglichen Regelwerksänderungen müssen allerdings erst in einem langwierigen Rechtssetzungsprozess auf EU-Ebene umgesetzt werden. Vor diesem Hintergrund bestehen die bereits zugelassenen fortgeschrittenen Messansätze zunächst weiterhin fort und werden aktuell auch noch für die Bestimmung der OpRisk-Eigenkapitalanforderung genutzt. AMA-Neuanträge sind allerdings nicht zweckmäßig.

In der **Prüfungspraxis** kam es bei den bereits zugelassenen AMA-Ansätzen bisher zu keiner konkreten Einschränkung des Modellierungsspielraums. Stattdessen wurde die Prüfungsintensität der bereits zugelassenen AMA-Ansätze allerdings verschärft. So wurde beispielsweise infolge der Finanzkrise auch auf EU-Ebene die Vorgabe eingeführt, mindestens alle drei Jahre eine neue Zulassungsprüfung durchführen. In Deutschland ist diese Vorgabe in § 3 SolvV umgesetzt. Auf EU-Ebene ist im Zuge der ersten Nachschauprüfungen unter der Ägide des SSM grundsätzlich mit einer weite-

---

64   Vgl. Ingves (2015).

ren praktischen Angleichung der zulässigen Ausprägungen und Kalibrierungen von AMA-Ansätzen zu rechnen. Dabei spielt die Arbeit der Aufseher in den sogenannten Joint Supervisory Teams (JSTs) bei der Aufsicht über die der direkten EZB-Aufsicht unterstehenden Institute sowie die Abteilung Interne Modelle der EZB-Bankenaufsicht eine große Rolle.[65]

1.2.7 Delegierte Verordnung zur AMA-Bewertung

Vor dem Hintergrund der absehbaren Abschaffung des AMA ist die **OpRisk-Modellharmonisierung** auf der Agenda der EZB eher von untergeordneter Priorität. Mit dem im Juni 2015 veröffentlichten finalen regulatory technical standard (RTS) der EBA zur Überprüfung des AMA (EBA/RTS/2015/02) wurden Schwerpunkte definiert, in denen bei der bisherigen Prüfungspraxis Lücken gesehen wurden. Der bereits 2015 fertig gestellte RTS wurde lange von der EU-Kommission nicht in einen formellen Rechtsakt umgesetzt. Überraschenderweise hat die EU-Kommission dann doch den EBA RTS in Form einer delegierten Verordnung im März 2018 im Amtsblatt der Europäischen Union veröffentlicht.[66]

Tab. 1.10 gibt einen Überblick über die Inhalte der Delegierten Verordnung 2018/959, die auf 26 Seiten den finalen EBA-RTS-Entwurf n einen als Verordnung direkt in allen EU-Staaten wirksamen Rechtsakt transformiert hat.[67] Ein Inkrafttreten der Vorgaben aus der **Delegierten Verordnung 2018/959** erfolgt erst im Sommer 2019.[68] Somit wurde den Instituten eine entsprechende Vorlaufzeit zur Anpassung ihres AMA-Rahmenwerks eingeräumt.[69]

---

65 Vgl. z.B. Brixner/Schaber (2016), S. 25-31 für eine Kurzbeschreibung der Arbeit des SSM und die Rolle der JSTs sowie das EZB-Aufsichtshandbuch für eine detailliertere Beschreibung, vgl. EZB (2018).
66 Vgl. Europäische Kommission (2018a).
67 Zur den technischen Standards, welche die EBA als technische Regulierungsstandards (regulatory technical standards, RTS) oder als technische Durchführungsstandards (implementing technical standards, ITS) verabschiedet vgl. z. B. Brixner/Schaber (2016), S. 11 f . Die EU-Kommission kann einen RTS als delegierte Verordnung oder delegierte Richtlinie und einen ITS als Durchführungsrichtlinie oder Durchführungsverordnung rechtlich umsetzen.
68 Gemäß Art. 46 tritt die Delegierte VO am 20. Tag nach der Veröffentlichung im Amtsblatt der EU, die am 06.07.2018 erfolgte, in Kraft. Nach einer Übergangsbestimmung in Art. 45 erlangen die Regeln allerdings erst ein Jahr nach Inkrafttreten des Rechtsaktes Gültigkeit, die Vorgaben in Art. 34 g sogar erst 2 Jahre nach dem formellen Inkrafttreten der Verordnung, d. h. erst im Jahr 2020.
69 Bei den Anpassungen der Verteilungsannahmen im AMA-Modell beträgt die Übergangszeit sogar zwei Jahre, s. hierzu auch Erwägungsgrund Nr. 18 der Delegierten Verordnung.

Grobgliederung	Detailvorgaben
Kapitel 1: Allgemeine Bestimmungen (Art. 1-6)	Kapitel 1: Allgemeine Bestimmungen
Kapitel 2: Qualitative Anforderungen (Art. 7-19)	Art. 1 Beurteilung fortgeschrittener Mess-
Abschnitt 1 Governance (Art. 7-10)	ansätze
Abschnitt 2 Use-Test (Art. 11-15)	Art. 2 Begriffsbestimmungen
Abschnitt 3 Innenrevision und interne Validie-	Art. 3 Operationelle Risikoereignisse im Zusam-
rung (Art. 16-19)	menhang mit Marktrisiken
Kapitel 3: Quantitative Anforderungen	Art. 4 Operationelle Risikoereignisse im Zusam-
(Art. 20-35)	menhang mit Modellrisiken
Abschnitt 1 Nutzung von internen Daten, exter-	Art. 5 Operationelle Risikoereignisse im Zu-
nen Daten, Szenarioanalysen sowie Geschäfts-	sammenhang mit Finanztransaktionen und
umfeld- und Internen Kontrollfaktoren (den »vier	Marktrisiken
Elementen«) (Art. 20-27)	Art. 6 Qualität und Prüffähigkeit der Dokumen-
Abschnitt 2 Kernannahmen für die Modellierung	tation
des Messsystems für operationelle Risiken	
(Art. 28-32)	Kapitel 2: Qualitative Anforderungen
Abschnitt 3 Erwarteter Verlust und Korrelation	Abschnitt 1 Governance
(Art. 33-34)	Art. 7 Steuerungsprozess für operationelle
Abschnitt Kapitalallokationsmechnismus	Risiken
(Art. 35)	Art. 8 Unabhängige Risikomanagement-Funk-
Kapitel 4 Versicherungen und andere	tion für operationelle Risiken
Risikoübertragungs-Mechanismen (Art. 36-44)	Art. 9 Einziehung der Geschäftsleitung
	Art. 10 Berichterstattung
	Abschnitt 2 Use-Test
	Art. 11 Verwendung von AMA
	Art. 12 Kontinuierliche Einbeziehung der AMA
	Art. 13 Zur Unterstützung der Steuerung opera-
	tioneller Risiken des Instituts verwendete AMA
	Art. 14 Zur Verbesserung der Organisation und
	Kontrolle operationeller Risiken des Instituts
	verwendete AMA
	Art 15 Vergleich des AMA mit weniger
	komplizierten Ansätzen
	…

Tab. 1.10: Inhalte der Delegierten Verordnung (EU) 2018/959 zur AMA-Beurteilung (Quelle: Europäische Kommission 2018a)

Kerninhalte sind klarstellende **Vorgaben zur OpRisk-Verlustdefinition und Schadensfall-sammlung,** insbesondere die Einbindung externer Daten, die Modellierung von Abhängig-keiten bei der AMA-Berechnung sowie Hinweise zur Abgrenzung von Rechtsrisiken, Modell-risiken und Marktrisiken. Allein das Inhaltsverzeichnis verdeutlicht die schiere Breite der Anforderungen. Die in Tab. 1.10 auf der rechten Hälfte dargestellten **allgemeinen Bestim-mungen** bestehen aus Definitionen (Art. 2), Abgrenzungen des operationellen Risikos und seiner Unterarten (Art. 3–5) sowie Vorgaben zur Dokumentation und Validierung. Diese

Vorgaben sind grundsätzlich für alle Institute relevant, auch wenn sie streng genommen nicht unter den Anwendungsbereich der Delegierten Verordnung 2018/959 fallen, die gemäß Art. 1 des Rechtstextes nur auf AMA-Institute anzuwenden ist.

Auch die **qualitativen Anforderungen**, die ebenfalls in Tab. 1.10 auf der rechten Seite detaillierter dargestellt werden, sind für die Nicht-AMA Institute hilfreich, da sie Indikatoren für eine proportionale Auslegung der Säule-II-Anforderungen an die OpRisk-Steuerung zumindest für große und komplexe Institute geben. Über die Abgrenzungen zwischen OpRisk und anderen Risikoarten in Kapitel 1 hinaus, enthält Kapitel 3 umfangreiche Vorgaben zur Schadensfallsammlung. Abschnitt 4 dieses Kapitels gibt darüber hinaus weitere Vorgaben zur Datenqualität und IT-Infrastruktur. Diese den Rahmen unseres Buches sprengenden Vorgaben verdeutlichen den hohen Detailgrad der AMA-Anforderungen, der grundsätzlich auch bei der Beurteilung der Säule-II-Ansätze für die großen Institute zugrunde gelegt werden kann.[70]

1.3 Basel III und Umsetzung in der EU

1.3.1 Das Neue OpRisk-Regelwerk nach Basel III

Grundsätzlich ist die nun beschlossene fundamentale Neugestaltung der einfachen OpRisk-Ansätze sinnvoll. Dies wird aufgrund der intrinsischen Mängel des »maßgeblichen Indikators« von der Fachwelt seit geraumer Zeit allgemein befürwortet. Daneben kam infolge der Finanzkrise und der fundamentalen Überarbeitung der Eigenkapitalvorschriften mit Basel III grundsätzliche Kritik an den zu großen Freiheitsgraden der internen Messverfahren in Säule I und damit auch hinsichtlich der AMA-Ansätze auf.

Mit dem **Basel-III-Rahmenwerk vom Dezember 2017** hat der Baseler Ausschuss weitreichende Änderungen bei der Ermittlung des OpRisk-Eigenmittelbedarfs beschlossen. Konkret werden die drei bisherigen genannten Ansätze (BIA, STA und AMA) zu einem **neuen OpRisk-Standardansatz** (ursprünglich in der Konsultation noch bezeichnet als Standardised Measurement Approach – SMA) vereinheitlicht, der dann voraussichtlich ab 01.01.2022 als alleiniger Messansatz in Säule I verwendet werden muss.

Im Oktober 2015 hatte der Baseler Ausschuss bereits die Abschaffung der fortgeschrittenen OpRisk-Ansätze angekündigt, sodass die nun folgende Vereinfachung der OpRisk-

---

70 Vgl. Buchmüller/Beekmann (2017), Tz. 191-230 zur Darstellung der Vorgaben an die vier AMA-Inputfaktoren. Zum Thema Versicherungen und sonstige Risikotransfer-Mechanismen verweisen wir auf Buchmüller/Beekmann (2017), Tz. 231-236.

Kapitalunterlegung in Säule I grundsätzlich **hinreichende Übergangfristen** und eine verlässliche Fortentwicklung der OpRisk-Steuerung ermöglichen sollte.

Bereits nach dem ersten Baseler Konsultationsvorschlag vom Oktober 2014 sollte ein neuer maßgeblicher Indikator eingeführt werden und die bisherigen Ansätze ganz abgeschafft werden. Konkret soll sich im sog. Standardized Measurement Approach (SMA) der neue maßgebliche Indikator nach den Baseler Vorschlägen im dritten Konsultationspapier als »**Business Indicator**« zusammensetzen aus

- einer Zins- und Dividendenkomponente (als Absolutbetrag der Differenz von Zinsertrag und Zinsaufwand sowie Leasing- und Dividendenergebnis),
- einer Dienstleistungskomponente (als Summe der jeweils höheren Werte von Provisionsertrag/-aufwand und sonstigem betrieblichen Ertrag/Aufwand) sowie
- der Summe der Absolutwerte des Nettoergebnisses im Handelsbuch und des Nettoergebnisses im Anlagebuch.

Zukünftig soll anstelle des bisherigen Alpha-Faktors von 15 % im Basisindikatoransatz und der acht geschäftsfeldspezifischen Beta-Faktoren im Standardansatz ein mit der Höhe des Business Indicators variierender Multiplikator genutzt werden. Der im März 2016 veröffentlichte Vorschlag sah dabei Bandbreiten des Multiplikators zwischen 11 % und 29 % vor. Diese Kalibrierung wurde allerdings im zweiten Halbjahr 2016 auf Basis einer »Quantitative Impact Study« (QIS) überprüft. Gegenüber dem Vorschlag von Oktober 2014 wurde mit dem Konsultationspapier von März 2016 vorgeschlagen, den bisherigen Alternativen Standardansatz grundsätzlich als ein Berechnungselement in den neuen SMA zu integrieren und damit eine zu hohe Belastung zinsmargenstarker Institute zu vermeiden. Zudem sollte eine institutsspezifische Verlustkomponente (Internal Loss Multiplier) eingeführt werden.

Abb. 1.9 stellt den **neuen OpRisk-Standardansatz** dar, wie er gemäß dem am 07.12.2017 veröffentlichten Abschlussdokument der Basel-III-Verhandlungen planmäßig ab 01.01.2022 in Kraft treten wird.

Mit dem Baseler Rahmenwerk vom Dezember 2017 liegt nun ein finaler Regelungstand vor, der in das EU-Recht übertragen wird. **Der Baseler Regelungsstand wird ausführlich in Kapitel 2 dieses Buchs beschrieben.** Quasi als Ausblick wird im Folgenden vorneweg erläutert, welche Fragestellungen die EBA bis Juni 2019 als Folge des von der Kommission gestellten »**Call for Advice**« zur Umsetzung von Basel III beantworten musste. Diese Anfrage der Kommission an die EBA wird im folgenden Abschnitt näher erläutert.

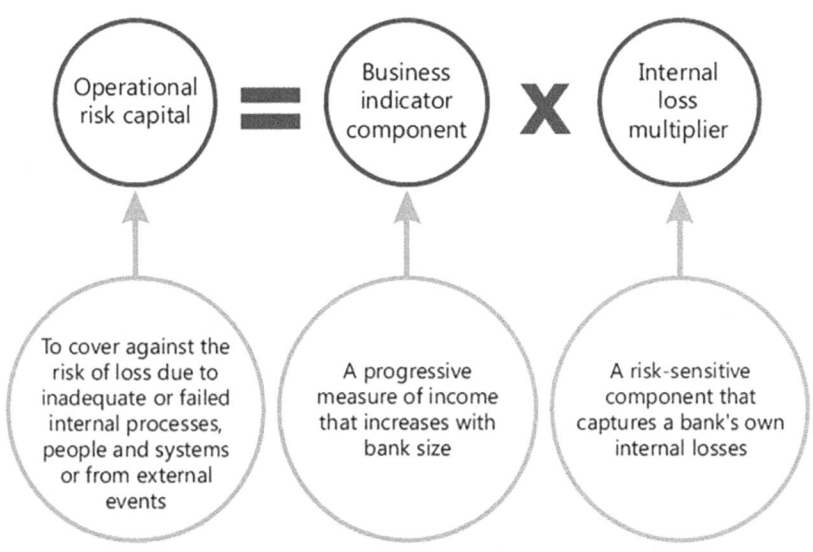

Abb. 1.9: Der neue OpRisk-Standardansatz – schematische Darstellung (Quelle: Basel Committee (2017a), S. 5)

1.3.2   Umsetzung in der EU

Das Basel-III-Rahmenwerk vom 07.12.2017[71] ist einschließlich der vom Baseler Ausschuss im Dezember 2018 veröffentlichten neuen Offenlegungsanforderungen[72] bis 01.01.2022 umzusetzen. Die EBA wurde von der Europäischen Kommission bereits am 04.05.2018 beauftragt, Auswirkungsanalysen und Vorschläge zur EU-Umsetzung bis 30.06.2019 vorzulegen.[73] Gemäß dem Call for Advice der EU-Kommission musste die EBA unter anderem Folgendes liefern:

- Granulare Auswirkungsschätzungen der Umsetzungskosten und Änderung der Kapitalanforderungen zum Ist-Stand nach Größe, Geschäftsmodell und Sitz der Banken;
- Auswirkungsanalyse zum Kreditrisiko-Standardansatz inkl. administrativer Umsetzungskosten der verschärften Anforderungen an Due Diligence und Immobilienbewertung;

---

71   Vgl. Basel Committee (2017a-c).
72   Vgl. Basel Committee (2018).
73   Vgl. European Commission (2018).

- Empfehlung zum Grad der Nutzung externer Ratings im Kreditrisiko-Standardansatz und Festlegung des Granularitätskriteriums für das Retail-Exposure;
- Auswirkungsanalysen zur Überführung des Banken- und Großunternehmensportfolios aus dem IRBA in den Kreditrisiko-Standardansatz, Abschaffung des IRBA-Skalierungsfaktors und Änderung der aufsichtlichen LGD- und CCF-Vorgaben;
- Umsetzungsanalysen zu den neuen Vorgaben an das Credit-Valuation-Adjustment(CVA)-Risiko und den Baseler Anforderungen im Rahmen des Fundamental Review of the Trading Book (FRTB);
- **Umsetzungsanalyse zum neuen Säule-I-Ansatz für operationelle Risiken** (inkl. Möglichkeit zur Einführung neuer Anforderungen zu IT- und Cybersecurity-Risiken und von Anreizen zur Verbesserung der bankinternen OpRisk-Steuerung im Zusammenspiel mit Säule II).

Das Thema operationelles Risiko nimmt somit im EBA Call for Advice lediglich einen kleinen Teil ein. Dennoch können möglicherweise aufgrund der umfangreichen Anforderungen hierzu, weit über die Umsetzung des Wortlautes von Basel III zur OpRisk-Kapitalunterlegung in Säule I hinaus, entscheidende Weichenstellungen zur Fortentwicklung der ganzheitlichen OpRisk-Steuerung inkl. des Umgangs mit IT-Risiken erfolgen.

Abb. 1.10 enthält den Wortlaut der Prüfaufträge der EU-Kommission an die EBA im Call for Advice vom 04.05.2018, die das operationelle Risiko betreffen. Dabei wird klar, dass die EBA letztlich prüfen soll, welche **Elemente des bisherigen AMA** über entsprechende Vorgaben in der CRR und CRD in Säule II »gerettet« werden sollen. So könnten z. B. besondere Anforderungen an die Allokation des im ICAAP ermittelten Risikokapitals auf die Risikoträger im Institut bzw. der Institutsgruppen oder detaillierte Vorgaben zur Verlustdatensammlung in die CRD integriert werden.

Kosten-/Nutzenanalysen zur **Anwendung aufsichtlicher Wahlrechte** bzgl.:
- Einbeziehung der Verlustdaten für Institute mit Business Indicator Component (BIC) < 1 Mrd. €
- Setzen des Verlustmultiplikators auf 1 für alle Institute
- Erhöhung der Verlustdatensammelschwelle auf 100.000 € für Institute mit > = 1 Mrd.€
- Zulassung einer Verlusthistorie < 5 Jahre
- Materialitätsschwellen zum Ausschluss einzelner Verlustdaten

Zusätzliche Bewertung zu **Anpassungen/Ergänzungen von CRR und CRD** bzgl.:
- Spezifische Anforderungen zum Umgang mit IT-Risiken, Cybersicherheitsrisiken und anderen Risiken
- Governance-Vorgaben und qualitative Anforderungen zur Verlustsammlung, Nutzung von Versicherungen und sonstigen Risikominderungstechniken
- Bestehenden AMA-Anforderung, die Anreize für eine granularere OpRisk-Messung und zukunftsgerichtete OpRisk-Bewertung setzen
- Rolle des ICAAP bei Allokation der Eigenmittel zur Abdeckung des operationellen Risikos in unterschiedlichen Einheiten der Gruppe und bei der Festlegung der Säule II Zuschläge für das operationelle Risiko

Abb. 1.10: Prüfaufträge zum OpRisk im Call for Advice an die EBA (Quelle: eigene Darstellung nach Europäische Kommission (2018b))

Ein weiterer wesentlicher Prüfauftrag der Kommission betrifft den Umgang mit **IT-Risiken**. Dieses Thema wurde zwar in den letzten Jahren durch diverse EBA-Vorgaben im EU-Aufsichtsrecht behandelt (vgl. Abschnitt 4.4), in der CRD selbst sind hierzu allerdings noch kaum Vorgaben enthalten.

Sobald die EBA Ende Juni 2019 ihre (englischsprachigen) Ergebnisdokumente liefert, wird klarer werden, wie Basel III in der EU umgesetzt werden könnte. Bis Ende 2019 dürften auch erste Äußerungen der EU-Kommission zur allgemeinen Ausrichtung der Basel-III-Umsetzung vorliegen. Dies betrifft insbesondere die Frage von inhaltlichen Erleichterungen für kleine Institute (Stichwort: **Small Banking Box**) sowie eine **potenzielle Verschiebung des Inkrafttretens der neuen Kapitalanforderungen vom 01.01.2022 um möglicherweise 2-3 Jahre**.

Die politische Rahmenfestlegung wird primär durch die neu zusammengesetzte EU-Kommission und das vom 23. bis 26.05.2019 neu gewählte EU-Parlament erfolgen. Wie schnell hier eine klare Richtungsvorgabe und politische Einigung erfolgt, hängt auch sehr stark von der allgemeinen europapolitischen Entwicklung ab. Unabhängig von möglichen Verzögerungen im politischen Prozess sollten die Banken Ende 2019 zumindest im Rahmen ihrer mittelfristigen Planung eine **erste grobe Projektplanung** vornehmen zum Umstieg auf den neuen OpRisk-Ansatz (und die Umsetzung der übrigen, insbesondere im Kreditrisiko weit umfangreicheren Neuerungen des Basel-III-Regelwerks vom Dezember 2017).

Bis zum Inkrafttreten der letzten Phase von Basel III müssen für die nach der bisherigen Basel-II-Methodik zugelassenen Modelle in Säule I weiterhin die **von der Aufsicht geforderten Verbesserungen** umgesetzt werden. Dies betrifft für die fortgeschrittenen Messansätze im operationellen Risiko (Advanced Measurement Approaches, AMA) die **Anforderungen der im Juli 2018 veröffentlichen delegierten Verordnung zur AMA-Beurteilung** (s. hierzu Abschnitt 1.2.7). Interessant am Call for Advice der Kommission sind im OpRisk-Bereich allerdings vor allem auch die **Prüfaufträge hinsichtlich der Vorgaben zum IT-Risiko, Cyber Security und anderen OpRisk-Unterarten** in Abschnitt 5.5 des Schreibens der Kommission. Hierzu wird in Kapitel 4 dargestellt, welche Regelungen bereits auf Ebene der EBA und des Baseler Ausschusses in Entwicklung befindlich sind und zum Teil bereits fertig gestellt wurden. Andere Prüfaufträge in Abschnitt 5.5 des Call for Advice betreffen vor allem die Kernbereiche der Säule II und werden in Kapitel 3 behandelt.

2 Säule I: Die neuen Mindesteigen-kapitalanforderungen zur Risikoart operationelles Risiko und der Übergang von den bestehenden Anforderungen

2.1 Einführung

Mit dem am 07.12.2017 veröffentlichten neuen Baseler Rahmenwerk wurden die OpRisk-Ansätze in Säule I fundamental überarbeitet. Basel III – bzw. aus Sicht der betroffenen Institute »Basel IV« – wird die bisherigen drei OpRisk-Ansätze abschaffen. Dadurch soll die OpRisk-Kapitalunterlegung nach Aussage des Baseler Ausschusses sowohl vereinfacht als auch risikosensitiver werden. Eine **größere Risikosensitivität** soll vor allem dadurch erfolgen, dass die Zehn-Jahres-Historie der internen Verluste des einzelnen Instituts über den sog. »**Internal Loss Multiplier**« direkt in die Berechnung der Eigenkapitalanforderung einfließt.

Vereinfacht soll zukünftig, ab 01.01.2022, die Höhe der OpRisk-Eigenkapitalanforderung folgendermaßen berechnet werden:

OpRisk-Kapitalanforderung = Business Indicator Component x Internal Loss Multiplier

Die »**Business Indicator Component**« soll dabei mit der Bankgröße ansteigen und erinnert in Teilen an den bisher im Basisindikator- und Standardansatz genutzten Bruttoertrag. Der »Business Indicator« enthält eine Zins-, Leasing- und Dividendenergebniskomponente, eine »Service Component« sowie eine »Financial Component«.

Der so definierte Business Indicator wird in einer »**Treppenfunktion« mit drei unterschiedlichen Koeffizienten** multipliziert: Für einen Business Indicator bis 1 Mrd. EUR wird ein Koeffizient von 12 % veranschlagt, für den Business Indicator Anteil ab 1 Mrd. EUR bis 30 Mrd. EUR beträgt der Koeffizient 15 %, für den darüber hinausgehenden Anteil des Business Indicator Gesamtwertes 18 %. Damit soll die nach den Baseler Studien überproportional hohe Bedeutung von OpRisk-Verlusten in größeren Instituten besser berücksichtigt werden als in den bisherigen einfachen OpRisk-Ansätzen.

Mit dem neuen Regelwerk, das nun nur noch einen OpRisk-Standardansatz enthält, wird allerdings die **Verlustkomponente lediglich als nationales Wahlrecht** eingeführt. Nationale Gesetzgeber bzw. die EU im Zuge der Überarbeitung der CRR können also entscheiden, ob sie den Internal Loss Multiplier generell auf »1« setzen und somit die OpRisk-Kapitalanforderung lediglich auf Basis des »Business Indicator« bestimmt wird. In diesem Fall müssten die Institute allerdings dennoch **die Höhe der erlittenen Verluste veröffentlichen** (s. hierzu Abschnitt 5.1). Inwiefern die EU bei der Umsetzung des neuen Baseler Rahmenwerks härtere Anforderungen an die Einbeziehung von internen Verlustdaten in die Eigenkapitalunterlegung in Säule I oder die Berechnungen nach Säule II und die bankinterne Steuerung stellen wird, ist noch offen (s. Abschnitt 1.3).

2.2 Die Basel-III-Vorgaben im Detail

Die bisherigen Ansätze zur Bestimmung der Eigenmittelunterlegung für das operationelle Risiko in Säule I sahen ein hierarchisches System von drei Ansätzen vor. Die Institute sollten je nach Größe und Komplexität den Ansatz wählen, der für sie am besten geeignet erscheint. In den beiden einfachen Ansätzen sollte der Bruttoertrag als maßgeblicher Indikator dabei für eine hohe Vergleichbarkeit sorgen. Im Standardansatz wurden die regulatorischen Geschäftsfelder mit zugehörigen Beta-Faktoren vorgegeben, um eine erste risikosensitive Komponente in die Kapitalanforderung zu bringen. **Bei den fortgeschrittenen Messansätzen gab man den Instituten weitreichende Freiheitsgrade** bezüglich der Bestimmung der Eigenmittelanforderung mit dem Gedanken, damit möglichst risikosensitive Berechnungsmethoden zu etablieren.

2.2.1 Die Überarbeitung der bisherigen Ansätze

Im Jahre 2012 wurde die für operationelle Risiken zuständige Untergruppe des Baseler Ausschusses **SIGOR** (Standards Implementation Group – Subgroup on Operational Risk) erstmals damit beauftragt, die Vergleichbarkeit der im AMA erzeugten Kapitalzahlen zu überprüfen sowie die Angemessenheit des Indikators und der Multiplikatoren im Basisindikator- und Standardansatz zu untersuchen.

Im Ergebnis zeigte sich **bei den internen Modellen nur eine geringe Vergleichbarkeit der Ansätze**. Ein einheitlicher Standard hatte sich im AMA nicht etablieren können. Zwar verwendeten viele Institute den Verlustverteilungsansatz (Loss distribution approach), doch die unterschiedlichen Verteilungsannahmen, das hohe Konfidenzniveau und die unterschiedlichen Ansätze zur Aufbereitung der Schadensdaten sorgten für nur wenig Vergleichbarkeit. Selbst Institute ähnlicher Größe und Risikoprofile hatten teils stark unterschiedliche Kapitalanforderungen im AMA ermittelt. Gleichzeitig bewirkte die internationale Bankenkrise ein **Einbrechen der Erträge**. Hohe Verluste im Handelsbuch führten zusätzlich zu einer **Reduktion des Bruttoertrags** als maßgeblichem Indikator, sodass auch in den einfachen Ansätzen BIA und STA die Kapitalanforderung nicht mehr angemessen erschien, insbesondere da gleichzeitig hohe Verluste im Bereich Conduct Risk realisiert wurden und die Risikolage der Institute sich verschlechterte. Der Brutto-ertrag als maßgeblicher Indikator erschien somit nicht mehr zeitgemäß.

Letztlich standen auch die **Beta-Faktoren im Standardansatz** auf dem Prüfstand (s. Abschnitt 1.2.4). Auf Basis der Daten des Basel-III-Monitoring, aber auch mit Hilfe des ORX Datenkonsortiums wurden die regulatorischen Geschäftsfelder auf ihre Risikosen-sitivität hin untersucht. Entgegen der aufsichtlich vorgeschriebenen Faktoren zeigten sich Schäden aus operationellen Risiken vor allem im Privatkundenbereich (auch dies u. a. eine Folge des Conduct Risk). Auch das mit 15 % gewichtete Firmenkundengeschäft scheint in den Schadensdaten überrepräsentiert. Abb. 2.1 stellt die Verteilung der Schä-den über einen Sechs-Jahres-Zeitraum auf die acht Geschäftsfelder im OpRisk-Stan-dardansatz dar.

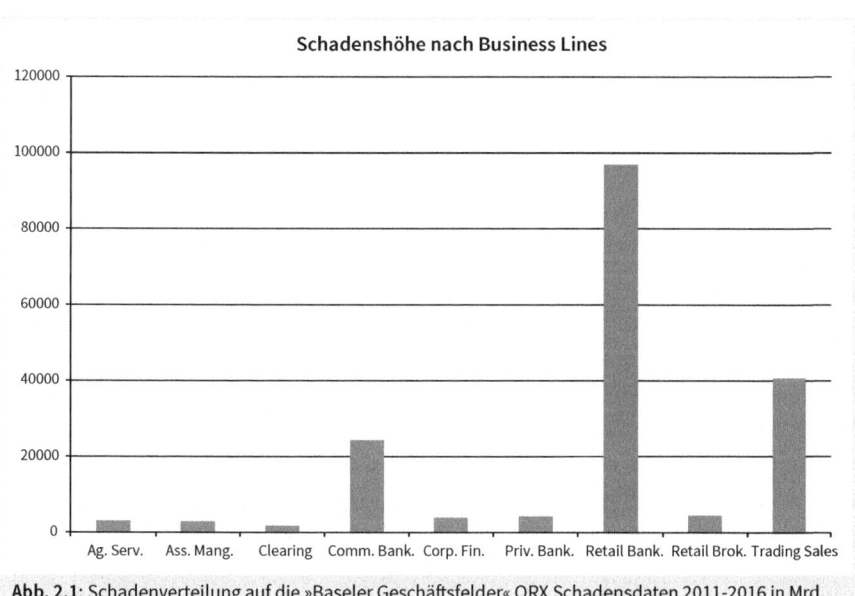

Abb. 2.1: Schadenverteilung auf die »Baseler Geschäftsfelder« ORX Schadensdaten 2011-2016 in Mrd. EUR (Quelle: eigene Darstellung nach ORX Public Report)

2.2.2 Die Entstehung des neuen OpRisk-Standardansatzes

Aufgrund dieser Diskrepanzen schlug die SIGOR vor, die regulatorischen **Geschäfts-felder im STA abzuschaffen** und einen neuen, einfachen Ansatz zu entwerfen. Parallel dazu sollte der **AMA durch zusätzlich Restriktionen vergleichbarer gemacht werden,** etwa durch den Wegfall von Freiheitsgraden in der Modellierung. Auch eine Reduktion des Konfidenzniveaus, beispielsweise auf 95% wurde angedacht, um anschließend mit einem aufsichtlichen Faktor auf 99,9% zu skalieren. **Der Baseler Ausschuss entschied sich jedoch dafür, den Modellansatz in Säule I gänzlich zu eliminieren** und die SIGOR wurde beauftragt, einen einzigen neuen Standardansatz zu entwerfen. Abb. 2.2 zeigt die »Inputfaktoren« bei der Konzeption des neuen Standardansatzes im Überblick.

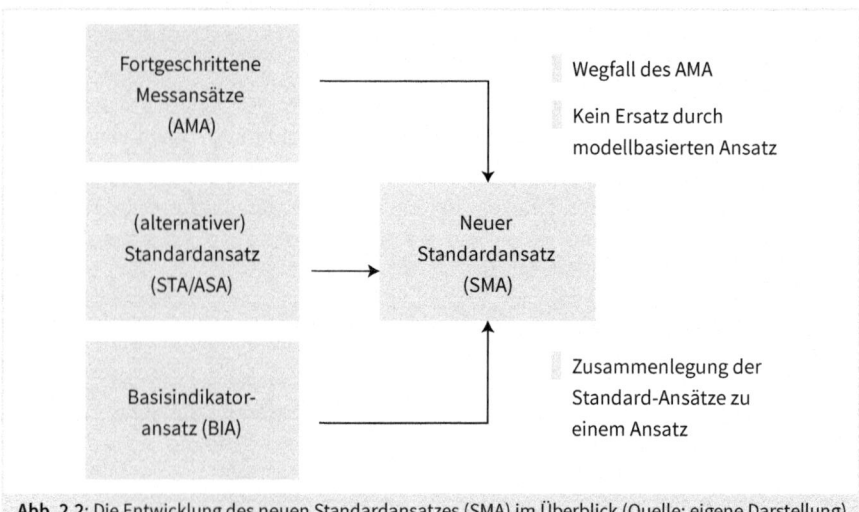

Abb. 2.2: Die Entwicklung des neuen Standardansatzes (SMA) im Überblick (Quelle: eigene Darstellung)

Das zweite wesentliche Ziel des Baseler Ausschusses war es, neben der Erhöhung der Vergleichbarkeit auch die **Komplexität der OpRisk-Kapitalansätze** zu reduzieren. Der AMA galt als zu aufwändig für Banken und Aufseher. Dem gegenüber stand die einfache Berechnungslogik des Basisindikatoransatzes, bei dem lediglich der Bruttoertrag als maßgeblicher Indikator nicht mehr adäquat erschien. Die mittlerweile in **WGOR** (Working Group on Operational Risk) umbenannte SIGOR wurde folglich nun beauftragt, einen neuen Indikator zu entwerfen und den neuen Standardansatz derart auszugestalten, dass er dem Basisindikatoransatz möglichst ähnlich ist.

2.2.3   Der Business Indicator

In der Folge **untersuchte die WGOR insgesamt über 20 verschiedene Indikatoren** auf Ihre Eignung. Als Zielgröße galt es dabei stets, die von den Instituten im Basel-III-Monitoring erhobenen Schadensfälle aus operationellen Risiken möglichst gut abzubilden. Zur Auswahl standen neben dem Bruttoertrag verschiedene GuV-Komponenten, aber beispielsweise auch Bilanzaktiva (Total Assets), Personalaufwand (Staff Expenses) oder Assets under Management. Am besten konnte dabei ein dem Bruttoertrag vergleichsweise ähnlicher Indikator die Schadensdaten widerspiegeln: Der sogenannte Business Indicator.

Die **Vorteile des Business Indicator** hat der Baseler Ausschuss folgendermaßen beschrieben: »*straightforward to implement (readily available, and commonly standardised to reduce the room for gaming/regulatory arbitrage), easy to calculate (so as to limit implementation burden), and capable of addressing potential inconsistencies and weaknesses of the current regime*«.[74]

Auch andere Kriterien des Baseler Ausschusses erfüllt der Business Indicator. Er ist vergleichsweise einfach zu berechnen, die benötigten Werte liegen in der Regel in den testierten Jahresabschlüssen vor und er ist auch ökonomisch begründbar.

Der **Business Indicator** besteht dabei aus drei wesentlichen **Komponenten**: Einer Zinskomponente, einer Service-Komponente und einer Finanz-Komponente, wie die nachfolgende Formel verdeutlicht:

Business Indicator = Interest component + Services Component + Financial component

Ähnlich wie im Bruttoertrag bildet die **Zinskomponente** den Anker für den Indikator: Bei der Mehrheit der Institute sollte die Zinskomponente einen Anteil von mehr als 70 % am Business Indicator haben.

In der ersten Konsultation im Herbst 2014 bestand die Zinskomponente dabei aus den gleichen GuV-Positionen wie im bisherigen Bruttoertrag:

Interest component = Absolute value (Interest Income – Interest Expense)

Um negativen Zinserträgen, die in Ausnahmefällen vorkommen können, entgegenzuwirken, wurde lediglich der **Absolutbetrag** hinzugefügt, um eine stets positive Komponente zu erhalten.

Im Zuge der ersten Konsultation zeigte sich jedoch, dass die alleinige Nutzung der Zinskomponente, insbesondere mit dem Wegfall der bisherigen Ansätze, zu Problemen führen könnte. So war seinerzeit der Alternative Standardansatz (ASA) eingeführt worden, um in Hochzinsländern, wie beispielsweise Brasilien, die Kapitalanforderungen zu

---

74   Vgl. Basel Committee (2014b).

moderieren. Zur Erinnerung: Im ASA wird in den Geschäftsfeldern Privatkunden- und Firmenkundengeschäft nicht der Bruttoertrag genutzt, sondern das Kreditvolumen, multipliziert mit 0,035. Dadurch wurde ein Zinsspread von 3,5% simuliert, um den teils sehr hohen Erträgen aus dem Zinsgeschäft in Hochzinsländern entgegenzuwirken. Tab. 2.1 stellt die regulatorischen Geschäftsfelder im ASA und die Indikatorberechnung überblicksartig dar.[75]

Geschäftsfeld	Indikator	Kapitalfaktor
Unternehmensfinanzierung/-beratung	Maßg. Ind.	$\beta_1 = 18\%$
Handel	Maßg. Ind.	$\beta_2 = 18\%$
Privatkundengeschäft	0,035 x KV	$\beta_3 = 12\%$
Firmenkundengeschäft	0,035 x KV	$\beta_4 = 15\%$
Zahlungsverkehr und Abwicklung (mit externen Kunden)	Maßg. Ind.	$\beta_5 = 18\%$
Depot- und Treuhandgeschäft	Maßg. Ind.	$\beta_6 = 15\%$
Vermögensverwaltung	Maßg. Ind.	$\beta_7 = 12\%$
Wertpapierprovisionsgeschäft	Maßg. Ind.	$\beta_8 = 12\%$

Tab. 2.1: Regulatorische Geschäftsfelder im ASA (Quelle: eigene Darstellung)

Voraussetzung war, dass mindestens 90% des maßgeblichen Indikators aus Privat- und Firmenkundengeschäft stammen und ein wesentlicher Anteil der Kredite mit hoher Ausfallwahrscheinlichkeit belastet ist. In Deutschland wird dieser Ansatz beispielsweise von Factoring-Banken genutzt.

Um auf internationaler Ebene den Ländern Rechnung zu tragen, die mehrheitlich ASA-Institute haben, wurde folglich in der Konsultation ein **Cap auf das Zinsergebnis** eingeführt. Der ASA wurde somit direkt in die Berechnung des Zinsergebnisses integriert, ohne dass die besonderen Anforderungen an den ASA gelten müssen. Aufgrund des Niedrigzinsumfelds wurde der maximale Zinsspread zudem nicht auf 3,5% festgelegt, sondern auf 2,25%.

Ein weiteres Ergebnis der Konsultation mit den Instituten war, dass das **Leasing-Geschäft**, beispielsweise der Autobanken, nicht im Zinsergebnis abgebildet wird und es

---

75   S. Buchmüller/Beekmann (2017), Tz. 140-144 für eine weitere Beschreibung der Regelungen zum alternativen Standardansatz.

somit zu einem Wettbewerbsnachteil kommt. Da auch nach Ansicht der WGOR die operationellen Risiken im Kreditgeschäft mit denen im Leasinggeschäft vergleichbar sind, wurde das Leasingergebnis in das Zinsergebnis integriert.

Zuletzt wurde bemängelt, dass **Dividendenerträge** je nach Rechnungslegungsstandard in manchen Ländern Teil des Zinsergebnisses sind, in anderen hingegen nicht. Um dem entgegenzuwirken wurde als letzter Schritt das Dividendeneinkommen ebenfalls in das Zinsergebnis integriert. Insgesamt hatte die Zinskomponente damit nach der Konsultation die folgende Gestalt, wobei das Leasingergebnis in das Zinsergebnis integriert ist.

*Interest, leases and dividend component = Min (Abs (Interest Income – Interest Expense); 2,25 % * Interest Earning Assets) + Dividend Income*

Wesentliche Kritik äußerte die Industrie zudem an der »**Services-Komponente**«, in der das Provisionsergebnis und das sonstige betriebliche Ergebnis abgebildet werden.

In der ersten Konsultation wurden hier Aufwand und Ertragsseite mit gleichem Vorzeichen addiert.

Services component = Fee Income + Fee Expense + Other Operating Income + Other Operating Expense

Durch die Doppelberücksichtigung von Gebührenaufwand und Ertrag kam es insbesondere bei dienstleistungsorientierten Instituten zu starken Anstiegen in der Kapitalanforderung. Im Rahmen der Konsultation wurde folglich von einer Doppelberücksichtigung umgestellt auf das Maximum von Aufwand und Ertrag, sowohl bei Gebühren als auch beim sonstigen betrieblichen Ergebnis.

Services component = Max (Fee Income; Fee Expense) + Max (Other Operating Income; Other Operating Expense)

Die neu gestaltete »**Finanzkomponente**« sollte vor allem verhindern, dass negative Erträge im Handelsbuch zu einer Reduktion des relevanten Indikators führen. Dies war ein wesentlicher Kritikpunkt am Bruttoertrag. Um dem entgegenzuwirken, wird künftig der Absolutbetrag des Handelsergebnisses in den Indikator eingehen und die Finanzkomponente wird auch auf das Ergebnis des Bankbuchs ausgedehnt.

Financial component = Absolute value (Net P&L on Trading Book) + Absolute Value (Net P&L on Banking Book)

Die Finanzkomponente blieb in allen Konsultationsphasen unverändert.

Der neue Indikator weist von den Einzelpositionen somit eine gewisse Ähnlichkeit zum Bruttoertrag auf, kompensiert aber die wesentlichen Nachteile. Durch die Nutzung von Absolutbeträgen sind keine negativen Werte möglich. Zudem wird das stark risikobehaftete Handelsgeschäft stärker gewichtet, ebenso wie das auch mit operationellen Risiken behaftete Dienstleistungsgeschäft. Unterschieden in verschiedenen Rechnungslegungsregimes wurde auch dadurch entgegengewirkt, dass **alle Positionen in Finrep definiert** wurden. Die Tabellen 2.2 bis 2.7 stellen die vollständige Definition des Business Indicator in der finalen Baseler Rahmenvereinbarung vom Dezember 2017[76] dar.

GuV-Position	Beschreibung	Unterpositionen
Interest income (including financial and operational lease)	Zinserträge sämtlicher finanzieller Vermögenswerte und sonstige Zinserträge	Zinserträge aus: • Krediten und Forderungen, zur Veräußerung verfügbaren Vermögenswerten, bis zur Endfälligkeit zu haltenden Vermögenswerten (Loans and Advances, Available for Sale, Held to Maturity) und Handelsaktiva • als Sicherungsgeschäfte bilanzierten Derivaten • dem Finanzierungs- und operativen Leasing • Sonstige Zinserträge
Interest expenses (including financial and operating lease)	Zinserträge für sämtliche finanziellen Verbindlichkeiten und sonstige Zinsaufwendungen	Zinsaufwendungen für: • Einlagen • begebene Schuldverschreibungen • als Sicherungsgeschäfte bilanzierte Derivate • das Finanzierungs- und operative Leasing • Sonstige Zinsaufwendungen

Tab. 2.2: Definition des Business Indicator – Zinsergebnis

---

76   Vgl. Basel Committee (2017c). Stand März 2019 liegt die Neue Baseler Rahmenvereinbarung immer noch in keiner deutschen Übersetzung vor. Aus diesem Grund sind die Tab. 2.2-2.7 teilweise in englischer Sprache gefasst und Fachbegriffe wie »Business Indicator« werden im englischen Original verwendet.

GuV-Position	Beschreibung	Unterpositionen
Income from financial and operational lease	Erträge aus dem Finanzierungs- und operativen Leasing	
Expenses from financial and operational lease	Aufwendungen aus dem Finanzierungs- und operativen Leasing	

Tab. 2.3: Definition des Business Indicator – Leasingergebnis

GuV-Position	Beschreibung	Unterpositionen
Dividend income	Dividendenerträge aus Anlagen in Aktien und in Investement-fonds, die im Jahresabschluss der Bank nicht konsolidiert wurden; hierzu zählen Dividendenerträge von nicht konsolidierten Tochterunternehmen, assoziierten Unternehmen und Joint Ventures	

Tab. 2.4: Definition des Business Indicator – Dividendenerträge

GuV-Position	Beschreibung	Unterpositionen
Free and commission income	Erträge aus gebührenpflichtigen Beratungs- und sonstigen Dienstleistungen. Hierzu zählen auch Erträge, die die Bank aus dem Outsourcing von Finanzdienstleistungen erhalten hat.	Erträge aus Gebühren und Provisionen im Zusammenhang mit: • Wertpapieren (Emission, Origination, Orderannahme, -weitergabe und -ausführung im Kundenauftrag) • Clearing und Abwicklung • Vermögensverwaltung (Asset Management) • Depotgeschäften • Treuhandgeschäften • Zahlungsverkehrsdienstleistungen • strukturierten Finanzprodukten • Servicing von Verbriefungen • Kreditzusagen und gewährten Garantien • Devisengeschäften

73

GuV-Position	Beschreibung	Unterpositionen
Fee and commission expenses	Aufwendungen für Beratungs- und sonstige Dienstleistungen. Hierzu zählen auch von der Bank gezahlte Outsourcing-Gebühren für Finanzdienstleistungen, jedoch ohne Outsourcing-Gebühren für nichtfinanzielle Dienstleistungen (z. B. in den Bereichen Logistik, IT, Personal).	Aufwendungen für Gebühren und Provisionen im Zusammenhang mit: • Clearing und Abwicklung • Depotgeschäften • Servicing von Verbriefungen • Kreditzusagen und erhaltenen Garantien • Devisengeschäften

Tab. 2.5: Definition des Business Indicator – Provisionsergebnis

GuV-Position	Beschreibung	Unterpositionen
Net profit (loss) on financial operations (trading book) Net profit (loss) on financial operations (non-trading book)	Gewinn/Verlust aus Handelsaktivitäten. Zur Abgrenzung von Handelsbuchpositionen sind die Kriterien in den neuen Mindestkapitalanforderungen für Marktrisiken (Minimum capital requirements for market risk) des Baseler Ausschusses zu verwenden.	• Gewinn/Verlust aus Handelsaktiva und -passiva (Derivate, Schuldverschreibungen, Dividendenwerte, Kredite und Forderungen, Short-Positionen, sonstige Vermögenswerte und Verbindlichkeiten) • Gewinn/Verlust aus erfolgswirksam zum beizulegenden Zeitwert bewerteten finanziellen Vermögenswerten oder Verbindlichkeiten • Realisierter Gewinn/Verlust aus nicht erfolgswirksam zum beizulegenden Zeitwert bewerteten finanziellen Vermögenswerten und Verbindlichkeiten (Kredite und Forderungen, zur Veräußerung verfügbare Vermögenswerte, bis zur Endfälligkeit zu haltende Vermögenswerte, finanzielle Verbindlichkeiten, die zu fortgeführten Anschaffungskosten bilanziert werden) • Gewinn/Verlust aus Geschäften mit Sicherungszusammenhang (Hedge Accounting) • Gewinn/Verlust aus Wechselkursdifferenzen

Tab. 2.6: Definition des Business Indicator – Finanzergebnis

GuV-Position	Beschreibung	Unterpositionen
Other operating income	Erträge aus der gewöhnlichen Bankgeschäftstätigkeit, die von der Bank nicht unter anderen Positionen verbucht werden. Erträge aus dem operativen Leasing sind in dieser Position nicht zu erfassen.	• Miet- und Pachterträge aus als Finanzinvestitionen gehaltenen Immobilien • Gewinne aus langfristigen Vermögenswerten und Veräußerungsgruppen, die als zur Veräußerung gehalten eingestuft werden und die nicht den aufgegebenen Geschäftsbereichen zugerechnet werden können (IFRS 5.37)
Other operating expenses	Aufwendungen und Verluste aus der gewöhnlichen Bankgeschäftstätigkeit, die von der Bank nicht unter anderen Positionen verbucht wurden, und aus operationellen Risikoereignissen. Aufwendungen aus dem operativen Leasing sind in dieser Position nicht zu erfassen.	• Verluste aus langfristigen Vermögenswerten und Veräußerungsgruppen, die als zur Veräußerung gehalten eingestuft werden und die nicht den aufgegebenen Geschäftsbereichen zugerechnet werden können (IFRS 5.37) • Infolge operationeller Verlustereignisse entstandene Verluste (z. B. Bußgelder, Geldstrafen, Kosten für die Streitbeilegung, Wiederbeschaffungskosten für beschädigte Vermögenswerte), für die in den vorangegangenen Jahren keine Rückstellungen gebildet wurden • Aufwendungen im Zusammenhang mit der Bildung von Rückstellungen für operationelle Verlustereignisse

Tab. 2.7: Definition des Business Indicator – sonstiges betriebliches Ergebnis

Auch die im Bruttoertrag in der CRR definierten **Ausnahmen** (vgl. hierzu Unterabschnitt 1.2.3) blieben bei der Definition des Business Indicator weitestgehend erhalten. So sind auch im Business Indicator die folgenden Positionen nicht zu berücksichtigen:

- Erträge und Aufwendungen im Zusammenhang mit dem Versicherungs- und Rückversicherungsgeschäft;
- geleistete Prämienzahlungen sowie empfangene Rückerstattungen/Zahlungen für erworbene Versicherungs- bzw. Rückversicherungspolicen;
- Verwaltungskosten, einschließlich Personalkosten, Outsourcing-Gebühren für die Bereitstellung von nichtfinanziellen Dienstleistungen (z. B. in den Bereichen Logistik, IT, Personal), und andere Verwaltungskosten (z. B. IT, Betriebsmittel, Telefon, Reisemittel, Büromaterial und Porto);

- Erstattung von Verwaltungskosten, einschließlich Erstattung von Zahlungen im Auftrag von Kunden (z. B. Steuern, mit denen Kunden belastet wurden);
- Aufwendungen für Grundstücke und Gebäude und Sachanlagen (ausgenommen Aufwendungen aus operationellen Verlustereignissen);
- Abschreibungen auf Sachanlagen und immaterielle Vermögenswerte (ausgenommen Abschreibungen im Zusammenhang mit Aktiva aus dem operativen Leasing, die unter Aufwendungen aus dem Finanzierungs- und operativen Leasing zu erfassen sind);
- Rückstellungen/Auflösung von Rückstellungen (z. B. für Pensionen, Zusagen und Garantien), ausgenommen Rückstellungen im Zusammenhang mit operationellen Verlustereignissen:
- Aufwendungen für jederzeit rückzahlbares Anteilskapital;
- Wertminderung/Wertaufholung (z. B. bei finanziellen Vermögenswerten, nichtfinanziellen Vermögenswerten, Beteiligungen an Tochterunternehmen, Joint Ventures und assoziierten Unternehmen);
- in Gewinn- und Verlustrechnung erfasster veränderter Geschäfts- oder Firmenwert;
- Körperschaftsteuer (auf Grundlage des Gewinns zu entrichtende Steuern, einschließlich tatsächlicher und latenter Steuern).

Die Berechnungslogik im SMA sollte an den BIA angelehnt sein, folglich wird auch im SMA der **Drei-Jahres-Durchschnitt des Business Indicator** für die Berechnung der Eigenmittelanforderung relevant sein, wobei bei wesentlichen Geschäftsänderungen Abweichungen geltend gemacht werden können.

2.2.4   Größenabhängige Staffelung der Kapitalanforderung

Bei der **Bestimmung des aufsichtlichen Multiplikators** stellte die WGOR anhand der Schadensdaten fest, dass große Institute nicht nur relativ zu ihrer Größe höhere Schäden aus operationellen Risiken zu tragen haben, sondern dass diese Schäden auch häufiger eintreten als bei kleineren Instituten. Es erschien also gerechtfertigt, eine Größenskalierung des Multiplikators einzuführen. Große, komplexe Institute sollten auch relativ zu ihrer Größe mehr Eigenkapital für operationelle Risiken zurücklegen. Um die Berechnungsformel einfach zu halten, wurden die Institute in Größenklassen, sogenannte Buckets unterteilt. In einer ersten Konsultation schlug der Baseler Ausschuss eine Einteilung in fünf Buckets vor. Die Zugehörigkeit zu den Größenklassen sollte sich dabei nach dem Business Indicator des Instituts richten. Tab. 2.8 stellt diesen Vorschlag aus dem Konsultationspapier vom Oktober 2014 vor.[77]

---

77   Vgl. Basel Committee (2014b).

BI (EUR millions)	Coefficient
0-100	[10%]
> 100-1.000	[13%]
> 1.000-3.000	[17%]
> 3.000-30.000	[22%]
> 30.000	[30%]

Tab. 2.8: Größenklassen (Buckets) in der ersten Konsultation des SMA (Quelle: Basel Committee (2014b))

Besonders große Banken würden durch die größenabhängige Staffelung und die hohen Prozentsätze von bis zu 30% eine deutliche Erhöhung der Eigenmittelanforderung erfahren. Da der Baseler Ausschuss sich aber bereits im Vorfeld als Ziel gesetzt hatte, die Kapitalanforderungen nicht signifikant erhöhen zu wollen, waren Anpassungen an den Werten nötig. Zudem erschien eine Unterteilung in fünf Größenklassen willkürlich und die Übergänge zwischen den einzelnen Buckets führen zu sachlogisch nicht nachvollziehbaren Sprüngen in der Berechnungslogik (sog. **Cliff Effects**). Im endgültigen Regulierungsvorschlag reduzierte man sich daher im Rahmen des Kompromisses vom Dezember 2017 auf drei Buckets mit deutlich reduzierten Multiplikatoren für Großbanken.[78] Tab. 2.9 stellt dieses Kompromissergebnis dar.

0-1 Mrd.	1-30 Mrd.	> 30 Mrd.
12%	15%	18%

Tab. 2.9: Finale Größenmultiplikatoren im SMA (Quelle: eigene Darstellung)

Um die Sprünge beim Übergang zwischen den Buckets zu glätten, wird der **Multiplikator anteilig berechnet**. So wird der Multiplikator von 12% wird auf die erste Milliarde Business Indicator angewendet, der Multiplikator von 15% auf die folgenden 29 Mrd. und der Multiplikator von 18% auf den Rest. Ein Institut mit einem Business Indicator in Höhe von 35 Mrd. EUR würde also nicht die kompletten 35 Mrd. EUR mit 18% multiplizieren, sondern wie folgt verfahren:

EKA = (1 Mrd. * 12%) + (29 Mrd. * 15%) + (5 Mrd. * 18%) = 0,12 Mrd. + 4,35 Mrd. + 0,9 Mrd. = 5,37 Mrd. EUR

---

78   Vgl. Basel Committee (2017c).

2.2.5 Einführung einer Verlustkomponente

Die größenabhängige Skalierung führt zu einer stärkeren Berücksichtigung der operationellen Risiken bei größeren Instituten, doch sie schafft keine **Anreize**, in besseres Risikomanagement zu investieren. Durch den Wegfall des AMA haben insbesondere Großbanken keine Möglichkeit mehr, selbst Einfluss auf die Kapitalanforderung zu nehmen. Stattdessen würde im neuen Indikator sogar eine Reduktion der Personalkosten im Risikomanagement zu einer niedrigeren Kapitalanforderung führen.

Um also einen Anreiz zu schaffen, das Management operationeller Risiken zu verbessern, wurde eine Verlustkomponente eingeführt. Banken ab einer gewissen Größe, namentlich die Institute, deren Business Indicator 1 Mrd. EUR übersteigt, sollen anhand der eingetretenen Schäden einen direkten Einfluss auf die Eigenmittelunterlegung haben. Die erstmals im Frühjahr 2016 vorgestellte »**Loss Component**« wurde dabei anhand der von den Banken bereits zur Kalibrierung des Business Indicator genutzten Schadensdaten so gewählt, dass sie im Mittel keinen Einfluss auf die Eigenmittelanforderung hat.[79] Institute, die von dieser Durchschnittsnorm nach oben oder unten abweichen, sollten einen Aufschlag oder einen Abschlag auf die nur mit dem Business Indicator berechnete Eigenmittelanforderung erhalten.

Um den Business Indicator mit Hilfe der durchschnittlichen institutsindividuellen Schadenshistorie abzubilden, wurde ein einfaches **Schätzverfahren**, eine sogenannte »Single Loss Approximation«, verwendet. Betrachtet man eine 10-jährige Verlusthistorie von Schäden aus operationellen Risiken, so entspricht die Kapitalanforderung anhand des Business Indicator dem folgenden Wert:

Loss Component = 15*(Average Annual Total Loss > 20k EUR)

Ausgehend von der obigen Beispielrechnung würde ein Institut mit durchschnittlichem Risikomanagement also eine Loss Component von 5,37 Mrd. EUR errechnen. Dies entspricht einem durchschnittlichen Jahresschaden aus operationellen Risiken von ca. 358 Mio. EUR, gemessen über einen Zeitraum von 10 Jahren und bei Berücksichtigung aller Schäden mit einer Schadenshöhe von mehr als 20.000 EUR.

Ein Institut mit einer höheren oder niedrigeren Schadenshistorie würde eine höhere oder niedrigere Eigenmittelanforderung erhalten. Institute der Buckets 2 und 3, also mit einem Business Indicator von mehr als 1 Mrd. EUR, bestimmen ihre Eigenmittelanforde-

---

79 Vgl. Basel Committee (2016).

rung dann mithilfe des folgenden **Verlustmultiplikators** (Internal Loss Multiplier), der mit der Eigenmittelanforderung aus dem Business Indicator multipliziert wird:

$$Internal\ Loss\ Multiplier = \ln \left(\exp(1) - 1 + \left(\frac{Loss\ Component}{BI\ Component}\right)^{0,8}\right)$$

Die zunächst kompliziert anmutende Formel vergleicht dabei die Verlustkomponente, Loss Component, mit der Eigenmittelanforderung aus dem Business Indicator, hier »BI Component« genannt.

$$\left(\frac{Loss\ Component}{BI\ Component}\right)^{0,8}$$

Ist die Loss Component größer als die BI Component wird der Quotient der beiden Werte größer als eins. Im umgekehrten Fall, bei einem Risikoprofil mit niedriger Verlusthistorie, wird der Quotient kleiner als eins. Der Faktor von 0,8 in der Potenz sorgt dafür, dass Institute mit sehr hohen Schäden entlastet werden, indem er besonders große Werte des Quotienten vermindert. Entspricht der Quotient dem Wert 1, ist die Verlusthistorie also durchschnittlich, so wird auch der gesamte Loss Multiplier 1.

$$Internal\ Loss\ Multiplier = \ln(\exp(1) - 1 + 1) = \ln(\exp(1)) = 1$$

Hat ein Institut – auch wenn dieser Fall nicht realistisch ist – überhaupt keine Schäden aus operationellen Risiken erlitten, kann sich der Loss Multiplier auf einen Wert von bis zu 0,54 reduzieren. Bei steigenden Risiken ist der Internal Loss Multiplier hingegen unbeschränkt. Für die Institute wird somit ein Anreiz geschaffen, sich auch bei einem bereits sehr schlechten Risikoprofil weiter um eine Verbesserung zu bemühen. Diesen Effekt hätte man nicht erreicht, wenn man den Internal Loss Multiplier nach oben beschränkt hätte. Gleichzeitig sollen aber auch Institute mit hohen Verlusten aus operationellen Risiken nicht durch eine überbordende Kapitalanforderung zusätzlich belastet werden. Der Logarithmus sorgt durch seine bei großen Werten langsam ansteigenden Funktionswerte hier für einen Dämpfungseffekt. Die folgende Tab. 2.10 stellt die Wirkung des Verlustmultiplikators dar, indem sie bespielhaft für einige Verhältnisrelationen von Verlustkomponente (LC) und Business Indicator Component (BIC) den Effekt des Verlustmultiplikators auf die Eigenkapitalanforderung (EKA) prozentual ausdrückt.

Verhältnis LC zu BIC	Veränderung der EKA
0	-45,87%
0,5	-17,03%
1	0,00%
1,5	13,19%
2	24,11%
3	41,74%
5	67,56%
10	108,29%
20	154,19%
30	182,81%

Tab. 2.10: Auswirkung der Verlustkomponente auf die OpRisk-Eigenkapitalanforderung (Quelle: eigene Darstellung)

Abb. 2.3 veranschaulicht den in Tab. 2.10 für einige Parameterkombinationen dargestellten Effekt grafisch.

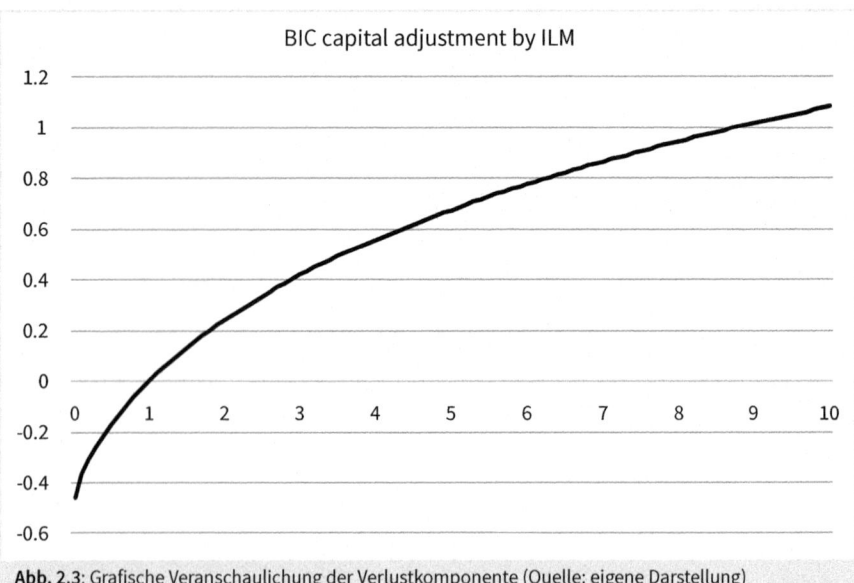

Abb. 2.3: Grafische Veranschaulichung der Verlustkomponente (Quelle: eigene Darstellung)

Durch die Loss Component haben die Institute also – durch eine Verbesserung des Risikoprofils – wieder eine direkte Möglichkeit der Einflussnahme auf die Kapitalanforderung. Eine wünschenswerte Komponente des AMA – die Nutzung interner Schadensdaten – bleibt damit erhalten. Andererseits verbleiben große Schäden (beispielsweise der Fall Jérôme Kerviel, s. Unterabschnitt 5.3.1) aufgrund der 10jährigen Historie sehr lange in der Loss Component.

2.2.6   Qualitative Anforderungen an die Verlustdatensammlung

Eines der Hauptziele der Überarbeitung der Ansätze für das operationelle Risiko war es, eine möglichst hohe Vergleichbarkeit der Kapitalanforderungen zu erreichen. Um dies zu gewährleisten, wird von den Instituten, die die internen Schadensdaten im Rahmen des Internal Loss Multipliers nutzen wollen, erwartet, dass sie qualitative Anforderungen bei der **Erfassung von Schadensdaten** erfüllen. Zentral ist dabei, dass die Schadenshistorie bei erstmaliger Nutzung des SMA einen Zeitraum von mindestens fünf Jahren umfasst. Liegen qualitativ hochwertige Daten bereits für einen längeren Zeitraum vor, sind diese für den vollen Zeitraum zu nutzen. Insgesamt wird ein Zeitraum von zehn Jahren für die Bestimmung des Internal Loss Multipliers angestrebt. Liegen diese Daten in einem Institut nicht vor oder erfüllt ein Institut die qualitativen Anforderungen nicht, so kann der nationale Aufseher die Nutzung des Internal Loss Multipliers untersagen.

Die Erfassung der Schadensdaten muss in einer **institutsindividuellen Schadensfalldatenbank** erfolgen und maßgeblich für die Erfassung der Schäden ist das Buchungsdatum des Schadens in der GuV. Damit soll sichergestellt werden, dass beispielsweise Rechtsrisiken, deren Realisierung sich über einen langen Zeitraum hinziehen, nicht frühzeitig aus der Loss Component entfallen. Ein Beispiel: Ein Institut wird im Jahr 2009 wegen eines falschen Prospekts auf einen Schaden in Höhe von 1 Mrd. EUR verklagt. Aufgrund der niedrig eingeschätzten Wahrscheinlichkeit für eine gerichtliche Niederlage bildet das Institut keine Rückstellung. Im Jahr 2015 einigt sich das Institut mit dem Kläger auf eine Zahlung in Höhe von 500 Mio. EUR. Würde in der Loss Component nun das Ereignisdatum oder das Erkennendatum genutzt, würde der Schaden im Jahr 2019 nicht mehr in der Schadenshistorie auftauchen. Das Buchungsdatum hingegen sorgt dafür, dass der Schaden ab seiner erstmaligen GuV-Wirksamkeit insgesamt 10 Jahre die Eigenkapitalanforderung mitbestimmt.

Bei der Bestimmung der Schadenshöhe jedes einzelnen Schadens kann der Nettoschaden genutzt werden. Bereits gezahlte Versicherungsleistungen sind anrechenbar. Dies begründet sich vor allem in der Kalibrierung der Loss Component, wo von Seiten des Baseler Ausschusses ebenfalls Nettoschäden genutzt wurden. Zudem gibt es auch durch den Wegfall des AMA keine Möglichkeit für die Institute, Rückzahlungen und Versicherungsleistungen anderweitig anrechenbar zu machen.

Die weiteren Anforderungen an die Schadensdaten entsprechen im Wesentlichen den Anforderungen, die heute an die Datensammlung von AMA-Instituten gestellt werden. So soll der Nettoschaden aus den folgenden Komponenten berechnet werden:

(a) Direct charges, including impairments and settlements, to the bank's P&L accounts and write-downs due to the operational risk event;

Dies sind Kosten, die sich unmittelbar aus einem eingetretenen OpRisk-Ereignis ergeben. Dies schließt Wertminderungen und Vergleichszahlungen mit ein, sobald diese GuV-wirksam sind, ebenso wie Abschreibungen.

(b) Costs incurred as a consequence of the event including external expenses with a direct link to the operational risk event (eg legal expenses directly related to the event and fees paid to advisors, attorneys or suppliers) and costs of repair or replacement, incurred to restore the position that was prevailing before the operational risk event;

Indirekte Schäden sind ebenfalls zu berücksichtigen, beispielsweise in Form von Anwaltskosten bei Rechtsrisiken oder Kosten zur Wiederherstellung der Situation vor Eintreten des OpRisk-Ereignisses (z. B. Wiederbeschaffung von IT-Hardware).

(c) Provisions or reserves accounted for in the P&L against the potential operational loss impact;

Rückstellungen gegen potenzielle Schäden sind zu berücksichtigen, sobald sie GuV-wirksam sind.

(d) Losses stemming from operational risk events with a definitive financial impact, which are temporarily booked in transitory and/or suspense accounts and are not yet reflected in the P&L (»pending losses«). Material pending losses should be included in the loss data set within a time period commensurate with the size and age of the pending item;

Schäden aus Ereignissen, die auf Übergangs- oder Zwischenkonten gebucht sind (sog. »Pending Losses«), sollen, bereits bevor sie GuV-wirksam werden, genutzt werden (z. B. bei geschätzten Schäden). Dies ist beispielsweise dann relevant, wenn eine Rückstellung nicht fristgerecht gebildet werden kann. Maßgebliche Pending Losses sollen zeitnah erfasst werden.

(e) Negative economic impacts booked in a financial accounting period, due to operational risk events impacting the cash flows or financial statements of previous financial accounting periods (»timing losses«). Material »timing losses« should be included in the loss data set when they are due to operational risk events that span more than one financial accounting period and give rise to legal risk.

Verluste, die lediglich zu einer vorübergehenden Abweichung in der Gewinn- und Verlustrechnung führen und jederzeit in der Buchhaltung korrigiert werden können, sog. »timing losses« sollen ebenfalls berücksichtigt werden. Sind diese materiell und überschreiten einen Zeitraum von einem Jahr, sollen sie mit der vollen Höhe als Schaden erfasst werden. Dies ist beispielsweise relevant bei Steuerrisiken.

Nicht berücksichtigt werden sollen hingegen die folgenden Elemente:

(a) Costs of general maintenance contracts on property, plant or equipment;

Allgemeine Verwaltungs- und Instandhaltungskosten, die im normalen Geschäftsbetrieb anfallen, sind nicht zu erfassen.

(b) Internal or external expenditures to enhance the business after the operational risk losses: upgrades, improvements, risk assessment initiatives and enhancements;

Verbesserungen, die über die im vorigen Punkt (b) genannten Kosten zur Wiederherstellung hinausgehen (beispielsweise bessere IT-Hardware als vorher), sind nicht zu erfassen.

(c) Insurance premiums.

Versicherungsprämien sind nicht zu erfassen.

Schäden, die eine gemeinsame Ursache, aber unterschiedliche Buchungszeitpunkte haben, oder Schäden, deren Effekte sich über mehrere Jahre hinweg ziehen, sollen im jeweiligen Jahr der Einzelbuchungen erfasst werden. Am Beispiel der Klage würde das Folgendes bedeuten: Hätte das Institut im Jahr 2009 Anwaltskosten in Höhe von 100.000 EUR gezahlt, würden diese für die Jahre 2009–2018 in der Verlusthistorie geführt. Der im Jahr 2015 gezahlte Vergleich von 500 Mio. EUR würde in den Jahren 2015–2024 in die Verlusthistorie eingehen. Das Gesamtereignis hätte also über einen Zeitraum von 16 Jahren Einfluss auf den Loss Multiplier: Von 2009–2014 100.000 EUR, von 2015–2018 500,1 Mio. EUR und von 2019–2024 500 Mio. EUR.

Ähnlich wie im AMA werden Schäden mit Bezug zum Marktrisiko in der Schadensfallhistorie erfasst, Schäden mit Bezug zum Kreditrisiko hingegen nicht. Zudem müssen die Institute die fortlaufende Relevanz der Schäden sicherstellen.

Dies bedeutet insbesondere auch, dass Schäden aus der Schadensfallhistorie – und somit aus dem Loss Multiplier – ausgenommen werden können, wenn sie für das Institut nicht mehr relevant sind. Die Herausnahme erfolgt dabei unter strengen Kriterien. Institute müssen die **Herausnahme von Schadensdaten** aus der Loss Component beantragen und dem nationalen Aufseher darlegen, warum diese für zukünftige Geschäfte nicht mehr relevant sind. Dies könnte beispielsweise nach dem Abschluss von Rechtsstreitigkeiten über Geschäfte, die in Zukunft nicht mehr getätigt werden, der Fall sein, beispielsweise bei einer Aufgabe des Geschäftszweiges Vermögensverwaltung.

Um die Aufsicht nicht mit einer Flut von Anträgen zu überlasten, müssen die zur Herausnahme beantragten Schäden zudem ein **Größenkriterium** erfüllen. Dies wird voraussichtlich 5 % des durchschnittlichen Jahresverlustes betragen. Zudem müssen alle Schäden, unabhängig von ihrer zukünftigen Relevanz, eine Mindestverweildauer von drei Jahren in der Loss Component erfüllen. Mit dieser Maßnahme sollen Sprünge in der Kapitalanforderung vermieden werden. Alle herausgenommenen Schäden müssen zudem in den Jahresberichten der Institute offengelegt werden.

3 Säule II: Die Berücksichtigung des operationellen Risikos in Risikotragfähigkeit, Stresstesting und laufender Steuerung

3.1 Einführung in Säule II im Bereich OpRisk

3.1.1 Grundkonzeption und Grundbegriffe

Im Rahmen des aufsichtlichen Überprüfungsverfahrens, der zweiten Säule von Basel II, überprüft und beurteilt die Aufsicht die **bankinternen Verfahren zur Sicherstellung einer angemessenen Eigenkapitalausstattung.** Neben der expliziten Berücksichtigung des operationellen Risikos sollten dabei auch solche Risiken mit einbezogen werden, die im Rahmen der Säule I nicht in die Bestimmung der Eigenkapitalanforderung einfließen, wie z. B. das bei der Baseler OpRisk-Definition in Säule I ausgeklammerte Reputationsrisiko und das strategische Risiko. Zudem sollte Säule II nach den ursprünglichen Überlegungen des Baseler Ausschusses im Basel-II-Regelwerk ein besonderes Augenmerk darauf legen, ob die mit dem Basisindikatoransatz oder Standardansatz ermittelten OpRisk-Anrechnungsbeträge das tatsächliche Risiko eines Instituts unterschätzen. Diese Grundkonzeption von Basel II wurde, wie wir im Folgenden sehen werden, auf EU-Ebene immer weiter ausgeweitet.

Zunächst erläutern wir einführend einige **Grundbegriffe zur Säule II**, geben einen Überblick über die SREP-Guidelines als Fortentwicklung der Basel-II-Konzeption der Säule II (Unterabschnitt 3.1.2) und stellen die bisherige Berücksichtigung der operationellen Risiken in den bankinternen Risikotragfähigkeitskalkülen dar (Unterabschnitt 3.1.3). Darauffolgend wird das **Säule-1-Plus Konzept** in Abschnitt 3.2 im Detail dargestellt, während Abschnitt 3.3 dann die geltenden MaRisk-Vorgaben zum operationellen Risiko und deren Fortentwicklung im Zeitablauf darstellt.

Säule II bezweckte ursprünglich gegenüber Säule I eine diskretionäre und **eher »qualitative« Aufsicht**, die weniger an der Kapitalunterlegung, sondern mehr am Risikomanagement ansetzt. Dieser Ansatz ist bei der Beurteilung der Erfüllung qualitativer Regulierungsnormen (d. h. Risikobegrenzungsmaßnahmen wie z. B. Notfallplanung) und vor dem Hintergrund der sich im OpRisk-Management noch stark entwickelnden Bankpraxis (insbesondere bei der IT-Risikosteuerung) sinnvoll. Sofern die Aufsicht gegenüber Instituten mit einer in Relation zu ihrem operationellen Risiko unverhältnismäßig geringen Kapitalausstattung und unzureichendem Risikomanagement Sanktionen verhängt, kann sie die Gefahr adverser Selektion bei der Wahl der Säule-I-Ansätze beheben. Mit der Möglichkeit, in Säule II auch **Maßnahmen zur Verbesserung der Risikosteuerung** vorzuschreiben, können die Aufsichtsinstanzen Institute direkter zur Begrenzung ihres operationellen Risikos zwingen als durch Erhöhung der Eigenkapitalanforderung. Damit die Aufsicht diese Aufgaben erfüllen kann, muss sie allerdings in der Lage sein, sich detailliert über das Risiko und die OpRisk-Managementverfahren der Institute in Kenntnis zu setzen. Dies erfordert sehr gut qualifiziertes Personal und verstärkte Tätigkeit von BaFin, Bundesbank und EZB-Bankenaufsicht in den Instituten.

Die **Risikotragfähigkeitsrechnung** (internal capital adequacy assessment process, ICAAP) ist das zentrale Instrument der Risikomanagements der Institute im Sinne einer Gesamtbanksteuerung. Im Zuge der Finanzmarktkrise ist es offensichtlich geworden, dass die Deckungsmasse der Institute zwar hinreichend für die im Rahmen des ICAAP quantifizierten Risiken war, aber dennoch Schieflagen nicht verhindern konnte. Aus diesem Grund kommt es nun zur **verstärkten Prüfung der institutsinternen Kalküle**. Gleichzeitig wurden die Anforderungen, insbesondere an **Stresstests** der Risikotragfähigkeitsberechnungen und die Einbeziehung bisher vernachlässigter Risikoarten erhöht.

3.1.2 SREP-Guidelines, P2R und P2G

Die Vorgaben von Basel II hinsichtlich Säule II wurden ursprünglich nahezu identisch in die Bankenrichtlinie übernommen und in den MaRisk bzw. sonstigen nationalen Umsetzungsregelungen in Deutschland zunächst nicht weiter ausgestaltet. Lediglich auf EU-Ebene wurde von dem Committee of European Banking Supervisors (CEBS) in national nicht direkt rechtswirksamen Texten genauer erläutert, welche Risiken zukünftig in Säule II von den Instituten in ihre Analysen einbezogen werden sollten. Diese Rechtssituation hat sich mit der Arbeit der European Banking Authority (EBA) als Nachfolgebehörde von CEBS und die Einführung des SSM schlagartig geändert. Insbesondere die Entwicklung der **SREP-Guidelines der EBA** und die SREP-Praxis der EZB-Bankenaufsicht bewirkten eine fundamentale Änderung der tatsächlichen Anforderungen und Prüfungspraxis zum ICAAP in Deutschland. Mit Verabschiedung der »**Guidelines for common procedures and methodologies for the supervisory review and evaluation process (SREP)**« durch die EBA im Dezember 2014[80] kam es auch zu einer starken Ausweitung der als Teil des operationellen Risikos im aufsichtlichen Überprüfungsverfahren adressierten Teilrisiken.

Abb. 3.1 verdeutlicht, dass die Aufsicht hier bereits frühzeitig das sogenannte Conduct Risk (in der deutschen Version der Guidelines mit »Verhaltensrisiken« bezeichnet) als

---

80 Vgl. EBA (2014).

Teil des operationellen Risikos einbezogen hat. Darüber hinaus fanden auch IT-Risiken, Modellrisiken und – entgegen der Baseler Vorgaben auch Reputationsrisiken – als Unterbereiche der wesentlichen Hauptrisikoart operationelles Risiko besondere Beachtung.[81]

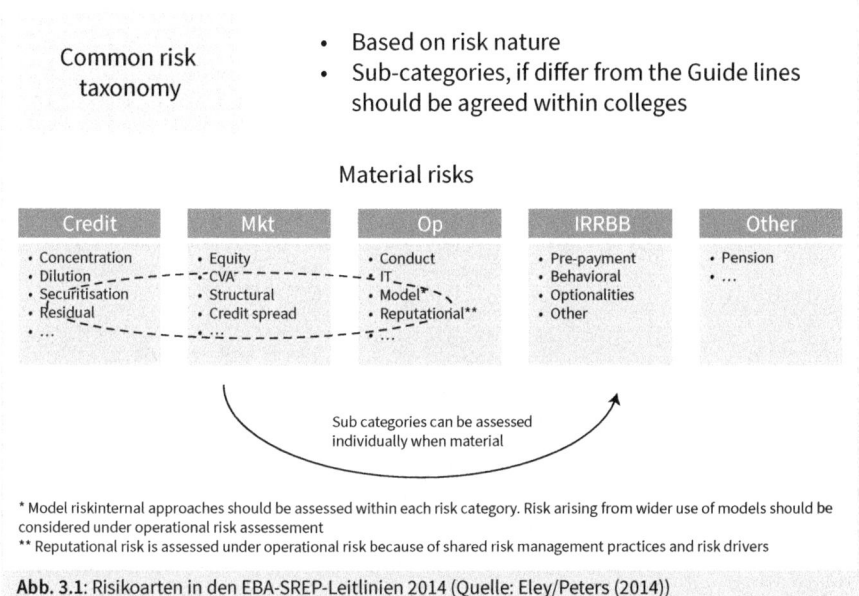

Abb. 3.1: Risikoarten in den EBA-SREP-Leitlinien 2014 (Quelle: Eley/Peters (2014))

Eine Überarbeitung der ursprünglichen EBA Guidelines aus dem Jahr 2014 hatte die EBA bereits mit ihrer am 11.04.2017 veröffentlichten »Pillar 2 Roadmap« angekündigt.[82] In den final am 19.07.2018 veröffentlichten neuen SREP Leitlinien wurden dann (ähnlich wie im ICAAP-Guide der EZB) unter anderem klärende Aussagen zur Rolle der Pillar 2 Guidance (P2G) und der Verwendung der Ergebnisse der aufsichtlichen Stresstests sowie weitere Aktualisierungen entsprechend den EBA Leitlinien zur Internal Governance und IRRBB-Guidelines eingefügt. Für das Themenfeld operationelles Risiko sind keine wesentlichen Änderungen zu verzeichnen.[83]

Die aus der EBA Pillar 2 Roadmap entnommene Abb. 3.2 stellt zusammenfassend die Funktionsweise der Kapitalanforderungen im SREP (Total SREP Capital Requirement, TSCR) als Summe der Säule-I-Mindestkapitalanforderungen und der P2R, der »Gesamt-

---

81 Dies bedeutet aber nicht, dass die SREP-Guidelines fordern, dass die Institute nun das Reputationsrisiko in der Risikotragfähigkeit als Teil des operationellen Risikos modellieren, sondern nur dass die Aufsicht im Rahmen des SREP das Reputationsrisiko als Teil des OpRisk-Score bewerten.

82 Vgl. EBA (2017b).

83 Zur Ausweitung der Definition des IKT-Risikos s. Unterabschnitt 4.1.1.

kapitalanforderung« (Overall Capital Requirement, OCR) als Summe von TSCR und Pufferanforderungen sowie der P2G dar.

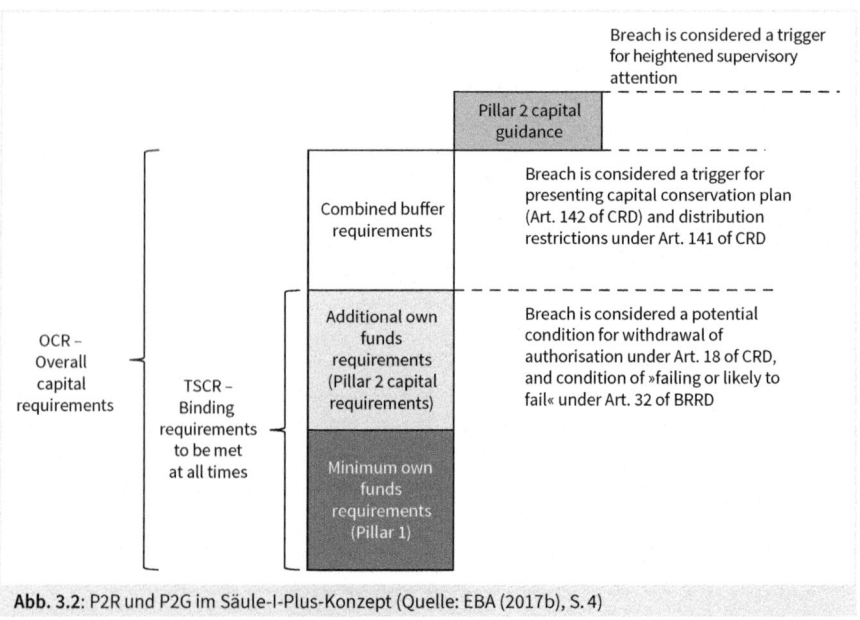

Abb. 3.2: P2R und P2G im Säule-I-Plus-Konzept (Quelle: EBA (2017b), S. 4)

Wesentliche Änderung gegenüber den bisherigen SREP-Leitlinien ist die **Verfeinerung des Konzepts der Kapitalzuschläge** mit Übernahme der Unterscheidung zwischen Säule-II-Kapitalanforderung (Pillar 2 Capital Requirement, P2R) und Säule-II-Kapitalempfehlung (Pillar 2 Guidance, P2G) in die neuen SREP-Guidelines. Diese Begrifflichkeiten waren bis Ende 2018 noch nicht in der gültigen CRD enthalten, sind allerdings in Form der neuen SREP-Leitlinien nun Teil des EU-weit gültigen Single Rulebook: Eine Unterschreitung der Säule-II-Kapitalanforderung führt unmittelbar zu aufsichtlichen Sanktionen bis hin zur Einstufung als »failing or likely to fail« und damit der Einleitung von Sanierungs- bzw. Abwicklungsmaßnahmen bzw. dem Entzug der Banklizenz.

Die **Pillar 2 Capital Guidance** wird ebenso wie die P2R als Aufschlag auf die harte Kernkapitalquote festgelegt, eine Verletzung dieser Kapitalempfehlung bzw. Kapitalzielkennziffer nach der Terminologie des deutschen Aufsichtsrechts hat allerdings weniger gravierende Folgen. Zunächst einmal kann die Höhe der P2G im Einzelfall mit den Elementen des kombinierten Kapitalpuffers, d. h. insbesondere dem Kapitalerhaltungspuffer sowie dem antizyklischen Kapitalpuffer, verrechnet werden. Darüber hinaus hat die Höhe der Kapitalempfehlung keinen Einfluss auf die von der Aufsicht festgelegte Höhe des maximal möglichen Ausschüttungsbetrags (Maximum Distributable Amount, MDA) einer Bank. Während die P2R jederzeit, d. h. auch im Stressfall, eingehalten werden muss, ist für die P2G bei einer Unterschreitung im Stressfall lediglich das Vorhalten eines Plans erforderlich, wie die Kapitalempfehlung bald wieder eingehalten werden kann. Ein »Reißen« der P2G-Anforderungen führt somit auch nicht zu automatischen aufsichtlichen Sanktionen, auf jeden Fall aber zu einer intensiveren Überwachung und einem Dialog zwischen Aufsicht und Institut.

Datum des Inkrafttretens der neuen SREP-Leitlinien war ebenso wie für die neuen Stresstesting-Leitlinien der EBA[84] der 01.01.2019. Gemäß den Aussagen im BaFin-Journal vom Februar 2018 übernimmt die BaFin im Regelfall nun die Leitlinien der EBA in ihre Verwaltungspraxis ohne weitere Hinweise an die davon betroffenen Institute.[85] Inwiefern nun noch Anpassungen der MaRisk erfolgen und so z. B. beim IT-Risiko in AT 7.2. MaRisk die Begrifflichkeiten an die erweiterte EBA-Definition als IKT-Risiko inkl. der Subkategorie IT-Änderungsrisiko (s. Unterabschnitt 4.1.1) angepasst werden, ist aktuell noch nicht absehbar.[86]

3.1.3   Die vier SREP-Elemente und ihre Interaktion

Bereits mit Verabschiedung der »Guidelines for common procedures and methodologies for the supervisory review and evaluation process (SREP)« durch die EBA im Dezember 2014 kam es zu einer starken Ausweitung der als Teil des operationellen Risikos im aufsichtlichen Überprüfungsverfahren adressierten Teilrisiken. Abb. 3.1 hat verdeutlicht, dass die Aufsicht hier insbesondere auch das Conduct Risk, IT-Risiken, Modellrisiken und Reputationsrisiken berücksichtigt: Diese Risiken sind in den SREP-Guidelines umfangreich definiert bzw. kommentiert. Während wir auf das Modell- und IT-Risiken sowie das Conduct Risk in Kapitel 4 eingehen, stellen wir nachfolgend kurz dar, welche Anforderungen an die Bewertung des Reputationsrisikos durch die Aufsichtsbehörden gestellt werden, da dies das Zusammenspiel der vier SREP-Elemente sowie zwischen ICAAP/ILAAP und dem Sanierungsplan gut verdeutlicht.

Zuvor möchten wir anhand von Abb. 3.3 kurz die **vier SREP-Elemente** und die Verbindung zur institutsinternen Bewertung der Angemessenheit der Kapital- und Liquiditätsausstattung kurz erläutern. Die **Geschäftsmodellanalyse** ist dabei die Grundlage der aufsichts-

---

84   Vgl. EBA (2018a).
85   Vgl. BaFin (2018a).
86   Mit der Konsultation 06/2019 hat die BaFin am 29.03.2019 nun begonnen, mit den Vorgaben zum Zinsänderungsrisiko im Anlagebuch erste Teile des EBA-SREP-Pakets vom Juli 2018 in ihre Rundschreiben zu übernehmen. Bezüglich der IT-Risikovorgaben ist allerdings anzunehmen, dass hier erst 2020 eine gemeinsame Anpassung von BAIT und MaRisk erfolgen wird auf Basis der neuen EBA-Leitlinien zum ICT and Security Risk Management (vgl. Unterabschnitt 4.4.3).

fähigkeitsberechnung erfolgen muss, ist eine mögliche Streitfrage bei Prüfungen. Auf jeden Fall sollten die potenziell verheerenden Liquiditätseffekte eines starken Reputationsverlustes im Rahmen von Szenarioanalysen und im **Liquiditätsnotfallplan** berücksichtigt werden.

Für eine ganzheitliche Modellierung solcher externen Reputationseffekte bietet sich die Sanierungsplanung an: Dort müssen schwerwiegende Belastungen, die zum Sanierungsfall führen, als Szenarien modelliert werden. Das heißt, ähnlich wie beim inversen Stresstest nach AT 4.4.3 MaRisk müssen die potenziellen Effekte ihrer Höhe nach als absoluter Worst Case angenommen werden. Solche Belastungsszenarien **im Sanierungsplan** könnten z. B. ein schwerwiegender Betrugsfall im Eigenhandel oder ein erfolgreicher massiver Cyberangriff sein, die neben einem OpRisk-Schaden zu massiven Liquiditätsabflüssen aufgrund der Öffentlichkeitswirkung der Ereignisse führen. Ziel dieser Szenariomodellierung ist die Vorabfestlegung von Krisenmaßnahmen wie Kommunikationsmaßnahmen und Liquiditätssteuerungsmaßnahmen bis hin zur Einstellung des Kreditneugeschäfts, sofern die Liquiditätsbasis hierzu nicht mehr hinreichend ist.

3.1.4 Risikotragfähigkeitsrechnung für OpRisk

Der ökonomische Kapitalbedarf für operationelles Risiko kann grundsätzlich aus den vorgegebenen Säule-I-Ansätzen abgeleitet werden: Diese Vorgehensweise, die sehr gut zum Säule-I-Plus-Konzept der Aufsicht passt, wählen in der Regel die größten Institute. Zum Teil verwenden sie auch AMA-ähnliche VaR-Modelle für die interne Risikotragfähigkeitsberechnung, obwohl sie ihre Eigenkapitalanforderung nach Säule I mit dem einfacheren Standardansatz ermitteln. AMA-Institute verwendeten für die interne Risikotragfähigkeitsrechnung bisher ein **anderes Konfidenzniveau als die in Säule I vorgegebenen 99,9 %.** Dabei wurden tendenziell höhere Konfidenzniveaus in Säule II verwendet, die zum Teil aus dem Zielrating abgeleitet waren. Mit den neuen Anforderungen aus dem RTF-Leitfaden der BaFin, den SREP-Leitlinien und vor allem dem ICAAP-Guide der EZB ist ein Absenken der Konfidenzniveaus im bankinternen Risikotragfähigkeitskalkül hin zum Säule-I-Niveau zu erwarten.

Die großen Institute haben sich bisher vor allem an den fortgeschrittenen Messansätzen in Säule I orientiert und in Säule II ihre **Risikotragfähigkeit mit komplexen VaR-Modellen** ermittelt.[89] Im Gegensatz hierzu haben die kleineren Institute einen anderen Weg einge-

---

89 Vgl. hierzu Buchmüller/Sturm (2018) für einen guten Überblick über die RTF-Methodiken der großen deutschen Institute auf Basis der offengelegten Informationen in ihren Geschäftsberichten.

schlagen. Zur bisherigen RTF-Umsetzung der LSI ist auch ein Blick in die diesbezügliche Veröffentlichung der Deutschen Bundesbank vom Februar 2019 hilfreich.[90] Die Bundesbank hat in dem vorliegenden Range of Practice Papier die bisherigen Ansätze zur Bemessung der Risikotragfähigkeit (RTF) in den kleineren deutschen Instituten (LSI) vor Inkrafttreten der neuen Vorgaben aus den überarbeiten SREP-Leitlinien, dem neuen RTF-Leitfaden der BaFin sowie der EZB zum ICAAP (vgl. hierzu Unterabschnitt 3.2.2) zusammengefasst.

Basis der Bundesbankanalyse waren die **Daten aus dem RTF-Meldewesen der Jahre 2015 bis 2017** (s. hierzu Abschnitt 5.1). Die 46 Seiten umfassende Studie enthält eine Vielzahl von Detailinformationen über die bisherige Institutspraxis und deren Bewertung durch die Aufsicht. Zum operationellen Risiko sind allerdings kaum Informationen enthalten, obwohl diese Risikoart einen hohen Anteil am Gesamtrisiko ausmacht, wie Abb. 3.4 zeigt.

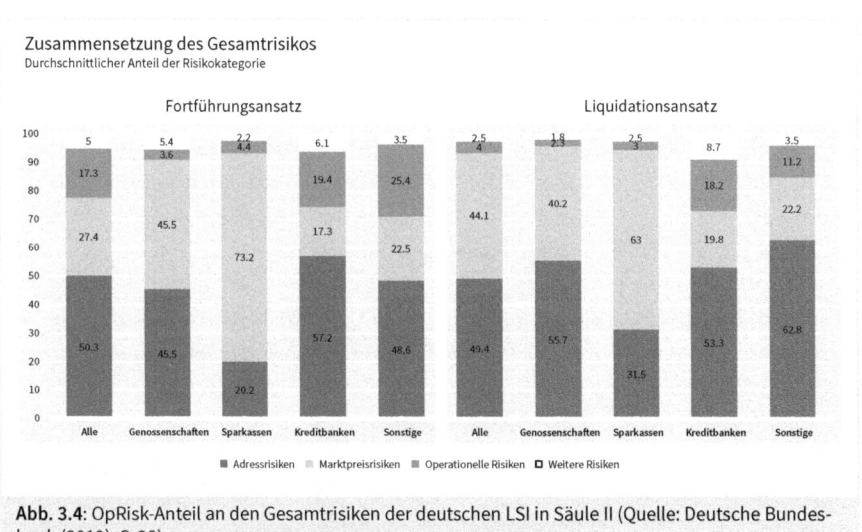

Abb. 3.4: OpRisk-Anteil an den Gesamtrisiken der deutschen LSI in Säule II (Quelle: Deutsche Bundesbank (2019), S. 38)

Grundsätzlich kann die Ermittlung des ökonomischen Kapitalbedarfs aber auch mit anderen Verfahren oder »Kombinationen von AMA und Standardansatz« erfolgen. So schlug z. B. die österreichische Aufsicht bereits vor geraumer Zeit vor, für die Risikotragfähigkeitsberechnung ein Hochskalieren des STA-Betrages, das dem AMA-Betrag mit einem 99,9 %-Konfidenzniveau gleichgesetzt wird, vor. Dabei werden die Parameter einer hypothetischen Verlustverteilung zugrunde gelegt, um vom

---

90   Vgl. Deutsche Bundesbank (2019).

99,9 %-Konfidenzniveau durch Multiplikation mit einem Skalierungsfaktor den VaR des höheren (aus dem Zielrating abgeleiteten) einheitlichen Konfidenzniveaus für die Risikotragfähigkeitsberechnung (z. B. 99,95 %) zu erhalten. Dieses Verfahren wäre auch für kleinere Institute anwendbar. Somit könnte das operationelle Risiko vergleichsweise einfach in ein **integriertes Risikotragfähigkeitskonzept** für alle Risikoarten auf Value-at-Risk-Basis integriert werden, ohne ein eigenes AMA-ähnliches Säule-II-Modell zu schaffen.

Alternativ könnten kleine Institute, die auch für die anderen Risikoarten keinen VaR berechnen, ausgehend von in ihrem Institut über die letzten Jahre **erlittenen OpRisk-Verlusten** einen Risikokapitalbedarf für ihr operationelles Risiko in Säule II ermitteln. Dabei könnten gegebenenfalls anonymisierte Daten von ähnlichen Instituten hinzugezogen werden, z. B. über ein Verlustdatenkonsortium oder ausgewählte Großverluste aus öffentlichen Verlustdatenbanken wie ÖffSchOR (vgl. hierzu Abschnitt 5.2). Eine Risikokapitalbedarf könnte dann mit einer einfachen Heuristik abgeleitet werden z. B. als das Fünffache des bisher maximal eingetretenen aggregierten OpRisk-Jahresverlustes des Instituts, ggf. mit einem Zusatzbedarf für neue Verlustpotenziale, z. B. für IT-Risiken auf Basis externer Verlustdaten. Bei einem solchen stark von diskretionären Abnahmen abhängigen Ansatz, müssten die OpRisk-Experten des Instituts allerdings gut dokumentieren, weshalb dies eine angemessene und konservative Berücksichtigung des operationellen Risikos in der Risikotragfähigkeitsberechnung ist.

Zu berücksichtigen wären hierbei **mögliche Fragen der Aufsicht** oder andere Prüfer wie Wirtschaftsprüfer und Revision im Rahmen eines »Challenge-Prozesses« wie beispielsweise,

- ob das Institut seine Geschäftstätigkeit und operationelle Risiken im Zeitablauf so weit ausgeweitet hat, dass die in der Vergangenheit eingetretenen Schadensfälle nur bedingt aussagekräftig sind,
- ob Änderungen der Rahmenbedingungen, wie z. B. zunehmende Fehlerhäufigkeit von Mitarbeitern (z. B. durch Arbeitsplatzabbau) oder Betrugsfälle von Externen (z. B. starker Anstieg der Erstattungen von durch Computerkriminalität geplünderten Kundenkonten) bei gleich gebliebenem Geschäftsvolumen zum Anstieg der OpRisk-Schadensfälle führen.

Über solche Fragen können auch die Anforderungen an **Stresstests** gemäß AT 4.3.3 MaRisk für die Risikoart operationelles Risiko umgesetzt werden (s. hierzu Unterabschnitt 3.2.3). Wie von der BaFin bereits in ihrer OpRisk-Studie aus dem Jahr 2009 angeregt wurde, sollten zur Plausibilisierung der Stress-Szenarien auch größere Verluste anderer vergleichbarer Institute berücksichtigt werden.[91] Sofern die eigene Schadens-historie und die Vergleichsdaten ähnlicher Institute weit unter der Kapitalunterlegung im BIA oder STA liegen, ist grundsätzlich im Vergleich zur Säule-I-Meldung auch eine geringere Kapitalunterlegung im Rahmen der institutsinternen Risikotragfähigkeitsbe-rechnung möglich. Für die Schätzung der Stressszenarien sollte allerdings ein Vielfaches der bisher eingetretenen Verlustfälle verwendet werden, um auch für einen unerwarte-ten Anstieg des operationellen Risikos gewappnet zu sein.

Grundsätzlich ist gerade bei den kleineren Instituten aufgrund der weniger umfangrei-chen Verlustbasis und der Nichtanwendung von VaR-Modellen eine »exakte« Ableitung des notwendigen Risikokapitalbedarfs für operationelle Risiken nicht möglich. Statt-dessen ist eine **einfache Heuristik** zur Bestimmung des Kapitalbedarfes sinnvoller, da mit ihr die Geschäftsleitung ihre Risikotoleranz verständlicher festlegen kann. So könnte z. B. die Geschäftsleitung entscheiden, ob sie Kapital in Höhe des 5- oder 10-fachen des maximalen Jahresverlustes aus OpRisk-Schäden vorhält, die in den letzten 10 Jahren entweder im eigenen oder in Vergleichsinstituten eingetreten sind. Zum Treffen dieser Entscheidung wird sich die Geschäftsleitung entsprechende Statistiken vorlegen lassen, die auch eine Einschätzung enthalten sollten, ob einzelne externe Großschäden, die in der Regel für extreme Jahresgesamtverluste verantwortlich sind, auch im eigenen Insti-tut eintreten können. Hierbei wird schlussendlich wieder deutlich, dass eine möglichst umfassende Sammlung institutsinterner und externer Verlustdaten die wesentliche Grundlage für eine funktionsfähige OpRisk-Steuerung ist.

Parallel zur Abschaffung der fortgeschrittenen Messansätze in Säule I werden in Säule II über den Säule-I-Plus-Ansatz und die verstärkten Anforderungen an die Nutzung von Szenarien die **Anforderungen erhöht**. Zum Teil fordert die Aufsicht zunehmend in Säule II VaR-basierte OpRisk-Modelle, die sie in Säule I aufgrund mangelnder Aussagekraft abschafft. Das neue Baseler Regelwerk zeigt, dass die Aufsicht weiterhin großen Wert auf die Verlustdatensammlung und deren Nutzung bei der Abschätzung des Risikoka-pitalbedarfs legt. Insofern ist davon auszugehen, dass die einzelnen AMA-Bestandteile, interne Verlustdaten, externe Verlustdaten, Szenarien sowie Geschäftsumfeld- und Kon-trollfaktoren weiterhin in der OpRisk-Steuerung und Quantifizierung eine große Rolle spielen. Gerade das Geschäfts- und das interne Kontrollumfeld haben mit dem SREP-Prozess größere Beachtung erfahren, nachdem hier die Aufsicht eigene Bewertungen zum Geschäftsmodell und sowie Governance/Kontrollumfeld abgibt, die zu Kapitalauf-schlägen in Säule II führen können.

---

91   Vgl. BaFin (2009).

3.2   CRD, ICAAP-Guide und Stresstesting

3.2.1   Die Vorgaben der CRD

Die **Capital Requirements Directive**, CRD, wurde 2006 im Zuge der Umsetzung von Basel II neu gefasst und ist seitdem mehrfach novelliert worden, zuletzt im Rahmen der sog. CRD V im Jahr 2019. Mit der Überarbeitung im Zuge der Umsetzung des ersten Teils der Basel-III-Reformen 2013 wurden die Eigenmittelanforderungen nach Säule I und die Offenlegungsanforderungen nach Säule III in die Capital Requirements Regulation (CRR) ausgelagert, sodass die CRD nun im Wesentlichen die Zulassungsanforderungen für Institute, laufende Risikosteuerungsanforderungen in »Säule II« und die aufsichtlichen Eingriffsbefugnisse im SREP enthält.

Der **SREP-Prozess** ist in Art. 97 bis 101 der CRD vorgegeben. Die CRD gibt die EU-weit einheitliche Definition von Risikotragfähigkeit und SREP vor. Art.102 ff. der CRD enthält die aufsichtlichen Sanktionsmöglichkeiten. Art. 102 unterscheidet dabei zwischen Maßnahmen gegenüber Instituten, die bereits aktuell die Vorgaben der CRD nicht erfüllen (Art. 102 Abs. 1 Buchst. a) und Instituten, bei denen die Aufsicht Grund zur Annahme hat, dass innerhalb der nächsten 12 Monate die CRD-Vorgaben voraussichtlich nicht mehr eingehalten werden (Art. 102 Abs. 1 Buchst. b). Die im SREP zu berücksichtigenden Risiken und Steuerungsanforderungen sind ebenfalls in der CRD geregelt. Vor allem sind darin auch die Befugnisse der EBA zum Erlass präzisierender Leitlinien zu finden, ebenso wie die Pflichten und Maßnahmenbefugnisse der Aufsicht im SREP:

- Art. 74 Abs. 3 CRD gibt der EBA die Befugnis, Detailvorgaben zur Unternehmensführung und Risikosteuerung von Banken zu erlassen.
- Art. 86 der CRD enthält umfangreiche Befugnisse der Aufsicht zu Liquiditätsrisiken.
- Art. 105 enthält besondere aufsichtliche Maßnahmenbefugnisse bezüglich der Liquiditätsausstattung und Liquiditätsrisikosteuerung.
- Art. 104 CRD enthält die Befugnisse der Aufsicht zur Verhängung von Eigenkapitalzuschlägen, Auferlegung besonderer Meldepflichten sowie zur Auferlegung weiterer Maßnahmen.
- Art. 100 CRD fordert von den Aufsichtsbehörden mindestens jährliche Stresstests als Teil des SREP und erteilt der EBA die Befugnis, Leitlinien zur Vereinheitlichung der jährlichen aufsichtlichen Stresstests zu erlassen.
- Art. 107 der CRD ermächtigt die EBA, über Leitlinien die Handhabung des SREP durch die zuständigen Aufsichtsbehörden weiter zu vereinheitlichen.

Die Kernbereiche der Säule-II-Vorgaben werden über die Vorgaben der CRD hinaus auf Basis von Art. 107 der CRD durch mehrere EBA-Leitlinien detaillierter geregelt. Dies sind die **SREP-Guidelines, Stresstesting-Guidelines und ICAAP/ILAAP-Information Guide-lines** sowie Leitlinien für einzelne Risikoarten, worunter insbesondere die **ICT-Risk-Guidelines** und IRRBB-Guidelines besonders zu nennen sind. Weitere Leitlinien mit SREP-Bezug betreffen beispielsweise die Internal Governance sowie das **Outsourcing**. Während wir bisher bereits die Risikotragfähigkeitsberechnung der Institute und die Maßnahmen der Aufsicht kurz angesprochen haben, fehlt noch das Thema Stresstesting, das wir im Unterabschnitt 3.2.3 nun intensiver behandeln. Zuvor erläutern wir noch kurz die ICAAP/ILAAP-Guides der EZB als zentrale Neuerung zum SREP im Jahr 2018 in Unterschnitt 3.2.2.

Eine weitere Grundlage für den SREP-Prozess ist die **Einstufung der Institute in vier Kategorien,** die nach dem Proportionalitätsprinzips ein unterschiedliches Niveau an Überprüfungshandlungen nach sich ziehen. Auch für das operationelle Risiko ist die Interaktion zwischen Aufsicht und Institut nach den folgenden Kategorien abgestuft:

- **Kategorie 1:** Für diese global oder anderweitig systemrelevanten Institute soll die SREP-Einstufung mindestens jährlich erfolgen. Darüber hinaus erfolgt ein intensiver kontinuierlicher Dialog zwischen Aufsicht und Institut.
- **Kategorie 2:** Für diese großen und mittleren Institute, die vor allem im Inland mit größeren Marktanteilen tätig sind bzw. über ein beträchtliches Auslandsgeschäft verfügen, ist eine vollständige SREP-Einstufung nur alle zwei Jahre notwendig.
- **Kategorie 3:** Für diese kleineren und mittleren Institute ist eine vollständige SREP-Einstufung nur alle drei Jahre notwendig. Im Unterschied zu den noch kleineren Instituten der Kategorie 4 soll allerdings ein regelmäßigerer Austausch mit dem Institut zu Risikothemen erfolgen.
- **Kategorie 4:** Für diese kleineren Institute ist eine SREP-Einstufung nur alle drei Jahre notwendig. Zumindest vierteljährlich soll die Aufsicht die Schlüsselkennzahlen aller Institute unabhängig von ihrer Einstufung analysieren und ebenfalls jährlich für alle Institute eine Zusammenfassung der SREP-Einschätzung aktualisieren.

3.2.2   Der EZB ICAAP Guide

Nach Art. 16 der **SSM-Verordnung** ist die EZB befugt, zusätzliche Eigenmittel und besondere Liquiditätsanforderungen sowie die Stärkung des bankinternen Risikomanagements und weitere Maßnahmen eines Instituts bis hin zur Veräußerung von Geschäftszweigen verlangen.[92] Die EZB-Bankenaufsicht hat ihre Aufsichtspraxis im SSM in einer Vielzahl von Veröffentlichungen beschrieben, sodass sich die betroffenen Institute nun ein gutes Bild von den Anforderungen, den Bewertungsmaßstäben und dem Vorgehen

---

92   Vgl. hierzu Lackhoff (2017).

der Aufsicht machen können. Zunächst sind dabei das **Supervisory Manual** sowie die jährlich neu festgelegten Prioritäten der SSM-Aufsicht zu nennen.[93] Darüber hinaus beschreibt die EZB einerseits ihre SREP-Methodik und Ergebnisse des SREP-Prozesses in einem jährlich erscheinenden Überblicksdokument, dem sogenannten **SREP Methodology Booklet**. Andererseits hat die EZB Anfang Juli 2018 eine Präsentation zur **SSM LSI SREP Methodology** mit genaueren Erläuterungen zur Funktionsweise des SREP für LSI veröffentlicht. Die Studien zu den Ergebnissen der sog. »**Thematic Reviews**« der EZB zu Themen mit SREP-Bezug geben einen guten Überblick über den Handlungsbedarf bei den Instituten.[94]

Im Supervisory Manual sind die unterschiedlichen Phasen des SREP im SSM für bedeutende Institute von der ersten Sichtung der vorhandenen Bankdaten im ersten Quartal bis zur SREP-Decision im vierten Quartal und die Rolle des zuständigen Joint Supervisory Team (JST) bei der institutsspezifischen Analyse und der Methodology & Standards Development Division in der Generaldirektion IV der EZB bei der institutsübergreifenden Vereinheitlichung und Qualitätssicherung der SREP-Bescheide beschrieben.[95] **Im SREP Methodology Booklet sind auch die im Durchschnitt verhängten Eigenkapitalzuschläge sowie die sonstigen ergriffenen Maßnahmen aufgelistet:** Bezüglich der Ergebnisse des SREP 2017 teilte die EZB mit, dass kein Institut in die beste der vier SREP-Kategorien eingestuft wurde. Während alle Institute einen Kapitalzuschlag erhielten, wurden in den 105 SREP-Entscheidungen lediglich vier Instituten quantitative Liquiditätsanforderungen auferlegt. Über die quantitativen Maßnahmen hinaus wurden gegenüber 39 Instituten qualitative Maßnahmen zur Liquidität und gegenüber 84 Instituten sonstige qualitative Maßnahmen verhängt.[96]

Die mit dem Nouy-Schreiben vom 20.02.2017 bis Ende Mai 2017 erstmals zur Konsultation gestellten **EZB-Guides zum ICAAP und ILAAP** beinhalten umfangreiche neue Anforderungen an den Internal Capital Adequacy Assessment Process (ICAAP) und den Internal Liquidity Adequacy Assessment Process (ILAAP).[97] Die Entwürfe der beiden Leitfäden wurden auf Basis der erhaltenen Rückmeldungen und der Erfahrungen der EZB

---

93   Vgl. hierzu das bisher lediglich in englischer Sprache vorliegende Manual in seiner aktuellen Version vom März 2018 (ECB (2018a)) sowie die am 30.10.2018 veröffentlichten aufsichtlichen Prioritäten für das Jahr 2019, EZB (2017d).

94   Zuletzt hat sie hierzu im September 2018 eine Studie zu Geschäftsmodellen und Profitabilität der von ihr überwachten Banken veröffentlicht, bereits im Mai wurden die Ergebnisse des Thematic Review zur BCBS 239 Umsetzung veröffentlicht.

95   Vgl. ECB (2018a), S. 80-87.

96   Vgl. ECB (2017), Folien 3-11.

97   Vgl. Nouy (2017).

im SREP-Prozess überarbeitet und am 02.03.2018 nochmals zur **Konsultation** gestellt.[98] Der Inhalt des im November 2018 in finalen Versionen veröffentlichten ICAAP-Leitfadens wird in nun in Kurzform vorgestellt.[99]

Der **ICAAP-Guide** der EZB-Bankenaufsicht ist in sieben Prinzipien gegliedert. Der erste Grundsatz legt fest, dass das Leitungsorgan bestehend aus einer Überwachungsfunktion und einer Geschäftsführung für die angemessene Ausgestaltung des ICAAPs verantwortlich sind. Dies umfasst insbesondere die Anforderung, dass nach einer kritischen Würdigung alle wesentlichen Komponenten des ICAAPs durch das Leitungsorgan abgenommen werden. Zudem muss das Leitungsorgan die durchgeführte Angemessenheitsprüfung der Kapitalausstattung in einem sogenannten »Capital Adequacy Statement« (CAS) dokumentieren (s. Unterabschnitt 3.1.3).

Der zweite Grundsatz des ICAAP-Guide legt fest, dass der ICAAP einen integralen Bestandteil des gesamten unternehmerischen Handelns darstellen muss. Hierzu sind durch das Kreditinstitut Strategien und Prozesse zu etablieren, um zukunftsgerichtet die Kapitalausstattung und Risikolage fortlaufend bewerten zu können. Das dafür notwendige Rahmenwerk sollte sich aus quantitativen und qualitativen Elementen zusammensetzen (z.B. mittels Indikatoren zur Bewertung der Kapitalangemessenheit). Zudem ist der ICAAP konsistent mit der **Geschäftsstrategie** und dem damit verbundenen **Risikoappetit** auszugestalten.

Die EZB-Bankenaufsicht führt mit dem dritten Grundsatz die neuen normativen und ökonomischen ICAAP-Perspektiven ein. Die **normative Perspektive** stellt gemäß ICAAP-Guide eine mehrjährige Bewertung der Fähigkeit des Kreditinstituts dar, die kapitalbezogenen Mindestanforderungen der Bankenaufsicht auch unter erschwerten, adversen Rahmenbedingungen zu erfüllen. Die enge Verzahnung zwischen beiden Perspektiven wird hierbei besonders transparent, da selbst die im ökonomischen Modellansatz gemessenen Risiken (z.B. Barwertverluste von Wertpapieren) in einer geeigneten Form auf die normative, periodenbezogene Perspektive zu übertragen sind. In der **ökonomischen Perspektive** müssen die Institute die erwarteten und unerwarteten Risiken mit internem Kapital abdecken. Abb. 3.5 fasst die Charakteristika der beiden neuen ICAAP-Perspektiven zusammen.

---

98   Die Bedeutung dieser Dokumente zeigt sind daran, dass allein im Zuge der ersten Überarbeitungsrunde über 400 Rückmeldungen an die EZB eingegangen sind.
99   Für eine Gesamtdarstellung der neuen ICAAP/ILAAP-Guides der EZB verweisen wir auf Buchmüller/Igl (2019).

ICAAP
Ziel: Mittelfristige
kontinuierliche Sicherung einer angemessenen
Kapitalausstattung aus zwei komplementären internen Perspektiven

Normative interne Perspektive

- Laufende Erfüllung sämtlicher regulatorischer Anforderungen und Berücksichtigung externer Zwänge
- Mittelfristige Projektionen über mindestens drei Jahre:
  - Kontinuierliche Erfüllung von OCR plus P2G im Basisszenario und TSCR in adversen Szenarien wird sichergestellt
  - Alle wesentlichen Risiken werden berücksichtigt (nicht nur Säule-1-Risiken)
  - Bevorstehende Änderungen des Rechts-, Regulierungs- oder Rechnungslegungsrahmens werden berücksichtigt
- Angemessene und konsistente interne Methoden zur Quantifizierung der Auswirkungen auf die Säule-1-Quoten
- Festlegung zusätzlicher Management puffer durch das Institut

Gegenseitiger Input

Ökonomische interne Perspektive

- Risiken, die wirtschaftliche Verluste verursachen können, werden durch internes Kapital unterlegt
- Das Konzept der Angemessenheit der Kapitalausstattung orientiert sich am wirtschaftlichen Wert (z.B. Nettobarwertansatz)
- Interne Kapitaldefinition
- Zeitpunktbezogene Risikoquantifizierung für die aktuelle Lage fließt in mittelfristige Beurteilung ein, die künftige Entwicklungen abdeckt
- Adäquate und konsistente interne Risikoquanitifizierungsmethoden
- Interne Indikatoren, Schwellenwerte und Managementpuffer

- Solide Governance
- Einbeziehung in Entscheidungsfindung, Strategien und Risikomanagement

- Solide Datenqualität, Datenaggregation und IT-Architektur
- Regelmäßige interne Überprüfung inklusive unabhängiger Validierung

Abb. 3.5: Normative und ökonomische ICAAP-Perspektive im Überblick (Quelle: EZB 2019, S. 24)

Der Grundsatz 4 befasst sich mit den Kapitalrisiken eines Kreditinstituts, wobei alle wesentlichen Risiken zu identifizieren und anschließend im ICAAP zu berücksichtigen sind. Dieser nach MaRisk als **Risikoinventur** bekannte Bewertungsprozess muss das gesamte Institut bzw. die Institutsgruppe abdecken und regelmäßig durchgeführt werden. Die dabei als wesentlich klassifizierten Risikoarten sind in allen Elementen des ICAAPs (d. h. normative und ökonomische Perspektive sowie Stresstests) zu berücksichtigen. Als Ergebnis dieses Prozesses ergibt sich ein Risikoinventar, in dem die einzelnen Risiko(sub)arten eindeutig definiert und aggregiert werden. Grundsätzlich ist für alle wesentlichen Risikoarten entsprechendes Kapital im ICAAP zu allokieren.

In Grundsatz 5 formuliert die EZB-Bankenaufsicht die **Anforderungen an das interne Kapital**. Diese Kapitalform kommt in der ökonomischen Perspektive zur Abdeckung der dort gemessenen Risiken zum Einsatz. Das interne Kapital muss eindeutig definiert und von hoher Qualität sein. Grundsatz 6 enthält die Anforderungen an die Risikomessverfahren im ICAAP inklusive der Forderung nach einer **unabhängigen Validierung** der

Verfahren. Neben den reinen Messverfahren müssen die Institute auch Verfahren entwickeln, um die möglichen Auswirkungen von adversen Szenarien auf die mehrjährigen Prognosen von Eigenmitteln und risikogewichteten Aktiva in der normativen Perspektive abzuschätzen. Eine konsistente Verzahnung mit den Annahmen und Modellansätzen des Stresstesting ist hier zwingend notwendig. Unter dem Abschnitt »Level of conservatism« eröffnet die EZB-Bankenaufsicht eine zukunftsweisende Diskussion über die Abbildung des institutsspezifischen Risikoappetits in der ökonomischen Perspektive. Eine rein mechanische Orientierung an den Ratinganforderungen (vergleichbar mit den in Deutschland bis dato bekannten Liquidationsansätzen) hält die Aufsichtsbehörde nicht mehr für zielführend. Vielmehr merkt die EZB-Bankenaufsicht richtigerweise an, dass der Grad an Konservativität nicht nur vom Konfidenzniveau, sondern auch den betrachteten Risikofaktoren, der Halteperiode, der unterstellten Verteilung, den Korrelationsannahmen sowie weiteren Parametern und Annahmen abhängt. Die Kombination aus diesen Stellschrauben soll zukünftig den notwendigen Grad an Konservativität determinieren.

Im abschließenden siebten Grundsatz formuliert die EZB-Bankenaufsicht ihre Anforderungen an ein internes, regelmäßig durchzuführendes **Stresstesting**, um die Angemessenheit der Kapitalausstattung der Institute auch unter adversen Rahmenbedingungen sicherzustellen. Explizit sind die Institute angehalten, ein Stresstestprogramm sowohl für die normative als auch die ökonomische Perspektive zu etablieren. Hierbei sind neue Bedrohungen, Schwachstellen und Veränderungen der Wettbewerbsbedingungen zu berücksichtigen. Mindestens einmal pro Quartal sind die Szenarien auf ihre Angemessenheit hin zu prüfen. Eine Abschätzung der Auswirkungen ist mindestens einmal pro Quartal oder in kürzeren Abständen vorzunehmen. Neben einer stärkeren Verzahnung der Szenarien mit den Belastungsanalysen im Sanierungsplan fordern die EZB-Bankenaufseher auch weiterhin die Durchführung eines inversen Stresstests, mittels dessen Analysen das Institut ergänzende Auskünfte über mögliche bestandsgefährdende Szenarien erhält. Im Folgenden wird nun für das zentrale SREP-Element des Stresstestings erläutert, wie die Aufsicht und die Institute im Bereich operationelles Risiko vorgehen.

3.2.3   Stresstesting für operationelles Risiko

Zeitgleich mit den SREP-Leitlinien wurden am 19.07.2018 überarbeitete Fassungen der EBA-Leitlinien zum Zinsänderungsrisiko im Anlagebuch (interest rate risk in the banking book, IRRBB) sowie zum Stresstesting veröffentlicht. Das Stresstesting regelt die EBA nun einerseits in den Guidelines on Common Procedures and Methodologies for SREP and Supervisory Stress Testing und andererseits in den – im Final Report vom 19.07.2018

130 Seiten starken – »Guidelines on Institutions' Stress Testing«. Über die aktuellen MaRisk-Vorgaben hinaus legen die neuen SREP-Guidelines und Stresstesting-Guidelines der EBA ein besonderes Augenmerk auf die bankinterne »Stresstesting-Governance«, die Dateninfrastruktur sowie auf den Gebrauch von Stresstests im ICAAP und ILAAP als Basis für Entscheidungen der Geschäftsleitung.[100]

Gemäß SREP-Guidelines fließen auch **bankinterne Stresstests** bzw. adverse Szenarien in die Geschäftsmodellanalyse als ersten Teil des SREP-Assessments indirekt ein. Die **Ergebnisse der regelmäßigen aufsichtlichen Stresstests**, d.h. der EBA-/EZB-Stresstests für die bedeutenden Institute und Stresstests der nationalen Aufsichtsbehörden für weniger bedeutende Institute, verwendet die Aufsicht vor allem als Bemessungsgrundlage der P2G im SREP. Die aufsichtlichen Stresstests sollten von den Instituten allerdings auch bei ihren bankinternen Stresstests nach MaRisk und bei der Szenarioentwicklung für die Sanierungsplanung herangezogen werden. Auch für die Institute, die nicht am **EBA-/EZB-Stresstest 2018** teilgenommen haben, sind die Vorgaben der Aufsicht zu den Stressszenarien und zur Risikomodellierung wichtige Informationen zur Verbesserung des internen Risikomanagements. Während die Stresstesting Governance sowie Arten der bankinternen Stresstests in den neuen Stresstesting Guidelines erläutert sind, bieten die aufsichtlichen Stresstests technische Detailvorgaben, die auch für die internen Stresstests und adversen Planungsszenarien übernommen werden können.[101]

Bei der Konzeption des jüngsten aufsichtlichen Stresstests hat die EBA dem Thema operationelles Risiko neben dem Kredit und Marktrisiko durchaus Beachtung geschenkt. Die Institute mussten dabei ihre OpRisk-Verluste der letzten fünf Jahre an die Aufsicht melden. Auf Basis der Baseler Verlustereigniskategorien wurde dann das Conduct Risk, das im besonderen Fokus der Aufsicht, lag mittels Analysen einzelner Verlusttypen genauer bewertet.[102] Die Ergebnisse des EBA-Stresstest 2018 zeigen entsprechend der Methodik auch klar die besondere Bedeutung des Conduct Risk für die prognostizierten potenziellen OpRisk-Schaden. Abb. 3.6 zeigt den hohen Anteil des Conduct Risk im Vergleich zu den übrigen OpRisk-Unterarten in den aggregierten Ergebnissen für die 48 Großbanken aus der gesamten Europäischen Union, die dem Stresstest unterworfen wurden.

---

100 Vgl. hierzu Lindenau/Rahn (2019).
101 Vgl. hierzu z. B. Warnecke (2018) sowie insbesondere auch das BaFin-IRRBB Rundschreiben vom 12.06.2018.
102 Hierbei handelte es sich um die Verlustereigniskategorien »Kunden, Produkte und Geschäftspraktiken« sowie »Interner Betrug«.

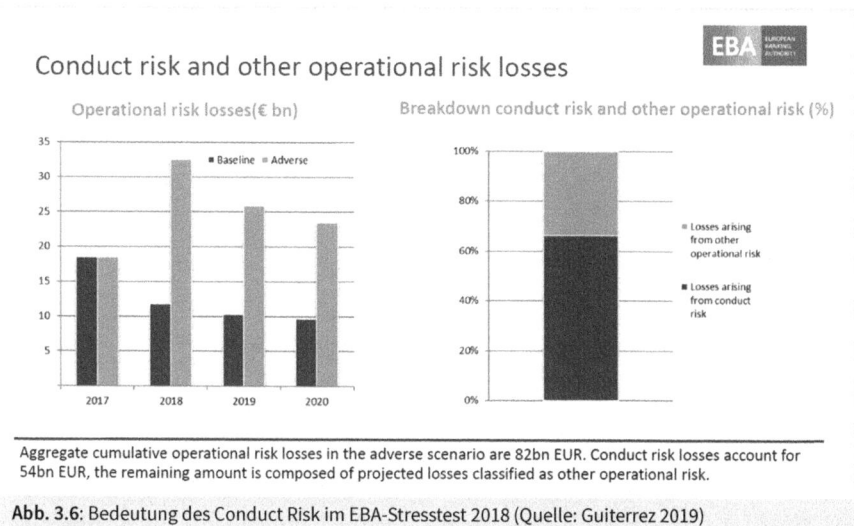

Abb. 3.6: Bedeutung des Conduct Risk im EBA-Stresstest 2018 (Quelle: Guiterrez 2019)

Aus Platzgründen können wir im Rahmen dieser Gesamtdarstellung leider nicht auf die institutsinternen Umsetzungsmöglichkeiten zu einem integrierten OpRisk-Stresstesting eingehen.[103]

3.3   Die MaRisk-Vorgaben zum OpRisk

3.3.1   Entstehung und Fortentwicklung von BTR 4 MaRisk

Anforderungen an das Management der operationellen Risiken wurden bereits mit der Erstfassung der Mindestanforderungen an das Risikomanagement (MaRisk) am 20.12.2005 in das deutsche Bankaufsichtsrecht integriert. Die Anforderungen sind dabei vor allem im **Modul BTR 4 operationelles Risiko** enthalten.

Nachfolgend wird die Entstehung dieses Moduls kurz beschrieben. Die Änderungen der im Zuge der jüngsten MaRisk-Novelle vom 27.10.2017 sind detailliert im folgenden Unterabschnitt 3.3.2 dargestellt. Wesentliche internationale Grundlage des aufsichtlichen Überprüfungsverfahrens für operationelle Risiken sind die »Principles for the Sound Management of Operational Risk«, die eine Ergänzung zu den quantitativen und qualitativen Anforderungen der Baseler Rahmenvereinbarung darstellen. Die Ursprungsversion dieses Dokumentes, die »**Baseler Sound Practices**« aus dem Jahr 2003 wurde maß-

---

103 Hierbei verweisen wir auf Buchmüller/Koschate (2018).

geblich bei der Entwicklung der Inhalte des OpRisk-Moduls der MaRisk herangezogen. Viele der Baseler OpRisk Principles gehen dabei mittlerweile weit über das operationelle Risiko hinaus und betreffen die risikoartenübergreifende Aufbau- und Ablauforganisation der Institute, insbesondere auch das sogenannte »3 lines of defence« Konzept. Auch weisen die Principles for the Sound Management of Operational Risk an prominenter Stelle im ersten von insgesamt elf Grundsätzen dem »Board of Directors« generell die Verantwortung für die Etablierung einer starken **Risikokultur** innerhalb der Bank zu.

Ein wesentlicher Fokus dieser Baseler Vorgaben ist die **Sensibilität der Führungsebenen** für das Thema operationelles Risiko: So betreffen allein zwei der elf Grundsätze direkt die Rolle des Aufsichts- bzw. Verwaltungsrates und ein Grundsatz das »Senior Management«.

Neben generellen Vorgaben zu Verantwortlichkeiten für den ordnungsgemäßen Prozess zur Risikoidentifikation, -beurteilung, -überwachung und -berichterstattung regeln die Baseler OpRisk-Principles auch **wesentliche Inhalte der Risikosteuerungsprozesse**: Bei der internen Berichterstattung wird beispielsweise gefordert, dass auch die Auswirkung externer Ereignisse auf die Bank und den OpRisk-Kapitalbedarf im Berichtswesen enthalten sein müssen. Hierunter könnten auch größere Schadensfälle anderer Institute fallen, bei denen Institute im Sinne einer »best practice« prüfen sollten, ob Ereignisse, wie der Kerviel-Fall oder finanzielle Schäden durch Anlagebetrügereien außerhalb der Bank wie z. B. bei Madoff, auch bei ihnen möglich wären.

Ein weiterer Kern der Baseler Principles ist die Festlegung des OpRisk-Instrumentariums und der Verantwortlichkeiten in einem »**OpRisk-Rahmenwerk**«. Dieses sowie der festgelegte OpRisk-Risikoappetit müssen vom Aufsichtsrat bzw. Verwaltungsrat regelmäßig überprüft werden. Als neue Einzelvorgabe wird seit 2011 generell eine Berücksichtigung der Kosten des operationellen Risikos im Pricing gefordert. Daneben stellte der Baseler Ausschuss 2011 klar, dass zumindest größere und komplexere Institute über eigene **OpRisk-Komitees** verfügen sollten. In einem eigenen Grundsatz fordert der Baseler Ausschuss zudem, dass die Banken ihr **OpRisk-Rahmenwerk hinreichend detailliert veröffentlichen**, sodass Investoren und Kontrahenten fundiert bewerten können, ob das operationelle Risiko angemessen gesteuert wird.

Die genannten Detailvorgaben der Baseler Sound Principles finden sich nur ansatzweise in den MaRisk oder in diversen EBA-Leitlinien wie die EBA-Leitlinien zur internen Governance wieder.[104] Über die sogenannte Proportionalität nach oben gemäß

---

104 Vgl. z. B. Pfau (2018) für einen umfassenden Überblick über diese Leitlinien, aus denen Teilbereiche durchaus für Säule-II-Prüfungen deutscher Institute insbesondere durch die JSTs der EZB-Aufsicht herangezogen werden können.

AT 1 MaRisk[105] sollten gerade systemrelevante oder auch weitere große international tätige Institute auch die Baseler Sound Principles für Anregungen zu Ihrer OpRisk-Steuerung heranziehen.

Die Anforderungen an das OpRisk-Management nach Säule I und Säule II von Basel II wurden nicht nur über das OpRisk-Modul BTR 4 in die MaRisk integriert.[106] Neben diesen besonderen Anforderungen sollen auch die meisten anderen Anforderungen der MaRisk letztlich operationelle Risiken, z. B. menschliches Versagen oder Fehlverhalten bis hin zum Betrug, durch detaillierte Regelungen zur Funktionstrennung begrenzen.

Nach der Erstveröffentlichung der MaRisk kam es zur Ausweitung ihres Geltungsbereiches. Da dies vor allem die OpRisk-Anforderungen betrifft, wird hierauf im Folgenden kurz eingegangen: Im Gegensatz zu anderen Risikoarten, wie dem Kredit- und Marktrisiko, gibt es im OpRisk keine natürliche Begrenzung des Anwendungsbereiches auf Geschäftstätigkeiten, die üblicherweise nur von Finanzunternehmen in wesentlichem Umfang ausgeübt werden. Hingegen kann operationelles Risiko grundsätzlich in allen Unternehmen in existenzbedrohlicher Art und Weise auftreten. Bereits mit ihrer Entstehung mussten die MaRisk auf Gruppenebene erfüllt werden, allerdings war deren **Anwendungskreis** dabei beschränkt. Im Wesentlichen wurden daher in der OpRisk-Praxis Unternehmen im aufsichtsrechtlichen Konsolidierungskreis nach § 10a KWG in das OpRisk-Management von Institutsgruppen oder Finanzkonglomeraten einbezogen. Damit waren Nichtfinanzunternehmen und Minderheitsbeteiligungen von Instituten nicht in die OpRisk-Steuerung einzubeziehen.

Seit der **Überarbeitung vom 14.08.2009 enthalten die MaRisk diese Beschränkung jedoch nicht mehr.** Die Verschlankung des AT 2.1 und Einführung des AT 4.5 erweiterte den Anwendungsbereich in Bezug auf **gruppenangehörige Unternehmen**, d. h. insbesondere auch Industrieunternehmen und Zweckgesellschaften. Gemäß AT 4.5 Tz. 1 gilt nun: »*Nach § 25a Abs. 3 KWG sind die Geschäftsleiter des übergeordneten Unternehmens einer Institutsgruppe oder Finanzholding-Gruppe sowie die Geschäftsleiter des übergeordneten Finanzkonglomerats für die Einrichtung eines angemessenen und wirksamen Risikomanagements auf Gruppenebene verantwortlich. Die Reichweite des Risikomanagements auf Gruppenebene erstreckt sich auf alle wesentlichen Risiken der Gruppe unabhängig davon, ob diese von konsolidierungspflichtigen Unternehmen begründet werden oder nicht (z. B.*

---

105 Vgl. hierzu Hannemann/Steinbrecher/Weigl (2019), S. 117-134.

106 Ein Vergleich des Moduls BTR 4 Operationelle Risiken mit den in Artikel 320 CRR enthaltenen qualitativen Anforderungen an den OpRisk-Standardansatz macht die großen Ähnlichkeiten zwischen den beiden Regelungsbereichen deutlich (vgl. Tab. 1.4). Somit kann durchaus argumentiert werden, dass die MaRisk sich in Bezug auf das OpRisk v. a. an den Baseler Säule-I-Vorgaben orientiert haben.

*Risiken aus nicht konsolidierungspflichtigen Zweckgesellschaften). Die eingesetzten Ver-
fahren (beispielsweise IT-Systeme) dürfen der Wirksamkeit des Risikomanagements auf
Gruppenebene nicht entgegenstehen.«*

Zu AT 4.5 Tz. 1 MaRisk gilt folgende Erläuterung:

Ausgestaltung des Risikomanagements auf Gruppenebene

*Die konkrete Ausgestaltung des Risikomanagements auf Gruppenebene hängt insbe-
sondere von Art, Umfang, Komplexität und Risikogehalt der von der Gruppe betriebenen
Geschäftsaktivitäten sowie den gesellschaftsrechtlichen Möglichkeiten ab.*

Bezugnahme auf wesentliche Risiken

*Das Risikomanagement auf Gruppenebene erstreckt sich auf alle wesentlichen Risiken.
Daher können z. B. nachgeordnete Unternehmen, deren Risiken aus Sicht des übergeordneten Unternehmens als nicht wesentlich eingestuft werden, von den Anforderungen an
das Risikomanagement auf Gruppenebene ausgenommen werden. Das gilt nicht, wenn
die Risiken bei zusammengefasster Betrachtung aller nachgeordneten Unternehmen mit
jeweils unwesentlichem Risiko insgesamt als wesentlich einzustufen sind.*

Die BaFin hat mit der **MaRisk Novelle 2009** klar gemacht, dass sich das Risikomanagement der Institute auf alle »wesentlichen Risiken« der Gruppe erstrecken muss, unabhängig davon, ob sie von (bankenaufsichtlich oder bilanziell) konsolidierungspflichtigen
Unternehmen verursacht werden. Eine Begrenzung der Steuerungspflicht erfolgt nur
durch den Verweis auf die »gesellschaftsrechtlichen Möglichkeiten«, womit die BaFin
vor allem der Einschränkung des gesellschaftlichen Durchgriffsrechtes durch § 76 AktG
Rechnung trägt. Ansonsten können nur solche Unternehmen von der Gruppensteue-
rung ausgenommen werden, deren OpRisk – in einem dokumentierten Prozess anhand
nachvollziehbarer Kriterien – insgesamt als unwesentlich für die Institutsgruppe eingestuft wird.

Die **Ausweitung der Risikosteuerungsanforderungen auf Nicht-Finanzdienstleis-
tungsunternehmen im weiteren Sinne** stellt insbesondere für die Risikoart OpRisk ein
Problem dar, da dieses Risiko in jedem Unternehmen in wesentlicher Höhe denkbar ist.
Mit gesundem Menschenverstand muss allerdings hier eine Grenze der Risikosteuerung
auf Gruppenebene gezogen werden: Es ist nicht sinnvoll, dass Banken als Anteilseigner
maßgeblich die Details der Risikosteuerung von Industrieunternehmen wie Daimler oder
E.ON steuern, da diese Gesellschaften ihre spezifischen Geschäftsrisiken und operationellen Risiken besser kennen als die Banken und die Schnittstellen zu den banküblichen

Risiken gering sein dürften. Insofern sollten solche »klassischen Industriebeteiligungen« aus Sicht der Autoren allein als **Beteiligungsrisiko** der Banken gesteuert werden. Dabei kann sich das Verlustpotenzial im Wesentlichen am Wert der Anteile der Bank am betreffenden Unternehmen orientieren. Ein Regress auf die Bank als (Haupt-)Anteilseigner sollte gesellschaftsrechtlich ausgeschlossen sein. Damit könnte sich die Analyse der operationellen Risiken dieser Beteiligungen auf die Betrachtung aller wesentlichen Erfolgsrisiken im Rahmen des Beteiligungscontrollings beschränken.

3.3.2   Neuerungen im Modul BTR 4 mit der MaRisk-Novelle 2017

Das OpRisk-Modul der MaRisk blieb mit der 5. MaRisk-Novelle vom 27.10.2017 größtenteils unverändert. Dennoch haben sich im Modul BTR 4 einige Änderungen ergeben, die Abb. 3.7 im Wortlaut darstellt. Es wurden vor allem **Präzisierungen zur Abgrenzung des operationellen Risikos und Schadensfallerfassung** eingeführt. Der Regelungswortlaut zur Risikoidentifikation und -beurteilung sowie zur Risikoberichterstattung wurde jedoch unverändert gelassen. Im Folgenden werden die einzelnen Änderungen kommentiert. Die grundsätzlichen Vorgaben des OpRisk-Moduls der MaRisk wurden bereits in Unterabschnitt 1.1.6 dargestellt.

1 Das Institut hat den operationellen Risiken durch angemessene Maßnahmen Rechnung zu tragen. Für diese Zwecke ist eine institutsintern einheitliche Festlegung und Abgrenzung der operationellen Risiken vorzunehmen und an die Mitarbeiter zu kommunizieren.	**Definition von operationellen Risiken** Die Festlegung sollte auch eine möglichst klare Abgrenzung zu anderen vom Institut betrachteten Risiken enthalten. Umgang mit nicht eindeutig zuordenbaren Schadensfällen oder Beinaheverlusten Die Prozesse zum Management operationeller Risiken sollten auch den Umgang mit nicht eindeutig zuordenbaren Schadensfällen (»boundary events«), Beinaheverlusten und zusammenhängenden Ereignissen umfassen. Als sog. »boundary events« können Verluste eingestuft werden, die zwar ein em anderen Risiko zugerechnet werden oder bereits wurden (z.B. Kreditverluste), die aber ihren Ursprung in Ereignissen wie z.B. mangelhaften Prozessen und Kontrollen haben oder hatten. Als »Beinaheverluste« können durch Fehler oder Mängel ausgelöste Ereignisse bezeichnet werden, die zu keinem Verlust geführt haben (z.B. fehlerhafte Zahlungen an falschen Kontrahenten: Rückzahlung durch den Kontrahenten).
2 Es muss gewährleistet sein, dass wesentliche operationelle Risiken zumindest jährlich identifiziert und beurteilt werden. 3 Das Institut hat eine angemessene Erfassung von Schadensfällen sicherzustellen. Bedeutende Schadensfälle sind unverzüglich hinsichtlich ihrer Ursachen zu analysieren.	**Erfassung von Schadensfällen** Größere Institute haben sollten hierfür eine Ereignisdatenbank für Schadensfälle einzurichten, bei welcher die vollständige Erfassung aller Schadensereignisse oberhalb angemessener Schwellenwerte sichergestellt ist.
4 Die Geschäftsleitung ist mindestens jährlich über bedeutende Schadensfälle und wesentliche operationelle Risiken zu unterrichten. Die Berichterstattung hat die Art des Schadens beziehungsweise Risikos, die Ursachen, das Ausmaß des Schadens beziehungsweise Risikos und gegebenenfalls bereits getroffene Gegenmaßnahmen zu umfassen.	
5 4 Auf Basis der BRisikoberichterstattung gemäß BT 3.2 Tz. 6 ist zu entscheiden, ob und welche Maßnahmen zur Beseitigung der Ursachen zu treffen oder welche Risikosteuerungsmaßnahmen (z.B. Versicherungen, Ersatzverfahren, Neuausrichtung von Geschäftsaktivitäten, Katastrophenschutzmaßnahmen) zu ergreifen sind. Die Umsetzung der zu treffenden Maßnahmen ist zu überwachen.	

Abb. 3.7: Änderungen im OpRisk-Modul der MaRisk vom 27.10.2017 (Quelle: BaFin (2017a))

Konkret ist gemäß BTR 4 Tz. 1 nun institutsintern von allen unter die MaRisk fallenden Instituten eine klare Festlegung der operationellen Risiken und Abgrenzung zu anderen Risikoarten vorzunehmen. Diese ist den Mitarbeitern zu kommunizieren. Die Erläuterungen der Aufsicht zu dieser Textziffer präzisieren, dass unter die erforderlichen OpRisk-Abgrenzungen auch der Umgang mit sogenannten »**Boundary Events**« fällt. Dies sind Verluste, die ihren Ursprung zwar in operationellen Risiken haben, bankintern aber anderen Risikoarten zugerechnet werden. Paradebeispiel hierfür sind betrügerisch oder fahrlässig falsche Angaben eines Kreditnehmers im Rahmen der Kreditantragsstellung. Sofern der Kreditnehmer ausfällt, wird dieser als Kreditausfall gewertet, obwohl die Ursachen eher als operationelles Risiko einzustufen sind. Hier bietet sich die Übernahme der OpRisk-Definition gemäß CRR und der dazugehörigen aufsichtlichen Erläuterungen in das bankinterne Risikohandbuch bzw. für große Institute in das eigenständige OpRisk-Handbuch an.

Die Erläuterungen von BTR 4, Tz. 1 MaRisk fordern auch, dass die Prozesse zum Management operationeller Risiken Verfahren zum Umgang mit **Beinaheverlusten** und zusammenhängenden Ereignissen umfassen müssen. Während Definitionen von »Beinaheverlusten« ebenso wie von »Boundary Events« im Erläuterungsteil der MaRisk im Rahmen des Konsultationsverfahrens aufgenommen wurden, ist leider keine Definition von »**zusammenhängenden Ereignissen**« in den MaRisk enthalten. Hierzu bietet sich der Verweis auf die Vorgaben der Aufsicht im Zusammenhang mit den fortgeschrittenen OpRisk-Messansätzen an. Zum Umgang mit Beinaheverlusten ist es sinnvoll, im bankinternen Risikosteuerungsregelwerk zu fixieren, dass diese ab einer gewissen Mindestschwelle ebenso wie Schadensfälle zu erfassen und zu analysieren sind. Das gleiche sollte für »zusammenhängende Ereignisse« gelten, die zwar nicht einzeln aber als Sammelschaden, gewissen Schwellen bei der Erfassung und Analyse unterliegen sollten.

Die Änderungen in BTR 4 Tz. 3 MaRisk stärken die Bedeutung der Schadensfallerfassung. Im Hauptteil wurde der folgende Satz ergänzt:»Das Institut hat eine angemessene Erfassung von Schadensfällen sicherzustellen.« Dies erfolgt im Regelfall durch klare Zuweisung der diesbezüglichen Verantwortlichkeiten im Rahmen der schriftlich fixierten Ordnung des Instituts. Solche Regelungen müssen alle Institute niederlegen und deren Befolgung sicherstellen. Ergänzt wurde im Erläuterungsteil der MaRisk folgender Satz: »Größere Institute sollen hierfür eine Ereignisdatenbank für Schadensfälle einrichten.« In der Praxis dürfte davon auszugehen sein, dass Institute, die bisher den OpRisk-Standardansatz oder einen fortgeschrittenen Messansatz in Säule I verwenden, diese Anforderungen bereits vollständig erfüllen. Interessant ist, dass die MaRisk keine klare Definition von »größeren Instituten« geben. Ebenso ist nicht klar, was genau der Unterschied zwischen einer simplen zentralen Auflistung der OpRisk-Schadensfälle und der geforderten »**Ereignisdatenbank für Schadensfälle**« ist. Grundsätzlich sollten sich größere Institute hier an den bisherigen Anforderungen zur internen Verlustfallerfassung im AMA orientieren.

Zu den Änderungen in BTR 4 Tz. 4 und 5 ist zunächst zu erwähnen, dass die **Berichtsvorgaben** der MaRisk generell im neuem Modul BT 3 gebündelt wurden. Daher ist BTR 4 Tz. 4 nicht weggefallen, sondern wurde lediglich innerhalb der MaRisk verlagert: Während im ersten Konsultationsentwurf vom 18.02.2016 noch der Berichtsturnus zu den bedeutenden Schadensfällen und wesentlichen operationelle Risiken von jährlich auf vierteljährlich reduziert wurde, ist nun der ursprüngliche Wortlaut des BTR 4 Tz. 4 unverändert in BT 3 Tz. 6 MaRisk verschoben worden. Entsprechend wurde in der neuen Tz. 4 BTR 4, die sich auf die OpRisk-Berichterstattung bezieht, ein Verweis auf BT 3.2 eingefügt.

Die MaRisk geben letztlich im Sinne einer **prinzipienorientierten Regulierung** nur die Grundbestandteile des Risikomanagementprozesses vor und überlassen deren Ausgestaltung den Instituten. Die BaFin hat die Regelungen des BTR 4 schlank gehalten, um kleine Institute nicht zu überfordern. Viele Anforderungen der Baseler OpRisk Principles sind allerdings bereits im allgemeinen Teil der MaRisk enthalten, da sie für alle Risikoarten gelten, wie z. B. die Notwendigkeit eines »OpRisk-Rahmenwerkes«, die in AT 5 (Organisationsrichtlinien) und AT 6 (Dokumentation) der MaRisk geregelt ist (s. a. Unterabschnitt 3.3.3). Einige weitgehende Forderungen der Principles, z. B. zur Risikobegrenzung, sind in BTR 4 nur abgeschwächt enthalten. Während die Principles for the Sound Management of Operational Risk detailliert auf 27 Seiten Guidance zum OpRisk-Management und aufsichtlichen Handlungen geben, hat die deutsche Aufsicht das Modul BTR 4 der MaRisk weiterhin nur sparsam mit Erläuterungen versehen.

Ohne **Erläuterungen**, die Auskunft über die aufsichtlichen Erwartungen oder Umsetzungsmöglichkeiten geben, sind aufsichtliche Anforderungen wie in BTR 4 Tz. 1: »Das Kreditinstitut hat den operationellen Risiken durch angemessene Maßnahmen Rechnung zu tragen.« allerdings aussagelos. Zwar kann eine solche Anforderung das Problembewusstsein der Institute schärfen, sie ist aber ohne aufsichtliche Erläuterungen eher kontraproduktiv. Institute, die zu wenig in ihr OpRisk-Management investieren, können nur mit spezifischen Vorgaben dazu gezwungen werden, dieser Risikoart mehr Ressourcen zuzuweisen. Druck zur Erfüllung eines Mindeststandards könnten die Aufsicht, Wirtschaftsprüfer oder Prüfungsverbände mit ihrer Prüfungspraxis aufbauen.

Eine völlige **Auslegungsfreiheit** der Prüfer ist angesichts der hinsichtlich ihrer Schärfe teilweise bisher völlig offengelassenen Anforderungen allerdings rechtlich problematisch. Ein größeres Maß an Erläuterungen würde die Transparenz der aufsichtlichen Anforderungen erhöhen und somit die regulatorische Belastung der Institute möglicherweise senken. Eine Klarstellung der Schärfe der Anforderungen und Alternativen, um diese zu erfüllen, würde die institutsinterne Umsetzung der Maßnahmen erleichtern und auch zur Vereinheitlichung der Prüfungspraxis beitragen. Die Flut von immer neuen Regelwerken und vor allem unzählige Antworten zu Auslegungsfragen auf EU-Ebene überfordern allerdings gerade die kleinen Institute zunehmend. Daher ist der mit dem Säule-I-Plus-Konzept gewählte Ansatz auf EU-Ebene sinnvoll, mit einem sog. »Challenge-Prozess« die Umsetzung der Institute kritisch zu hinterfragen, aber nicht im Voraus bis in das letzte Detail zu regeln.

3.3.3 OpRisk-relevante Regelungen der MaRisk außerhalb des BTR 4

Neben den in BTR 4 formulierten Anforderungen sind auch die im Kontext des operationellen Risikos relevanten Vorschriften aus den anderen Teilen der MaRisk zu betrachten. Dies betrifft AT 2.2 (Risiken), AT 3 (Gesamtverantwortung der Geschäftsleitung), AT 4.4 (Besondere Funktionen), AT 5 (Organisationsrichtlinien), AT 6 (Dokumentationsvorgaben), AT 7.1 (quantitative und qualitative Personalausstattung), AT 7.2 (technisch-organisatorische Ausstattung) AT 7.3 (Einrichtung eines Notfallkonzeptes), AT 8 (Einrichtung eines Prozesses für neue Produkte/neue Märkte und weitere »Anpassungsprozesse«) sowie AT 9 zu Auslagerungen und allgemein auch die Vorschriften im Modul BTO mit den Anforderungen an die Aufbau- und Ablauforganisation.

Zunächst ist auf die Vorschriften in AT 7 näher einzugehen, da sie direkt auf die Begrenzung operationeller Risiken abzielen. AT 7.1 MaRisk fordert, dass die Institute hinreichend qualifiziertes **Personal** in ausreichender Anzahl besitzen, und adressiert damit direkt eine wesentliche Ursache operationeller Risiken. Die allgemeinen Anforderungen an **die technisch-organisatorische Ausstattung** in AT 7.2 MaRisk betreffen vor allem die Informationstechnologie und somit eine weitere wesentliche Ursache für operationelles Risiko. AT 7.3 MaRisk ergänzt diese Anforderungen durch die Verpflichtung zur Einführung eines Notfallkonzeptes für »zeitkritische Aktivitäten und Prozesse«. Damit sind die in BTR 4, Tz. 4 beispielhaft genannten Steuerungsmaßnahmen wie Ersatzverfahren und Katastrophenschutzmaßnahmen näher ausgeführt.

Die **Verantwortung der Geschäftsleitung** für das OpRisk-Management regelt AT 3 MaRisk i. V. m. AT 2.2. Gemäß AT 3 ist die Geschäftsleitung für »alle wesentlichen Elemente des Risikomanagements« verantwortlich, während AT 2.2 OpRisk zu den bei der Bestimmung des Gesamtrisikoprofils i. d. R. zu berücksichtigenden wesentlichen Risiken zählt. Sofern ein Institut sein operationelles Risiko als nicht wesentlich erachtet, müsste es daher die Nichtberücksichtigung im **Risikoprofil** zumindest begründen. Stellt das operationelle Risiko allerdings ein wesentliches Risiko dar, muss es ein Institut gemäß AT 4.1 mit seinem Risikodeckungspotenzial laufend abdecken und geeignete Risikosteuerungs- und -controllingprozesse zur Gewährleistung der Risikotragfähigkeit einrichten.

AT 8.1 der MaRisk enthält Anforderungen, die bei Aktivitäten in neuen Märkten oder **neuen Produkten** zu berücksichtigen sind, da neue Geschäftsaktivitäten häufig auch mit neuen Risiken verknüpft sind. Im Hinblick auf operationelle Risiken sind hier zum Beispiel individuelle Vertragsvereinbarungen bei komplex strukturierten Produkten oder grenzüberschreitende Aktivitäten aufgrund ihrer Rechtsrisiken als relevant einzustufen. Bereits mit der vierten MaRisk-Novelle wurde der Neue-Produkt-Prozess gemäß AT 8.1 durch die weiteren **Anpassungsprozesse** zur Änderung betrieblicher Prozesse und Strukturen gemäß AT 8.2 ergänzt: Vor »wesentlichen Veränderungen in der Aufbau- und Ablauforganisation sowie in den IT-Systemen« hat das Institut demnach die Auswirkungen der geplanten Veränderungen zu analysieren.

Bei den institutsintern zu definierenden wesentlichen Änderungen gemäß AT 8.2 ist die Auswirkung auf die Kontrollverfahren und die Kontrollintensität zu analysieren. Dabei sind die betroffenen Organisationseinheiten sowie die Risikocontrollingfunktion, die Compliance-Funktion und die interne Revision einzubinden. Für die Analyse bietet sich beispielsweise die Methode eines **OpRisk-Self-Assessments** oder das Vorgehen analog zur Wesentlichkeitsprüfung einer Auslagerung an. Entscheidend ist hierbei die Frage, welche Einheit diese Analyse und Abstimmung mit den nach AT 8.2 einzubindenden Einheiten federführend vornimmt. In Frage kommen vorwiegend die für den Neuen-Produkt-Prozess gemäß AT 8.1 verantwortliche Stelle oder das zentrale OpRisk-Controlling.

Da im Bereich der operationellen Risiken Verknüpfungen mit allen Organisationseinheiten bestehen, machen die MaRisk keine OpRisk-spezifischen Vorgaben zu den aufbauorganisatorischen Anforderungen im BTO. Dennoch dienen die Anforderungen an die Aufbau- und Ablauforganisation (BTO) aufgrund der operationellen Risiken in allen Organisationseinheiten ebenfalls der Vermeidung von OpRisk-Schadensfällen, auch wenn es weitgehend im Ermessen der Institute liegt, entsprechende **aufbauorganisatorische Vorkehrungen** zu treffen. So existieren in vielen größeren Instituten zentrale OpRisk-Stellen, die institutsweit für Steuerung und Controlling des operationellen Risikos verantwortlich sind.

Weitere OpRisk-relevante Regelungen im BTO der MaRisk finden sich in Tz. 8. Hier werden zum Umgang mit **Rechtsrisiken**, die zu den operationellen Risiken gezählt werden, nähere Ausführungen gemacht. Da für die Überprüfung von Rechtsrisiken in erster Linie die Rechtsabteilung verantwortlich ist, sollte diese bei Gefahr von Verlusten, die aus der Verletzung rechtlicher Bestimmung resultieren, von den Fachabteilungen hinzugezogen werden. Weitere Anforderungen zum Rechtsrisiko finden sich indirekt auch in AT 5 zum Thema Organisationsrichtlinien. AT 5 Tz. 3 Buchst. e stellt die Anforderung, dass die Organisationsrichtlinien Regelungen beinhalten müssen, die die Einhaltung rechtlicher Regelungen und Vorgaben (z. B. Datenschutz, Compliance) gewährleisten.

Mit der fünften MaRisk-Novelle wurden die bereits zuvor in AT 7.2 enthaltenen Vorgaben an die bankinternen IT-Systeme um **ganzheitliche Anforderungen an die Steuerung von IT-Risiken** erweitert. Gemäß AT 7.2 Tz. 4 wird nun Folgendes gefordert: »*Für IT-Risiken sind angemessene Überwachungs- und Steuerungsprozesse einzurichten, die insbesondere die Festlegung von IT-Risikokriterien, die Identifikation von IT-Risiken, die Festlegung des Schutzbedarfs, daraus abgeleitete Schutzmaßnahmen für den IT-Betrieb sowie die Festlegung entsprechender Maßnahmen zur Risikobehandlung und -minderung umfassen. Beim Bezug von Software sind die damit verbundenen Risiken angemessen zu bewerten.*«

Diese Anforderungen müssen in Verbindung mit weiteren Neuerungen im Zug der 5. MaRisk Novelle gesehen werden. Einerseits sind hier die **Abgrenzungen von Softwarebezug und Auslagerungen nach AT 9 MaRisk** zu beachten: Unabhängig davon, ob ein Softwarebezug und diesbezügliche Beratungsleistungen letztlich als sonstiger Fremdbezug von Leistungen oder als Auslagerung eingestuft werden, müssen die diesbezüglichen Risiken bewertet werden. Dabei empfiehlt es sich, ein weitgehend ähnliches Self-Assessment Instrumentarium für die Auslagerungssteuerung und die OpRisk-Steuerung anzuwenden. Inwieweit hier für IT-Risiken neue ganzheitliche Methoden zur Risikosteuerung außerhalb der bisherigen OpRisk-Risikoanalyseverfahren entwickelt werden können und müssen, ist aktuell noch offen.

Anforderungen an die IT-Infrastruktur werden einerseits in AT 4.3.4 MaRisk gefordert. Andererseits ist das Thema Datenqualität schon seit längerem unabhängig von aufsichtsrechtlichen Neuerungen im Prüfungsfokus. Neuen Schwung erhält die IT-Risikosteuerung nun vor allem durch die neue Bedrohungslage immer professionellerer Hackerangriffe verbunden mit einer zunehmenden Vernetzung und Digitalisierung der Bankprozesse. Insofern müssen zur Erfüllung der **Anforderungen von AT 7.2. MaRisk** vor allem neue Verfahren und bankinterne Organisationseinheiten zur Bekämpfung von Cyberrisiken aufgebaut werden.

Ein zentrales Thema zur Verbesserung von Datenschutz und Datensicherung ist das **Berechtigungsmanagement**. In AT 4.3.1 Tz. 2 wurde bereits mit der vierten MaRisk-Novelle vom Dezember 2012 die Detailvorgabe einer »regelmäßige[n] und anpassbezogene[n] Überprüfung von IT-Berechtigungen, Zeichnungsberechtigungen und sonstigen eingeräumten Kompetenzen« eingefügt.

Im Wortlaut angepasst wurde eine andere Anforderung zum Berechtigungsmanagement, die bereits seit Dezember 2012 als Erläuterung zu AT 4.3.1 Tz. 2 in den MaRisk enthalten war. Demnach erwartet die Aufsicht nach dem neuen Wortlaut der fünften MaRisk-Novelle nun bei »**besonders kritischen IT-Berechtigungen**«, wie sie beispielsweise Administratoren aufweisen, eine mindestens halbjährliche Überprüfung. Hierzu müssen die Institute zunächst definieren, welche kritischen IT-Systeme und Berechtigungen gemäß AT 4.3.1 in ihren Häusern existieren und dann eine halbjährliche Prüfungsroutine einführen. Dabei bietet sich an, Kritikalitäts- und Wesentlichkeitseinstufungen aus der Geschäftskontinuitätsplanung und den OpRisk-Self-Assessments sowie den Auslagerungswesentlichkeitsanalysen zumindest als erste Einstufungshilfen und zum Konsistenzcheck heranzuziehen.

Der Überblick über die jüngsten Änderungen der MaRisk hat verdeutlicht, dass vor allem auch das Thema IT in seinen diversen Facetten zu Neuregelungen geführt hat. Dabei hat die BaFin schlussendlich auch die Notwendigkeit weiterer spezifischer IT-Vorgaben erkannt, die dann in in einem gesonderten Rundschreiben **Bankaufsichtliche Anforderungen an die IT (BAIT)** im Spätherbst 2017 veröffentlicht wurden (s. Unterabschnitt 4.4.4).

4 Besondere Anforderungen an Unterrisiken des operationellen Risikos

4.1 Einführung und Risikoartenabgrenzung

Das operationelle Risiko umfasst eine Menge von Unterrisikoarten, die in der Vergangenheit teilweise selbstständig weiterentwickelt wurden. Dabei sind oft umfangreiche spezielle Anforderungen entstanden. In diesem Kapitel werden die wichtigsten dieser Entwicklungen und Anforderungen vorgestellt. Abschnitt 4.1 gibt eine allgemeine Einführung zu den **Unterrisiken im operationellen Risiko** und deren Abgrenzung. Gegenstand von Abschnitt 4.2 sind Rechtsrisiken und das damit eng verbundene Verhaltensrisiko, das auch unter dem englischen Begriff »Conduct Risk« firmiert. In Abschnitt 4.3 wird dann auf das Modellrisiko eingegangen, während Abschnitt 4.4 das Informations- und Kommunikationstechnologierisiko (sog. IKT-Risiko, ICT Risk) beinhaltet. Abschließend werden in Abschnitt 4.5 die Risiken in Zusammenhang mit Auslagerungen (Outsourcing) behandelt.

In Unterabschnitt 4.1.1 werden zunächst die aktuellen Risikoartendefinitionen nach dem EU-Aufsichtsrecht zusammenfassend dargestellt. Es folgen dann spezielle Abgrenzungen zum strategischen Risiko, zum Reputationsrisiko (Unterabschnitt 4.1.2) sowie zum Marktrisiko (Unterabschnitt 4.1.3).

4.1.1 Risikoartendefinitionen im EU-Aufsichtsrecht

Der Baseler Ausschuss zur Bankenaufsicht hat im Zuge des Basel-II-Regelwerks grundlegende Definitionen zu einzelnen banktypischen Risiken erarbeitet, die in die Regelwerke der nationalen Aufseher größtenteils ohne Änderungen übernommen wurden. Im Rahmen der Basel-II-Umsetzung hat die zuständige EU-Regulierungsbehörde **CEBS** dann im Zuge seiner Vorgaben zu Säule II die Risikoartendefinitionen erweitert. Bereits im Jahr 2006 lieferte CEBS weitgehend unbemerkt Definitionen und Abgrenzungsversuche zum IT-Risiko, Rechts- und Compliance-Risiko sowie den Hauptrisikoarten Reputationsrisiko, strategisches Risiko und operationelles Risiko.[107] In Tab. 4.1 sind diese CEBS-Definitionen aufgelistet: Demnach sind im operationellen Risiko neben Rechtsrisiken auch die Unterrisikoarten IT-Risiken und Compliance-Risiken zu berücksichtigen, während strategische Risiken im Sinne der Risiken schlechter Geschäftsentscheidungen und widriger Marktumstände nicht Teil der OpRisk-Definition sind.

---

107 Vgl. CEBS (2006c), S. 39 f.

Risk	Definition
IT Risk	Sub-category of operational risk: the current or prospective risk to earnings and capital arising from inadequate information technology and processing in terms of manageability, exclusivity, integrity, controllability and continuity, or arising from an inadequate IT strategy and policy or from inadequate use of the institution's information technology.
Legal and Compliance Risk	Sub-category of operational risk: the current or prospective risk to earnings and capital arising from violations or noncompliance with laws, rules, regulations, agreements, prescribed practices, or ethical standards.
Operational Risk	The risk of loss resulting from inadequate or failed internal processes, people and systems or from external events. This risk includes IT, legal and compliance risk.
Reputation Risk	The current or prospective risk to earnings and capital arising from adverse perception of the image of the financial institution on the part of customers, counterparties, shareholders, investors or regulators.
Strategic Risk	The current or prospective risk to earnings and capital arising from changes in the business environment and from adverse business decisions, improper implementation of decisions or lack of responsiveness to changes in the business environment.

Tab. 4.1: Ausgewählte Risikoartendefinitionen nach CEBS (Quelle: CEBS (2006c))

Mittlerweile wurden die bisherigen CEBS-Definitionen ergänzt durch weitere, neuere EU-Vorgaben. Zu nennen sind zuvorderst die Definitionsteile der CRR und CRD. Art. 4 Abs. 1 Nr. 52 CRR enthält die bereits vorgestellte OpRisk-Definition (vgl. Unterabschnitt 1.1.4). **Art. 3 CRD** enthält weitere Begriffsbestimmungen. So wird z. B. gemäß Art. 3 Nr. 12 der CRD das **Modellrisiko** definiert als der »potenzielle Verlust, der einem Institut als Folge von Entscheidungen entsteht, die sich grundsätzlich auf das Ergebnis interner Modelle stützen könnten, wenn diese Modelle Fehler bei der Konzeption, Ausführung oder Nutzung aufweisen«. Anhand dieser Definition wird bereits deutlich, dass das Modellrisiko zwar teilweise im OpRisk enthalten sein kann, andere Teile aber nicht das Kriterium des »hard loss« erfüllen und als entgangener Gewinn zumindest aus den Verlustdaten, wie sie bisher in den AMA einfließen, ausgeschlossen sein müssten.

Über die CRR und CRD hinaus folgen weitere nachgelagerte Definitionsschärfungen, welche die EBA im Wesentlichen in Form der SREP-Leitlinien vorgenommen hat. Im Folgenden werden diese Definitionen näher vorgestellt. Das Informations- und Kommunikationsrisiko ist in den SREP-Guidelines im Abschnitt 1.2, T. 4 definiert als: »das Risiko eines Verlustes aufgrund einer Verletzung der Vertraulichkeit, eines Fehlers bei der Integrität von Systemen und Daten, einer Unangemessenheit oder Nichtverfügbarkeit von Systemen und Daten, einer Unfähigkeit, die IT in einem angemessenen Zeitraum zu ändern, wenn sich die Umfeld- oder Geschäftsfaktoren ändern (d. h. Agilität)«.[108] Während in den CEBS-Leitlinien noch vom IT-Risiko die Rede war, haben die SREP-Leitlinien nun einen weiter und genauer gefassten Begriff geprägt.

Auch das **Reputationsrisiko** ist im Definitionsteil der SREP-Guidelines enthalten und dort seit der Erstversion der Leitlinien im Jahr 2014 unverändert bezeichnet als »das bestehende oder zukünftige Risiko in Bezug auf die Erträge, die Eigenmittel oder die Liquidität eines Instituts infolge der Schädigung des Rufs des Instituts«. Auch hier ist eine starke Fortentwicklung gegenüber den ursprünglichen CEBS-Leitlinien erkennbar und vor allem der Versuch, auch eine Verbindung zu Erträgen und Liquidität herzustellen.

In Art. 4 Abs. 1 Nr. 52 CRR wird das operationelle Risiko wie erläutert lediglich knapp definiert, ohne auf die Unterarten näher einzugehen (s. Unterabschnitt 1.1.4). Gemäß **Art. 456 Abs. 1 CRR** kann die Kommission über delegierte Rechtsakte die Definitionen nach Art. 4 CRR weiter schärfen, um somit eine einheitliche Anwendung der Verordnung in den EU-Mitgliedstaaten sicherzustellen und auf Entwicklungen des Finanzmarktes zu reagieren. Damit besteht also ein Mandat für die EBA und die Kommission zur Klärung offener Fragen hinsichtlich der Definition des operationellen Risikos über den Call for Advice zu Basel III hinaus. Gemäß **Art. 457 CRR** erhält die Kommission sogar eine Generalbefugnis »technische Anpassungen und Korrekturen nicht wesentlicher Elemente vorzunehmen, damit Entwicklungen hinsichtlich neuer Finanzprodukte oder -tätigkeiten Rechnung getragen wird«, in Bezug auf die Vorgaben an die OpRisk-Ansätze in Art. 315–324 CRR aber auch hinsichtlich der Eigenmittelanforderungen für die übrigen Risikoarten und weiterer CRR-Anforderungen. Insofern ist also eine Weiterentwicklung der Definition des operationellen Risikos und anderer Säule-II-Risiken durchaus im Mandat der EBA und der EU-Kommission.

Wie nachfolgend in Unterabschnitt 4.1.2 und 4.1.3 beschrieben, sind solche definitorischen Fortentwicklungen auch in der Delegierten Verordnung zur AMA-Beurteilung (Delegierte Verordnung (EU) 2108/959) zu finden. Die Rechtsgrundlage hierzu in Art. 312 Abs. 4 Buchst. a) CRR bezieht sich allerdings lediglich auf die AMA-Institute. Allerdings verweist Erwägungsgrund Nr. 4 der Verordnung auf **Art. 85 der CRR**, in dem das opera-

---

[108] Diese neue Definition wurde mit der Überarbeitung der SREP-Guidelines im Sommer 2018 in die bestehenden Guidelines eingefügt, vgl. EBA (2018b), S. 4. Die Erweiterung gegenüber der bisherigen Definition betrifft das im letzten Punkt genannte IT-Änderungsrisiko mit dem Schlagwort »Agilität«.

tionelle Risiko zusammen mit dem Modellrisiko genannt ist, und wonach die Institute bankintern festlegen müssen, wie sie ihr operationelles Risiko definieren. Die Delegierte Verordnung (EU) 2018/959 unterstützt dabei nicht nur die AMA-Institute, indem sie genaue Vorgaben zur Definition und Behandlung von Rechtsrisiken (s. Abschnitt 4.2) und Modellrisiken (s. Abschnitt 4.3) macht, sondern auch die übrigen Institute.

Aktuell ist keine weitere Planung von EBA und Kommission bekannt, auf Basis der genannten Befugnisse gemäß Art. 456 Abs. 1 CRR oder gemäß Art. 457 CRR hinsichtlich der OpRisk-Regelungsbereiche weitere Klarstellungen zur OpRisk-Definition vorzunehmen. Mit der EBA-Antwort auf den **Call for Advice** zur Basel-III-Umsetzung ist hier allerdings bereits mit weiteren Vorschlägen zur definitorischen Weiterentwicklung zu rechnen. Der bisher letzte Schritt der definitorischen Klarstellungen erfolgte zum Informations- und Kommunikationsrisiko über diesbezügliche EBA-Detailvorgaben (vgl. Abschnitt 4.4). Darüber hinaus ist aktuell noch offen, ob über das bisher im deutschen und EU-Kontext geläufige Thema Auslagerungen nun zukünftig hierzu auch ein eigenes »**Third-Party Risk**« definiert wird (vgl. Abschnitt 4.5).

4.1.2   Abgrenzung zum strategischen und Reputationsrisiko

Die Capital Requirements Transposition Group (CRDTG) hatte in einer Auslegung zu Art. 4 der Bankenrichtlinie a. F. bekräftigt, dass das strategische Risiko nicht unter die Definition des operationellen Risikos fällt, obwohl die diesbezügliche Klarstellung in der Baseler Rahmenvereinbarung nicht in die Bankenrichtlinie übernommen wurde.[109] Auch CEBS hatte die Deckungsgleichheit der Brüsseler und Baseler Definitionen nochmals bekräftigt.[110] Allerdings blieb das Hauptergebnis der CEBS-Arbeiten die Definition der Risikoarten Reputationsrisiko, strategisches Risiko, operationelles Risiko sowie weitere Risikoarten im Rahmen der SREP-Leitlinien aus dem Jahr 2006[111] (s. Tab. 4.1 in Unterabschnitt 4.1.1).

Ansonsten sind die definitorischen Abgrenzungen zwischen dem operationellen Risiko und strategischen Risiko sowie dem Reputationsrisiko weder vom Baseler Ausschuss noch von der EBA entscheidend vorangebracht worden. Das Reputationsrisiko wurde zwar in den SREP-Guidelines definiert (s. Unterabschnitt 4.1.1), grundlegende Abgrenzungsfragen sind aber weiter offen. Abb. 4.1 stellt die Verbindung zwischen dem operationellen Risiko und dem Reputationsrisiko dar.

---

109 CRDTG, Question ID 457.
110 Vgl. CEBS (2009).
111 Vgl. CEBS (2006c), S. 39 f.

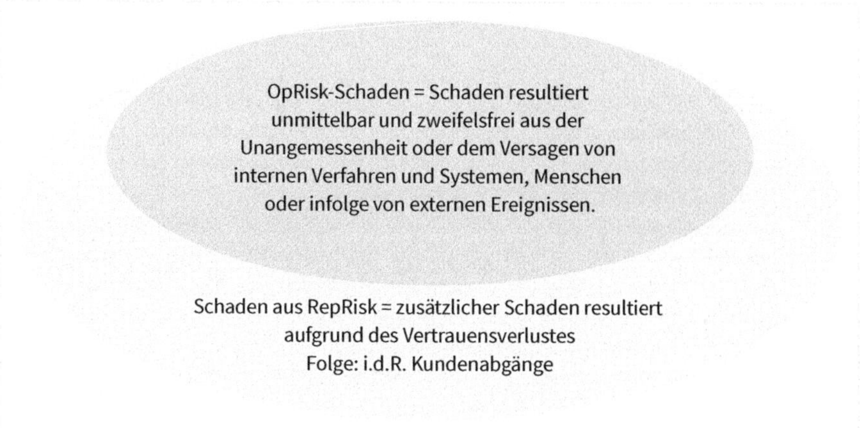

OpRisk-Schaden = Schaden resultiert
unmittelbar und zweifelsfrei aus der
Unangemessenheit oder dem Versagen von
internen Verfahren und Systemen, Menschen
oder infolge von externen Ereignissen.

Schaden aus RepRisk = zusätzlicher Schaden resultiert
aufgrund des Vertrauensverlustes
Folge: i.d.R. Kundenabgänge

Abb. 4.1: Abgrenzung zwischen OpRisk und Reputationsrisiko (Quelle: eigene Darstellung angelehnt an Buchmüller/Merchant (2015))

Demnach ist das Reputationsrisiko eher ein aus einem OpRisk-Verlust oder anderen Ereignissen resultierender Zusatzeffekt, der kaum als »harter Verlust« im Sinne eines Schadens auf der Kosten-/Aufwandseite der GuV bzw. im betrieblichen Controlling zu finden ist. Stattdessen ist das Reputationsrisiko häufig Teil des Geschäftsrisikos, des strategischen Risikos oder anderer Risikoarten, wie sie institutsintern in Säule II definiert sind (vgl. Kap.3). Auch das strategische Risiko betrifft eher eine Erosion der Ertragsseite der Banken oder den Verlust ihrer Wettbewerbsfähigkeit durch eine nicht mehr konkurrenzfähige Kostenstruktur. Dieses Risiko ist eher Teil der **Geschäftsmodellanalyse** im SREP (s. Kap. 3) betrifft aber nicht einzelne Schadenereignisse, wie sie in die OpRisk-Definition einfließen.

4.1.3   Abgrenzung zum Marktrisiko

CEBS hatte bereits im Jahr 2010 Anwendungsbeispiele zur Abgrenzung zwischen OpRisk und Marktrisiko angegeben. [112] Im Zusammenhang mit Marktrisiko wurden dabei Abwicklungsfehler, Kontrollversagen sowie das Modellrisiko dem operationellen Risiko zugeordnet. Strategisches Risiko im Sinne einer bewussten und rechtmäßigen Management-Entscheidung im Rahmen der Handelsstrategie, die sich im Nachhinein als strategischer Fehler herausstellt, war demnach nicht als Teil des operationellen Risikos zu sehen. Auf dieser Definition hat dann die EBA aufgebaut. Im Folgenden sind die Vorgaben an die Behandlung des operationellen Risikos zum Zusammenhang mit Marktrisiken gemäß Art. 5 der Delegierten Verordnung zur AMA-Beurteilung[113] ((EU)2018/959) dargestellt.

---

112 Vgl. CEBS (2010a).
113 Vgl. Europäische Kommission (2018a).

Artikel 5

Operationelle Risikoereignisse im Zusammenhang mit Finanztransaktionen und Marktrisiken

Bei der Beurteilung der Identifizierung, Sammlung und Verarbeitung von Daten zu operationellen Risikoereignissen und Verlusten im Zusammenhang mit Finanztransaktionen und Marktrisiken durch ein Institut sowohl für die Steuerung des operationellen Risikos als auch für die Berechnung der AMA-Eigenmittelanforderungen bestätigen die zuständigen Behörden, dass mindestens die folgenden Ereignisse und die damit verbundenen Verluste als operationelle Risiken klassifiziert wurden:
Ereignisse aufgrund von operationellen Fehlern und Fehlern bei der

a)   Dateneingabe wie:

    i)   Fehler und Mängel bei der Einführung oder Ausführung von Aufträgen;

    ii)   Datenverluste oder Missverständnisse beim Datenfluss zwischen den Abteilungen des Instituts;

    iii)   Fehler bei der Klassifizierung;

    iv)   falsche Spezifikationen von Geschäften im Termsheet, darunter Fehler im Zusammenhang mit Transaktionsbeträgen, Fälligkeiten und finanziellen Aspekten.

b)   Ereignisse aufgrund von Mängeln bei internen Kontrollen wie:

    i)   Mängel bei der ordnungsgemäßen Ausführung eines Auftrags, um im Falle nachteiliger Preisschwankungen eine Marktstellung glatt zu stellen;

    ii)   nicht genehmigte Positionen, die über die zugewiesenen Grenzen hinausgehen, im Zusammenhang mit allen Arten von Risiken.

c)   Ereignisse aufgrund unzureichender Datenqualität und mangelnder Verfügbarkeit eines IT-Umfelds, z. B. technische Defizite beim Zugang zum Markt, wodurch der Abschluss von Verträgen verhindert wird.

Die Vorgaben, die eigentlich nur an die AMA Institute gerichtet sind, sollten natürlich auch von den anderen Instituten bei der nach Säule II notwendigen Erfassung von OpRisk-Verlusten (vgl. Kap. 3) sowie der eventuell notwendigen Meldung von Verlusten an die Aufsicht (vgl. Kap. 5) verwendet werden. Auch zur Abgrenzung zwischen dem operationellen Risiko und dem **Kreditrisiko** hat die Aufsicht zahlreiche Festlegungen getroffen, auf die aus Platzgründen an dieser Stelle nicht eingegangen wird.[114]

---

114   S. hierzu Buchmüller/Beekmann (2017).

4.2   Rechtsrisiko und Conduct Risk

In diesem Abschnitt wird zunächst das Rechtsrisiko genauer erläutert und anschließend auf das Conduct Risk eingegangen, das seit der Finanzkrise einer immer größer werdenden Aufmerksamkeit unterliegt.

4.2.1   Rechtsrisiko

Mit der **Empfehlung des Fachgremiums OpRisk zur OpRisk-Definition** vom 05.03.2008 wurde die Festlegung des Baseler Ausschusses, dass das Rechtsrisiko Teil des operationellen Risikos ist, präzisiert. Die immer noch relevante Auslegung für die deutsche Rechtspraxis unterteilt das Rechtsrisiko im weiteren Sinne: *»Rechtsrisiken« im Sinne der Gefahr von Verlusten aufgrund der Verletzung geltender rechtlicher Bestimmungen sind Teil des operationellen Risikos. Hierzu gehört das Risiko, aufgrund einer Änderung der Rechtslage (geänderte Rechtsprechung oder Gesetzesänderung) für in der Vergangenheit abgeschlossene Geschäfte Verluste zu erleiden. Das Risiko, aufgrund einer geänderten Rechtslage die zukünftige Geschäftätigkeit umstellen zu müssen, ist nicht als operationelles Risiko zu verstehen.*[115]

Nach dieser bisherigen nationalen Auslegung in Deutschland war das sogenannte **Rechtsänderungsrisiko**, das in Banken zu zukünftigen Mehrkosten und Ertragseinbußen führen kann, nicht Teil des operationellen Risikos und damit der in § 269 Abs. 1 Satz 2 SolvV a. F. gemeinten Rechtsrisiken im engeren Sinne.

CEBS hatte bereits im Jahr 2010 versucht, in einem »Kompendium« von Leitlinien zur OpRisk-Umsetzung das im operationellen Risiko enthaltene Rechtsrisiko näher zu definieren und dabei vor allem vom strategischen Risiko abzugrenzen.[116] Eine Definition des Rechtsrisikos war allerdings lediglich recht allgemein in den CEBS Guidelines zum Supervisory Review Process enthalten (s. Unterabschnitt 4.1.1, Tab. 4.1).

Mit dem **Regulatory Technical Standard zur AMA-Beurteilung** der EBA (EBA/RTS/ 2015/02) sollte ursprünglich eine genauere Definition von Rechtsrisiken eingeführt werden, die auch das Rechtsänderungsrisiko in vollem Umfang berücksichtigt: So sah die Definition des Rechtsrisikos in Art. 2 Satz 1 Nr. 12 der Konsultationsfassung des RTS Folgendes vor: »legal risk means the risk of being sued or being the subject of a claim

---

115   Vgl. Fachgremium OpRisk (2008g).
116   Vgl. CEBS (2010b), Abschnitt 3.2.

or proceedings due to non-compliance with legal or statutory responsibilities and/or to inaccurately drafted contracts. It also includes the exposure to newly enacted laws as well as changes in interpretations of existing laws«. Diese Definition wurde im Konsultationsverfahren allerdings stark kritisiert, weshalb der Rechtsrisikoteil des RTS im Jahre 2015 nochmals grundlegend überarbeitet wurde und stark geändert in die **Delegierte Verordnung 2018/959** eingeflossen ist. Diese gibt nun in Art. 3 im Umfang von rund einer DIN-A4-Seite weitere Vorgaben, welche Kostenbestandteile zum Rechtsrisiko zu zählen und damit in die OpRisk-Verlustsammlung aufzunehmen sind. Nachfolgend ist ein Auszug aus diesen Vorgaben dargestellt.

ABGRENZUNG VON OPRISK UND RECHTSRISIKO

Artikel 3
Operationelle Risikoereignisse im Zusammenhang mit Rechtsrisiken

(1) Die zuständigen Behörden bestätigen, dass ein Institut Daten zu operationellen Risikoereignissen und Verlusten im Zusammenhang mit Rechtsrisiken sowohl für die Steuerung des operationellen Risikos als auch für die Berechnung der AMA-Eigenmittelanforderungen identifiziert, sammelt und verarbeitet, indem sie mindestens alles Folgende nachprüfen,

a) dass das Institut Verluste und andere Ausgaben aufgrund von Ereignissen, die zu Gerichtsverfahren führen, klar als operationelle Risiken identifiziert und klassifiziert; dazu gehören mindestens folgende Ereignisse:

  i) Untätigkeit, obwohl Maßnahmen erforderlich sind, um eine Rechtsvorschrift einzuhalten;

  ii) Maßnahmen, die ergriffen werden, um die Einhaltung einer Rechtsvorschrift zu vermeiden;

  iii) Ereignisse durch Misconduct.

b) dass das Institut Verluste und andere Ausgaben, die aufgrund von freiwilligen Maßnahmen zur Vermeidung oder Minderung von Rechtsrisiken aufgrund operationeller Risikoereignisse entstehen (z.B. Rückerstattungen oder Nachlässe auf zukünftige Dienstleistungen, die den Kunden freiwillig angeboten werden, sofern diese Rückerstattungen nicht infolge von Kundenbeschwerden angeboten werden), klar als operationelle Risiken identifiziert und klassifiziert;

c) dass das Institut Verluste und andere Ausgaben, die aufgrund von Fehlern und Auslassungen in Verträgen und Unterlagen entstehen, klar als operationelle Risiken identifiziert und klassifiziert;

d) dass das Institut Folgendes nicht als operationelles Risiko klassifiziert:

   i) Rückerstattungen an Dritte oder Mitarbeiter und Goodwill-Zahlungen aufgrund von Geschäftsgelegenheiten, wenn keine Vorschriften oder ethische Regeln verletzt werden und das Institut seine Verpflichtungen rechtzeitig erfüllt;

   ii) externe Gerichtskosten, sofern das zugrunde liegende Ereignis kein operationelles Risikoereignis ist.

Für die Zwecke des Buchstaben a sind unter Gerichtsverfahren alle Beilegungen von Rechtsstreitigkeiten einschließlich Gerichtsverhandlungen und außergerichtlichen Einigungen zu verstehen.

Zusatzkosten durch Rechtsänderungen, wie z.B. erhöhe Steuern oder Sozialabgaben, scheinen dabei weiterhin nicht Bestandteil der OpRisk-Definition zu sein, da hier keine rechtlichen Versäumnisse des Instituts vorliegen. Insgesamt scheinen hier die bisherigen nationalen Auslegungen in Deutschland weiterhin deckungsgleich mit den neuen EBA-Vorgaben zu sein.

Trotz immer neuen Erläuterungstexten auf EU-Ebene kommt es dabei nicht unbedingt zu einer weiteren **Schärfung der aufsichtlichen Erwartungen** zur Behandlung von Rechtsrisiken als Teil des operationellen Risikos. Beispielhaft kann hier die recht einfach gestellte Anfrage der Bank of Romania im Rahmen des Single Rulebook Q&A-Prozesses angeführt werden, ob das Compliance-Risiko, wie es die EBA in ihren Guidelines on Internal Governance definiert hat[117], Teil des Rechts- und operationellen Risikos ist. Die offizielle Antwort der EBA hierzu ist inhaltlich nur beschränkt hilfreich: Demnach fallen Verstöße gegen rechtliche Regelungen unter die OpRisk-Definition, offen bleibt aber, wie die ebenfalls in der Definition des Compliance-Risikos enthaltenen Verstöße gegen ethische Standards und gegen weitere nicht klar rechtlich bindende Normen zu sehen sind. Grundsätzlich sind nach der EBA-Antwort zur Q&Q ID 2014_1153 ebenso wie nach Art. 4 des EBA/RTS/2015/02 auch solche Verstöße im OpRisk-Management zu behandeln. Was hieraus konkret für die Schadensfallsammlung, Self-Assessment/Szenarioerhebung und AMA-Berechnung folgt, ist allerdings unklar.

4.2.2 Conduct Risk

Conduct Risk ist seit der Finanzkrise verstärkt in den aufsichtlichen Fokus gelangt, da viele Kunden von Bankprodukten durch das Fehlverhalten von Mitarbeitern in den Instituten geschädigt wurden, und die Institute im Rahmen der gerichtlichen Auseinandersetzungen neben dem Schadensausgleich mit sehr hohen Strafzahlungen belegt wurden.

---

117 Vgl. European Banking Authority (2017c).

Eine Definition des Conduct Risk bzw. in der deutschen Übersetzung »Verhaltensrisiko« erfolgt in Tz. 4 der SREP-Leitlinien.[118] Das **Verhaltensrisiko** ist demnach »das bestehende oder künftige Risiko von Verlusten eines Instituts infolge der unangemessenen Erbringung von Finanzdienstleistungen, einschließlich Fällen vorsätzlichen oder fahrlässigen Missverhaltens.« Werden Rechtsrisiken als Teil des operationellen Risikos bewertet, so sollten demnach zuständige Behörden auch die Relevanz und Bedeutung des Verhaltensrisikos untersuchen. Abb. 4.2 verdeutlicht, dass zwischen Rechtsrisiko, Compliance-Risiko und dem Conduct Risk aber auch dem Reputationsrisiko und anderen Risikoarten durchaus große Überschneidungen bestehen.

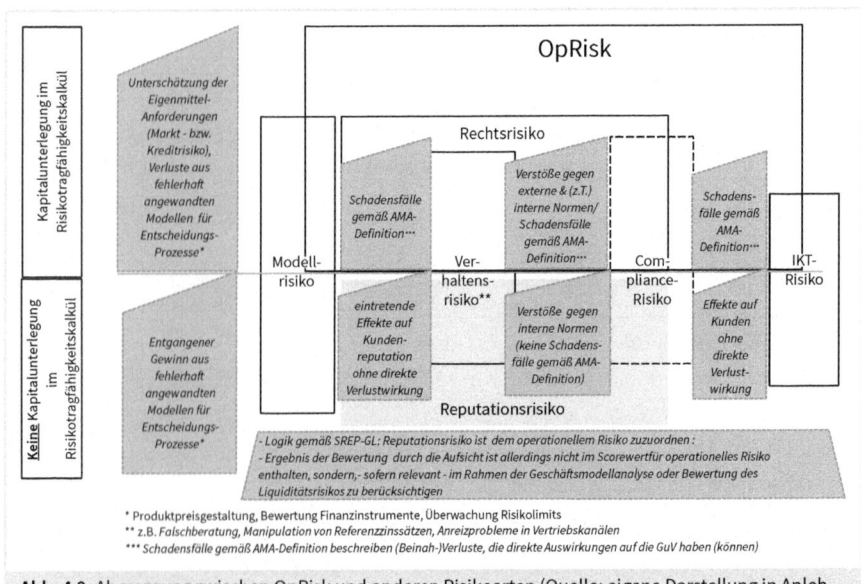

Abb. 4.2: Abgrenzung zwischen OpRisk und anderen Risikoarten (Quelle: eigene Darstellung in Anlehnung an Buchmüller/Merchant (2015))

Die Frage, wie in das Risikotragfähigkeitskalkül die einzelnen Risikoarten modelliert werden, ist komplex und wird in Abb. 4.2 nur angerissen (s. hierzu auch Kap. 3). Wichtiger ist die Frage der Steuerung des Conduct Risk.

In der EBA-Leitlinie zu gemeinsamen Verfahren und Methoden für den aufsichtlichen Überprüfungs- und Bewertungsprozess (SREP) EBA/GL/2014/13 angepasst durch EBA/GL/2018/03 wird daher von den zuständigen Behörden gefordert, ein besonderes

---

118 In der Version vom Juli 2018 unverändert gegenüber der ursprünglichen Version aus dem Jahr 2014, lediglich von Tz. 3 in Tz. 4 verschoben. Eigentlich müsste dieses Risiko eher »Fehlverhaltensrisiko« heißen.

Augenmerk auf das Verhaltensrisiko als Unterkategorie des operationellen Risikos zu werfen.[119] Die Ausführungen zum Verhaltensrisiko in den EBA **SREP-Guidelines** sind im Folgenden kurz zusammengefasst. Folgende Aspekte werden als **Teile des Conduct Risk** explizit aufgezählt:

* unter Vorgabe falscher Tatsachen verkaufte Produkte im Privatkunden- sowie im Firmenkundenbereich;
* forciertes Cross-Selling von Produkten an Privatkunden, zum Beispiel Kontopakete oder Zusatzprodukte, die die Kunden nicht benötigen;
* Interessenkonflikte bei der Tätigung von Geschäften;
* Manipulation von Referenzzinssätzen, Wechselkursen oder anderen Finanzinstrumenten oder Indizes zur Steigerung der Gewinne des Instituts;
* Hemmnisse, die einem Wechsel von Finanzprodukten während ihrer Laufzeit und/ oder einem Wechsel des Finanzdienstleisters entgegenstehen;
* schlecht konzipierte Vertriebskanäle, die mit falschen Anreizen Interessenkonflikte ermöglichen;
* automatische Verlängerung von Produkten oder Zahlung von Ausstiegsgebühren und/oder
* unfaire Behandlung von Kundenbeschwerden.

Um das Verhaltensrisiko zu erfassen, sollten die zuständigen Behörden die Ergebnisse der Geschäftsmodellanalyse nutzen und die Anreizpolitik prüfen. Damit kann ein umfassender Einblick in die Quellen des Verhaltensrisikos gewonnen werden. Ferner sollte anhand der Wettbewerbsposition des Instituts an den Märkten festgestellt werden, ob eine etwaige marktbeherrschende Stellung ein wesentliches Risiko für ein Fehlverhalten darstellt. Als mögliche **Indikatoren für das Vorliegen von Verhaltensrisiken** werden genannt:

* Sanktionen, die dem Institut wegen Fehlverhaltens von den betreffenden Behörden auferlegt wurden;
* Sanktionen, die anderen Instituten der Vergleichsgruppe wegen Fehlverhaltens auferlegt wurden;
* Anzahl der Beschwerden gegen das Institut und Höhe der Beträge, um die es in den Beschwerden geht.

Die genannten Aspekte zur aufsichtlichen Bewertung des Verhaltensrisikos bilden einen guten Startpunkt für das Institut, um das Verhaltensrisiko im Rahmen des Managements operationeller Risiken zu erfassen und zu steuern.

---

119 Vgl. Tz. 252 der EBA/GL/2014/13 angepasst durch EBA/GL/2018/03.

4.3   Modellrisiko

4.3.1   Definition des Modellrisikos im EU-Aufsichtsrecht

Das Modellrisiko als Teil des Operationellen Risikos ist in der letzten Zeit verstärkt in den aufsichtlichen Fokus gerückt. Modellrisiko entsteht, wenn Institute eigene quantitative Modelle zur Bestimmung von Werten entwickeln und anwenden. Beispiele hierfür sind Modelle zur Quantifizierung von Risikomaßen, wie sie etwa zur Bestimmung der Eigenkapitalunterlegung im Marktrisiko, Kreditrisiko oder Gegenparteiausfallrisiko verwendet werden. Darüber hinaus werden aber auch Modelle etwa zur Preisfindung bei Derivaten eingesetzt.

Bei der ersten Klasse von Modellen besteht das Risiko in einer Unterschätzung der Eigenkapitalanforderung bzw. der Risikotragfähigkeit. Bei den Pricingmodellen erwächst das Risiko durch Verluste, die durch falsche Preisberechnung und dadurch induzierte Fehlentscheidungen entstehen.

Ursachen von Modellrisiken sind insbesondere ein falscher mathematischer Modellansatz, eine fehlerhafte Kalibrierung von Inputparametern oder eine falsche Anwendung des Modells.

Die Steuerung von Modellrisiken ist nicht neu, auch wenn sie erst jetzt verstärkt in den aufsichtlichen Fokus rückt. Das Modellrisiko ist bereits in **Art. 85 Abs. 1 Satz 1** CRD explizit erwähnt: »Die zuständigen Behörden stellen sicher, dass die Institute ihr operationelles Risiko, **einschließlich des Modellrisikos,** und die Absicherung gegen selten eintretende Ereignisse mit gravierenden Folgen, mit Hilfe von Grundsätzen und Verfahren bewerten und steuern«.

In Art. 312 Abs. 1 Satz 1 CRR bzw. Art. 312 Abs. 2 Satz 1 CRR wird die Anforderung der Einhaltung des o. g. Art. 85 Abs. 1 Satz 1 CRD für Institute gestellt, die den Standardansatz bzw. fortgeschrittenen Messansatz verwenden wollen. Damit ist für derartige Institute die Bewertung und Steuerung des Modellrisikos auch gesetzlich verankert.

Eine **Definition des Modellrisikos** befindet sich **in Art. 3 Abs. 1 Nr. 11 CRD** als »*der potenzielle Verlust, der einem Institut als Folge von Entscheidungen entsteht, die sich grundsätzlich auf das Ergebnis interner Modelle stützen könnten, wenn diese Modelle Fehler bei der Konzeption, Ausführung oder Nutzung aufweisen*« (s. hierzu Unterabschnitt 4.1.1).

In der CRR wird das Modellrisiko auch explizit im Zusammenhang mit möglichen Anpassungen bei der vorsichtigen Bewertung von komplexen Produkten im Handelsbuch (vgl. Art. 105 Abs. 13 CRR) sowie bei der Alpha-Schätzung innerhalb der auf einem internen Modell beruhenden Methode (IMM) für das Gegenparteiausfallrisiko (vgl. Art. 284 Abs. 10 CRR) genannt.

Nachfolgend werden nun zunächst die spezifischen Anforderungen an das Modellrisiko im Zusammenhang mit der OpRisk-Steuerung erläutert (Unterabschnitt 4.3.2), bevor die allgemeineren Anforderungen an die Modellrisikosteuerung im SREP (Unterabschnitt 4.3.3) und im TRIM-Guide der EZB (Unterabschnitt 4.3.4) dargelegt werden. Abschließend erfolgt dann ein kurzer Ausblick zur weiteren Entwicklung der Modellrisikosteuerung.

4.3.2   Vorgaben zum Modellrisiko als Teil der OpRisk-Steuerung

Inwiefern das Modellrisiko völlig losgelöst vom restlichen operationellen Risiko als eigener Steuerungskreis oder doch vor allem als Teil des OpRisk-Managementprozesses gesteuert wird, ist aktuell in der Praxis im Fluss. Aufgrund der zunehmenden Anforderungen an die Modellvalidierung wird das Modellrisiko oftmals von **eigenen Validierungseinheiten** in den größeren Instituten erfasst. Andererseits ist aufsichtsrechtlich eine Verknüpfung zum operationellen Risiko vor allem bei der Verlustdatenerfassung und Risikobewertung über Szenarien notwendig. Aus diesem Grund sind in der delegierten Verordnung 2018/959 zur AMA-Beurteilung auch besondere Vorgaben zum Umgang mit Modellrisiken enthalten. Nachfolgend sind die in Art. 4 der Verordnung enthaltenen Anforderungen wiedergegeben.

MODELLRISIKOABGRENZUNG NACH DER DELEGIERTEN VERORDNUNG (EU) 2018/959

Artikel 4

Operationelle Risikoereignisse im Zusammenhang mit Modellrisiken

Wenn die zuständigen Behörden beurteilen, ob ein Institut Daten zu operationellen Risikoereignissen und Verlusten im Zusammenhang mit Modellrisiken gemäß Artikel 3 Absatz 1 Nummer 11 der Richtlinie 2013/36/EU sowohl für die Steuerung des operationellen Risikos als auch für die Berechnung der AMA-Eigenmittelanforderungen identifiziert, sammelt und verarbeitet, bestätigen sie,

a)   dass mindestens eines der folgenden Ereignisse und die damit verbundenen Verluste, die sich aus Modellen ergeben, die für die Entscheidungsfindung verwendet werden, als operationelles Risiko klassifiziert werden:

i)   unsachgemäße Definition eines ausgewählten Modells und seiner Eigenschaften;

ii)   unzureichender Nachweis der Eignung eines ausgewählten Modells für das zu bewertende Finanzinstrument oder das Produkt, für das ein Preis festgesetzt werden soll, oder seiner Eignung für die jeweiligen Marktbedingungen;

iii)   Fehler bei der Umsetzung eines ausgewählten Modells;

iv)   falsche Marktbewertungen und Risikomessungen infolge eines Fehlers bei der Eingabe eines Geschäftsvorgangs in das Handelssystem;

v)   Verwendung eines ausgewählten Modells oder seiner Ergebnisse zu einem Zweck, für den es nicht vorgesehen oder konzipiert wurde, einschließlich einer Manipulation der Modellierungsparameter;

vi)   nicht zeitgenaue und unwirksame Überwachung der Modell-Performance, um festzustellen, ob das Modell weiterhin für den vorgesehenen Zweck geeignet ist.

b)   dass Ereignisse im Zusammenhang mit einer Unterschätzung der Eigenmittelanforderungen anhand interner Modelle, die von den zuständigen Behörden genehmigt wurden, nicht bei der Identifizierung, Sammlung und Verarbeitung von Daten zu operationellen Risikoereignissen und Verlusten im Zusammenhang mit Modellrisiken berücksichtigt werden.

4.3.3   Vorgaben zum Modellrisiko im Rahmen des SREP

Bereits in der Erstfassung der EBA-Leitlinien zu gemeinsamen Verfahren und Methoden für den aufsichtlichen Überprüfungs- und Bewertungsprozess (SREP) war die Anforderung an die zuständigen Aufsichtsbehörden enthalten, die Modellrisiken zu bewerten.[120] Mit der Überarbeitung der **SREP-Leitlinien** im Jahr 2018 wurden diese Anforderungen nicht geändert.

Es werden dabei zunächst die oben genannten Risikoformen des Modellrisikos – Eigenmittelunterschätzung und Verluste durch Fehlentscheidungen aufgrund falsch entwickelter, falsch implementierter oder falsch angewendeter Modelle – erläutert. In Tz. 263 der Richtlinie werden folgende Aspekte zur Bewertung genannt:

Erstens sollte betrachtet werden, in welchem Maß und zu welchen Zwecken (z. B. Bewertung der Aktiva, Produktpreisgestaltung, Handelsstrategien, Risikomanagement) das Institut Modelle für Entscheidungsprozesse verwendet, sowie die geschäftliche Bedeutung dieser Entscheidungsprozesse. In der Regel werden Modelle in den Bereichen Handel mit Finanzinstrumenten, Risikomessung und Risikomanagement sowie Kapitalallokation zu finden sein.

---

120   Vgl. Abschnitt 6.4 der EBA/GL/2014/13; dieser Teil wurde nicht verändert durch EBA/GL/2018/03.

Zweitens sollte die zuständige Behörde betrachten, inwieweit sich das Institut des Modellrisikos bewusst ist und in welcher Form das **Modellrisikomanagement** realisiert wird. Zu diesem Zweck sollte untersucht werden, ob vom Institut Kontrollmechanismen (z. B. Kalibrierung von Marktparametern, interne Validierung oder Rückvergleiche, Gegenprüfung anhand von Expertenurteilen) eingerichtet wurden, ob diese Mechanismen solide sind (hinsichtlich Methoden, Häufigkeit, Nachverfolgung usw.) und einen Prozess zur Modellabnahme umfassen. Außerdem sollte untersucht werden, inwieweit das Institut bei Kenntnis von Modellschwächen die Modelle vorsichtig ggf. mit konservativer Anpassung von Parametern anwenden.

Die Auswirkung des Modellrisikos in Geschäftsbereichen, die Modelle mit höherem Maße nutzen, sollte anhand von Sensitivitäts- und Szenarioanalysen oder Stresstests beurteilt werden. Der beschriebene Teil der SREP-Leitlinien verdeutlicht, dass das Modellrisiko der Institute durch die zuständigen Behörden verstärkt Beachtung findet. Die Entwicklung oder **Weiterentwicklung** eines Modellrisikomanagementframeworks erscheint daher geboten. Aus den veröffentlichten Texten kann schon grob ein Konzept abgeleitet werden, das es innerhalb des Instituts zu implementieren gilt.

4.3.4 Vorgaben zur Modellrisikosteuerung im EZB TRIM-Guide

Weitere insbesondere konkrete Hinweise für Banken innerhalb des SSM wurden im Rahmen des EZB-Projektes »**Targeted Review of Internal Models**« **(TRIM)** veröffentlicht. Das TRIM-Projekt besteht aus mehreren **Kompetenzzentren**, die für verschiedene Risikoarten Auslegungen von europäischen Gesetzestexten veröffentlicht haben, um eine stärkere Harmonisierung in der Aufsichtspraxis innerhalb des SSM zu erreichen. Das Kompetenzzentrum »General Topics« hat dabei risikoartenübergreifende Prinzipien entwickelt und diese bereits am 15.11.2018 auf der Internetseite der EZB unter dem Titel »ECB Guide to internal models, General Topic Chapter« [121] veröffentlicht. Dieses Kapitel wird nach Abschluss des Gesamtprojektes TRIM in eine umfassende Richtlinie integriert.

Abschnitt 2.3 des General Topic Chapters des **TRIM Guide** behandelt die Einführung eines Model Risk Management Frameworks. Dieses Rahmenwerk soll mindestens folgende Komponenten enthalten:
1. Eine schriftliche Modellrisiko-Management-Policy, die zumindest
   a) eine Definition oder Beschreibung eines Modells,
   b) eine Interpretation des Begriffs Modellrisiko innerhalb des Instituts,

---

121 Vgl. ECB (2018): ECB Guide to internal models, General Topic Chapter.

  c) eine Beschreibung des Model Risk Management Frameworks anhand der Komponenten wie beispielsweise Governance, Risikosteuerungseinheit, Validierungseinheit, Interne Revision,

  d) eine Auflistung der zugehörigen weiteren Policies beinhaltet.

2. Ein Register aller relevanten Modelle, mit dem Ziel, einen gesamtheitlichen Überblick über die Modelllandschaft und deren jeweiligen Anwendung insbesondere auch der Geschäftsleitung und dem oberen Management transparent darzustellen.

3. Richtlinien, die den Umgang mit der Identifizierung und Reduktion von bekannten Modellschwächen dokumentieren. Dabei ist auch auf qualitative Aspekte des Modellrisikos wie Datenprobleme, Modellmissbrauch oder Implementierungsfehler sowie auf eine konsistente Anwendung der Richtlinien innerhalb der Unternehmensgruppe zu achten.

4. Richtlinien und Methoden, mit denen das Modellrisiko qualitativ oder quantitativ bewertet bzw. gemessen werden kann.

5. Richtlinien, die den Model Life Cycle betreffen, d. h. die Anforderungsanalyse, Modellentwicklung, Implementierung, Test, Anwendung, Validierung, Betrieb und Modelländerung.

6. Prozesse, um das Modellrisiko intern bzw. extern zu kommunizieren und zu berichten.

7. Definition der Rollen und Verantwortlichkeiten im Model Risk Management Framework.

4.3.5 Fortentwicklung der Modellrisikosteuerung

Mit den beschriebenen stark deskriptiven Anforderungen an das Modellrisikomanagement im TRIM-Guide der EZB soll die Beschäftigung mit dem Modellrisiko vorangetrieben werden. In der Praxis haben große Institute, insbesondere mit Tätigkeiten in den USA, bereits ein Model Risk Framework implementiert, aufgrund der nachfolgend kurz erläuterten Vorgaben im **US-Aufsichtsrecht**.

In den USA wurde das Thema Model Risk wesentlich durch die Veröffentlichung der »Supervisory Guidance on Model Risk Management« (SR Letter 11-7 Attachment) des Office of the Comptroller of the Currency (OCC) vorangetrieben. In diesem Leitfaden, der bereits 2011 veröffentlicht wurde, sind die wesentlichen Elemente eines effektiven **Model Risk Management Frameworks** beschrieben, welche
- die robuste Modellentwicklung, Implementierung und Nutzung,
- die effektive Validierung von Modellen und
- eine angemessene Aufbau- und Ablauforganisation sowie Steuerung

umfassen. Teile dieses Frameworks wurden in anschließenden Veröffentlichungen auch außerhalb der USA übernommen. Auch in der EU kann davon ausgegangen werden, dass das Thema Model Risk zukünftig weiter von der Aufsicht betrachtet wird.

4.4   IKT-Risiko

4.4.1   Begriffsdefinition und SREP-Leitlinien

Das Informations- und Kommunikationstechnologierisiko (IKT-Risiko) wird zusammen mit dem Systemrisiko im Rahmen der **SREP-Leitlinien**[122] als eine wichtige Unterkategorie des operationellen Risikos bezeichnet, auf die im Rahmen des aufsichtlichen Überprüfungs- und Bewertungsprozesses besonderes Augenmerk zu legen ist. Dabei wird hier unter Systemrisiko das Risiko innerhalb der IT-Systeme verstanden, was allerdings nicht näher spezifiziert wird.

In den aktuellen SREP-Leitlinien (EBA/GL/2018/03) befindet sich folgende **Definition des Begriffs IKT-Risiko** (s. Unterabschnitt 4.1.1):

Der Begriff »Informations- und Kommunikationstechnologierisiko (IKT-Risiko)« bezieht sich auf das Risiko eines Verlustes aufgrund einer Verletzung der Vertraulichkeit, eines Fehlers bei der Integrität von Systemen und Daten, einer Unangemessenheit oder Nichtverfügbarkeit von Systemen oder Daten, einer Unfähigkeit, die IT in einem angemessenen Zeit- und Kostenrahmen zu ändern, wenn sich die Umfeld- oder Geschäftsanforderungen ändern (d. h. Agilität). [123]

Diese Definition zielt zunächst auf die sogenannten Schutzziele der Informationstechnologie
- Vertraulichkeit,
- Integrität,
- Verfügbarkeit

ab, wie sie ähnlich im deutschen Aufsichtsrecht zu finden sind[124] und nennt als zusätzliches Risiko, dass sich die IT-Systeme nicht zeitnah und kosteneffizient an neue Umfeld- oder Geschäftsanforderungen anpassen lassen. Die SREP-Guidelines zeigen als Ausgangspunkt einen guten Überblick auf, was den zuständigen Behörden als besonders wichtig erscheint, und woran ein Institut sich ausrichten kann.

Die von der zuständigen Bankenaufsichtsbehörde durchzuführende **Bewertung des operationellen Risikos aufgrund des IKT-Risikos** kann mit Hilfe bewährter Industriestandards wie

---

122 EBA/GL/2014/13, zuletzt geändert durch EBA/GL/2018/03, vgl. hierzu Unterabschnitt 3.1.2.
123 S. Art. 3 Abs. 4 Buchst. c der EBA/GL/2018/03 (deutsche Version vom 19.07.2018).
124 Im deutschen Recht ist ausgehend vom sog. »BSI-Grundschutz« im Regelfall die »Authentizität« als viertes Schutzziel vorgegeben.

- ISO 27000,
- Control Objectives for Information and Related Technology (COBIT) oder
- auf Information Technology Infrastructure Library (ITIL) basierender Methoden geschehen.[125]

Die zuständige Behörde sollten dabei mindestens die folgenden Elemente untersuchen:
1. Qualität und Wirksamkeit von Tests und Plänen zur Aufrechterhaltung des Geschäftsbetriebs, was unter dem Thema Business Continuity Planning (BCP) zu verorten ist,
2. Sicherheit des internen und externen Zugangs zu Systemen und Daten (Access Management),
3. Genauigkeit und Integrität der für Berichte, Risikomanagement, Rechnungslegung, Bestandsführung usw. verwendeten Daten,
4. Agilität der Durchführung von Änderungen,
5. Komplexität der IT-Architektur und deren Auswirkung auf die vorstehenden Elemente. [126]

Als Hilfsmittel sollten die zuständigen Behörden **Berichte über interne Zwischenfälle (Incident Reports)**, interne Prüfberichte sowie weitere institutseigene Indikatoren zur Messung und Überwachung des IKT-Risikos heranziehen.

4.4.2   Anforderungen der EBA-Leitlinien zur IKT-Risikobewertung

Um die Bewertung der IKT-Risiken durch die zuständigen Behörden im Rahmen des SREP zu harmonisieren, wurden 2017 von der EBA zusätzlich **Leitlinien für die IKT-Risikobewertung im Rahmen des aufsichtlichen Überprüfungs- und Bewertungsprozesses** (EBA/GL/2017/05) herausgegeben, die seit dem 01.01.2018 gelten.[127] In einem Anhang beschreiben die Leitlinien fünf Unterkategorien des IKT-Risikos
1. IKT-Verfügbarkeits- und Kontinuitätsrisiko,
2. IKT-Sicherheitsrisiko,
3. IKT-Änderungsrisiko,
4. IKT-Datenintegritätsrisiko und
5. IKT-Auslagerungsrisiko

---

125 Vgl. hierzu Buchmüller/Hellstern (2019).-
126 Vgl. Tz 258 f. der SREP-Leitlinie EBA/GL/2014/13.
127 Vgl. EBA (2017) sowie Buchmüller/Hellstern (2019) für eine umfassendere Darstellung des Hintergrunds dieser Leitlinien sowie deren Abgrenzung zu den kommenden EBA GL on ICT & Security Risk Mgt.

und nennen dabei auf vier Seiten Ausprägungen dieser Risikoarten (vgl. Tab. 4.2, die als Beispiel das IKT-Auslagerungsrisiko zeigt).

IKT-Risiko-kategorien	IKT-Risiken (nicht erschöpfend)	Risikobeschreibung	Beispiele
IKT-Verfügbar-keits- und Kontinuitätsrisiken	Unangemessenes Kapazitätsmanagement	Ein Mangel an Ressourcen (z. B. Hardware, Software, Personal, Dienstanbieter) kann dazu führen, dass die Dienstleistung die Geschäftsanforderungen nicht erfüllt, und kann außerdem zu Systemunterbrechungen, einer Verschlechterung von Dienstleistungs- und/oder Betriebsfehlern führen.	• Ein Mangel an Kapazitäten kann sich auf die Übertragungsraten und die Verfügbarkeit des Netzwerks (Internet) für Dienste wie Online-Banking auswirken. • Ein Personalmangel (internes Personal oder Personal eines Dritten) kann zu Systemunterbrechungen und/oder Betriebsfehlern führen.
	IKT-Systemausfälle	Eine Beeinträchtigung der Verfügbarkeit aufgrund von Hardwareausfällen.	• Ausfall/Fehlfunktion der Speicherung (Festplatten), Server oder anderer IKT-Geräte, z. B. verursacht durch mangelnde Wartung.
		Eine Beeinträchtigung der Verfügbarkeit aufgrund von Softwarefehlern und Bugs.	• Endlosschleife in Anwendungssoftware verhindert die Ausführung der Transaktion. • Ausfälle durch den fortgesetzten Einsatz veralteter IKT-Systeme und -Lösungen, die nicht mehr den aktuellen Verfügbarkeits- und Resilienzanforderungen entsprechen und/oder nicht mehr von ihren Anbietern unterstützt werden.
	Unangemessene IKT-Kontinuitäts- und Notfall-Wiederherstellungsplanung	Ausfall von geplanten IKT-Verfügbarkeits- und/oder Kontinuitätslösungen und/oder Notfall-Wiederherstellung (z. B. Fall-Back-Wiederherstellungs-Rechenzentrum) bei Aktivierung in Reaktion auf ein Ereignis.	• Konfigurationsunterschiede zwischen dem primären und dem sekundären Rechenzentrum können dazu führen, dass das Fall-Back-Rechenzentrum nicht in der Lage ist, die geplante Kontinuität des Dienstes bereitzustellen.

Tab. 4.2: Unterkategorien des IKT-Risikos gemäß EBA/GL/2017/05 (Quelle: EBA (2017d), S. 28-34))

In diesen Leitlinien werden viele Hinweise und Prüfungsfelder aufgezeigt, mit denen eine Einwertung des IKT-Risikos vorgenommen werden kann. Die EBA-Leitlinien zur IKT-Risikobewertung im SREP enthalten neben allgemeinen Aussagen zur IKT-Risikobewertung wie zur Verhältnismäßigkeit oder zum Vorgehensmodell der Bewertung die folgenden beiden Hauptteile:

- Bewertung der IKT-Governance und Strategie der Institute,
- Bewertung der IKT-Risikopositionen und -kontrollen der Institute.

Im Hauptteil **IKT-Governance und Strategie** der Institute werden einleitend allgemeine Grundsätze mit Referenzen auf andere korrespondierende EBA-Guidelines aufgezeigt. Dann werden Aspekte zur IKT-Strategie beschrieben, wobei in Entwicklung bzw. Angemessenheit und Umsetzung der IKT-Strategie unterschieden wird. Es folgen Hinweise zu Anforderungen an die allgemeine interne Governance und an die Einbettung des IKT-Risikos im Risikomanagement des Instituts. Der Hauptabschnitt schließt mit einer Anforderung an die Zusammenfassung von Feststellungen.

Im zweiten Hauptteil **IKT-Risikopositionen und -kontrollen** der Institute werden zu Beginn wieder allgemeine Überlegungen vorangestellt. Dann werden Hinweise zur Ermittlung erheblicher IKT-Risiken gegeben, nämlich in Form der Überprüfung des IKT-Risikoprofils des Instituts, der Überprüfung der kritischen IKT-Systeme und Dienste sowie der Ermittlung erheblicher IKT-Risiken für kritische IKT-Systeme und -Dienste. Anschließend wird auf die Kontrollen zur Minderung erheblicher IKT-Risiken eingegangen. Dabei sollen folgende Prüfungsfelder beachtet werden:

- IKT-Risikomanagementrichtlinien, -prozesse und Risikotoleranzschwellen,
- Organisationsmanagement- und Aufsichtsrahmen,
- Prüfungsumfang und -feststellungen der internen Revision,
- IKT-Risikokontrollen, die für das ermittelte erhebliche IKT-Risiko spezifisch sind.

Insbesondere für den letzten Punkt werden sehr detailliert Aspekte aufgezeigt, die für die Bewertung des Risikos relevant sind. Hierbei wurde nach Kontrollen in den IKT-Risikokategorien

- IKT-Verfügbarkeits- und Kontinuitätsrisiken,
- IKT-Sicherheitsrisiken,
- IKT-Änderungsrisiken,
- IKT-Datenintegrationsrisiken und
- IKT-Auslagerungsrisiken

unterschieden. Abschließend ist eine Anweisung zur Zusammenfassung der Feststellungen und der Punktebewertung inklusive einer Tabelle zur Festlegung der Bewertung angegeben.

Die in den EBA-Leitlinien zur IKT-Risikobewertung im SREP enthaltenen Hinweise eignen sich gut, um das eigene IKT-Risiko strukturiert erfassen und steuern zu können. Die bisher genannten EBA-Leitlinien zur Erfassung des IKT-Risikos im Rahmen des operationellen Risikos sind allerdings in erster Linie als **Hilfsmittel für die zuständigen Aufsichtsbehörden** anzusehen. Mittelbar entfaltet der darin festgelegte **Prüfungsmaßstab im SREP** allerdings natürlich auch konkreten Umsetzungsdruck bei den beaufsichtigten Banken. Die im folgenden Abschnitt vorgestellten, neuen EBA-Leitlinien zum IKT- und Sicherheitsrisikomanagement enthalten im Gegensatz hierzu konkrete Vorgaben, die direkt an die beaufsichtigten Institute gerichtet sind.

4.4.3 Anforderungen der Leitlinien zum IKT- und Sicherheitsrisikomanagement

Aufgrund der wachsenden Bedeutung des IKT-Risikos hat die EBA am 13.12.2018 **Leitlinien zum IKT- und Sicherheitsrisikomanagement** zur Konsultation gestellt.[128]

Diese Guidelines sollen aufzeigen, wie Finanzinstitute ihre IKT-Risiken managen sollen. Außerdem sollen die aufsichtlichen Erwartungen mit Bezug zum IKT-Risikomanagement erläutert werden, damit die Institute diese besser verstehen können.

Die zugrunde liegende **Definition des IKT-Risikos** entspricht zunächst der oben bereits genannten Definition aus den SREP-Guidelines (vgl. Unterabschnitt 4.1.1), an die allerdings ein Satz über die Integration des Sicherheitsrisikos angefügt ist:

ICT-Risk: Risk of loss due to breach of confidentiality, failure of integrity of systems and data or inability to change IT within a reasonable time and costs when the environment or business requirements change (e.g. agility). This includes security risk resulting from inadequate or failed internal processes or external events including cyber-attacks or inadequate physical security.[129]

Der Hauptteil beginnt mit dem Abschnitt IKT Governance und Strategie, indem Anforderungen an die Governance, die Strategie sowie die Einbindung von Drittparteien, bei

---

128 EBA draft Guidelines on ICT and security risk management (EBA/CP/2018/35), s. EBA (2018f). Nach den von der EBA im Hearing zu den Leitlinien gegebenen Informationen ist mit einer Veröffentlichung der finalen Guidelines bis 30.09.2019 zu rechnen. Damit würden die Leitlinien – nach der üblichen sechsmonatigen Umsetzungsfrist – im Frühjahr 2020 in Kraft treten, vgl. LeCompte/Yiannoulis (2019), S. 7.
129 Vgl. EBA (2018f), S. 13.

denen es sich auch um gruppeninterne Unternehmen handeln kann, gestellt werden.[130] Anschließend werden Anforderungen an das Risikomanagement formuliert. Zunächst werden **organisatorische Anforderungen** gestellt, insbesondere eine Ausrichtung am »Three lines of defence«-Modell. Anschließend werden zu den typischen **Phasen des Risikomanagementprozesses** Hinweise gegeben:

- Identifikation von Funktionen, Prozessen und Assets,
- Klassifikation und Risikobewertung,
- Risikoverminderung,
- Risikoreporting,
- Interne Revision[131].

Der folgende Abschnitt umfasst dann **Anforderungen an die Informationssicherheit**. Dabei wird zunächst auf die Informationssicherheitsrichtlinie eingegangen, dann auf die Einrichtung der Funktion eines Informationssicherheitsbeauftragten. Anschließend werden im Unterabschnitt »Logical Security« Anforderungen an die Zugriffskontrolle und -steuerung gestellt, worin Maßnahmen zur physischen Sicherheit gefordert werden. Sodann werden anhand der typischen Phasen im IT-Sicherheitsmodell

- Identification,
- Prevention,
- Detection

Anforderungen gestellt (die Phasen Response und Recovery werden im späteren Abschnitt ausgeführt). Die Phasen Identification und Prevention werden im Unterabschnitt ICT Operations Security behandelt, während auf die Phase Detection insbesondere im Abschnitt Security Monitoring eingegangen wird. Damit der Sicherheitsmonitoringprozess effektiv ist, werden im folgenden Abschnitt Information Security Reviews, Assessment and Testing Anforderung an die Überprüfung des Überwachungssystems gestellt. Abschließend wird im Hauptabschnitt zum Risikomanagement das Thema Information Security Training and Awareness adressiert. [132]

Der nächste Hauptabschnitt umfasst die Phasen im IT-Sicherheitsmodell Response und Recovery durch Vorgaben zum ICT Operations Management. Hier werden u. a. Anforderungen an ein up-to-date Asset Inventory, weitgehende Automatisierung von Prozessen, an ein Lifecycle Management von IT-Assets und an Prozesse zu Backup-Systemen gestellt. Herausgestellt werden dann Vorgaben für ein Incident and Problem Management. [133]

---

130 Vgl. EBA (2018f), S. 15 f.
131 Vgl. EBA (2018f), S. 16-19.
132 Vgl. EBA (2018f), S. 19-23.
133 Vgl. EBA (2018f), S. 24 f.

Da viele IT-Vorfälle durch Änderungen an der IT verursacht werden, wurde ein Hauptabschnitt zum ICT Project and Change Management angefügt. Zunächst werden Vorgaben zum Projektmanagement aufgeführt, woran sich Anforderungen an Bezug und Entwicklung von IKT-Systemen anschließen. Abschließend werden Vorgaben für das **ICT Change Management** aufgezeigt.[134]

Der nächste Hauptabschnitt enthält Anforderungen an das **Business Continuity Management** mit den typischen Elementen:
- Business Impact Analysis,
- Business Continuity Planning,
- Response and Recovery Plans,
- Testing of Plans,
- Crisis Communications.[135]

Die Richtlinie schließt mit speziellen Vorgaben für Payment Service Provider in Hinblick auf das Payment Service User Relationship Management.[136]

Für deutsche Institute dürften die genannten Anforderungen nicht sehr viel Neues beinhalten, da sich der **Leitlinienentwurf sehr stark an den bestehenden bankaufsichtlichen Anforderungen an die IT (BAIT) orientiert**. Die BAIT, als zentrales Dokument der deutschen Aufsicht zur IT-Risikoregulierung, werden nachfolgend kurz vorgestellt.

4.4.4   Anforderungen gemäß BAIT

Die **Bankaufsichtlichen Anforderungen an die IT (BAIT)** wurden erstmals im Oktober 2017 veröffentlicht und im September 2018 um das Modul Kritische Infrastrukturen erweitert.[137]

In den BAIT wird in der Vorbemerkung erklärt, dass die BAIT auf der Grundlage des § 25a Abs. 1 KWG einen flexiblen und praxisnahen Rahmen für die technisch-organisatorische Ausstattung der Institute – insbesondere für das Management der IT-Ressourcen und für das IT-Risikomanagement – vorgeben, und dass sie ferner die Anforderungen des § 25b KWG (Auslagerung von Aktivitäten und Prozessen) präzisieren.

---

134 Vgl. EBA (2018e), S. 26-28.
135 Vgl. EBA (2018e), S. 28-30.
136 Vgl. EBA (2018e), S. 31.
137 Vgl. hierzu Buchmüller/Hellstern (2019) für eine umfassende Darstellung der Entwicklung und Inhalte der BAIT.

Der Anforderungsteil ist in die folgenden neun **Module** gegliedert.

- IT-Strategie,
- IT-Governance,
- Informationsrisikomanagement,
- Informationssicherheitsmanagement,
- Benutzerberechtigungsmanagement,
- IT-Projekte, Anwendungsentwicklung (inkl. durch Endbenutzer in den Fachbereichen),
- IT-Betrieb (inkl. Datensicherung),
- Auslagerungen und sonstiger Fremdbezug von IT-Dienstleistungen,
- kritische Infrastrukturen.

Inhaltlich werden zum großen Teil die Anforderungen aus den bereits oben dargestellten Richtlinien in die deutsche Aufsichtspraxis integriert – neben den neuen Anforderungen in AT 7.2 Tz 4 f. MaRisk (vgl. Abschnitt 3.3). Wegen der zentralen Bedeutung der BAIT für die deutsche Aufsichtspraxis werden die Module der BAIT im Folgenden kurz vorgestellt.

Im Modul **IT-Strategie** werden Aspekte genannt, die eine IT-Strategie nach AT 4.2 MaRisk zu erfüllen hat. Die Geschäftsleitung hat insbesondere eine nachhaltige IT-Strategie festzulegen, in der die Ziele sowie Maßnahmen zu deren Erreichung dargestellt werden. Die Strategie umfasst beispielsweise die strategische Entwicklung der IT-Aufbau- und Ablauforganisation, Zuordnung gängiger Standards, an denen sich das Institut orientiert, oder die strategische Entwicklung der IT-Architektur. [138]

Im Modul **IT-Governance** wird zunächst die IT-Governance als Struktur zur Steuerung sowie Überwachung des Betriebs und der Weiterentwicklung der IT-Systeme einschließlich der dazugehörigen IT-Prozesse auf Basis der IT-Strategie definiert. Die Geschäftsleitung ist dann verantwortlich, dass die Regelungen zur IT-Aufbau- und Ablauforganisation festgelegt, bei Veränderungen der Aktivitäten und Prozesse zeitnah angepasst und wirksam umgesetzt werden. Es muss ferner eine ausreichend qualifizierte Personalstärke vorhanden sein, Interessenkonflikte müssen vermieden und angemessene Kriterien zur Steuerung des Betriebs und der Weiterentwicklung der IT-Systeme festgelegt und überwacht werden. [139]

Das Modul **Informationsrisikomanagement** beinhaltet Anforderungen, mit denen das sich aus der Nutzung von IT-Systemen ergebende Risiko gesteuert werden kann. Hier

---

138 Vgl. BAIT, S. 4.
139 Vgl. BAIT, S. 5.

wird der bekannte Risikomanagementprozess mit den Phasen Risikoidentifikation, Risikomessung, Risikosteuerung und-minderung, Risikoreporting auf die IT-Systeme und die zugehörigen Prozesse angewendet. Unter anderem wird gefordert, dass es einen aktuellen Überblick über die Bestandteile des festgelegten Informationsverbundes (umfasst z. B. auch geschäftsrelevante Informationen, Geschäftsprozesse, IT-Systeme, Netz- und Gebäudeinfrastrukturen) inklusive deren Abhängigkeiten und Schnittstellen gibt. Für diese Bestandteile ist eine konsistente Methodik zur Ermittlung des Schutzbedarfs insbesondere im Hinblick auf die Schutzziele Integrität, Verfügbarkeit, Vertraulichkeit und Authentizität zu implementieren. Anschließend sind Anforderungen des Instituts zur Umsetzung der Schutzziele in den Schutzbedarfskategorien festzulegen und in einem Sollmaßnahmenkatalog zu dokumentieren. Damit muss dann eine Risikoanalyse durchgeführt werden, indem jede Sollmaßnahme mit den bereits umgesetzten Maßnahmen verglichen wird und die Risiken aus bestehenden Soll-Ist-Abweichungen bewertet werden. Damit sind Risiken messbar und es können im weiteren Managementprozess weitere Maßnahmen zur Verringerung der Risiken veranlasst werden, sofern nicht das Risiko bewusst eingegangen und beobachtet wird. Über die Risikoanalyse und der Veränderung der Risikosituation ist die Geschäftsleitung regelmäßig zu informieren. [140]

Während im vorangehend beschriebenen Modul das eher klassische Risikomanagement im Vordergrund steht, in dem die IT-Risiken gemessen und gesteuert werden können, geht es im Modul **Informationssicherheitsmanagement** mehr um Anforderungen zur operativen Vermeidung interner oder externer Risikobedrohungen. Dazu soll das Informationssicherheitsmanagement einem klassischen laufenden Managementprozess mit den Phasen Planung, Umsetzung, Erfolgskontrolle sowie Optimierung und Verbesserung folgen. Zunächst ist durch die Geschäftsleitung eine »high level« Sicherheitsleitlinie, welche die Ziele und den Geltungsbereich für die Informationssicherheit umfasst, zu beschließen und angemessen im Institut zu publizieren. Auf dieser Basis sind dann konkretisierende Informationssicherheitsrichtlinien etwa für die Bereiche Netzwerksicherheit oder Verschlüsselung zu erstellen und Informationssicherheitsprozesse zur Erreichung von vereinbarten Schutzzielen zu definieren. Dabei sind die Teilprozesse Identifizierung, Schutz, Entdeckung, Reaktion und Wiederherstellung zu berücksichtigen. Die Verantwortung für die wirksame Umsetzung und regelmäßigen Information der Geschäftsleitung obliegt einer grundsätzlich im Institut einzurichtenden Funktion des Informationssicherheitsbeauftragten, die organisatorisch und prozessual unabhängig ausgestaltet werden muss, um Interessenskonflikte zu vermeiden. Ferner sind bei einem Informationssicherheitsvorfall die Auswirkungen auf die Informationssicherheit zu analysieren und angemessene Nachsorgemaßnahmen zu veranlassen. [141]

---

140 Vgl. BAIT, S. 6 f.
141 Vgl. BAIT, S. 8-10.

Vom vorangehend beschriebenen Modul ist das Modul **Benutzerberechtigungsmanagement** abgegrenzt, obwohl es auch als Teil des Informationssicherheitsmanagement gelten könnte. Hier werden die klassischen Anforderungen an das Benutzerberechtigungskonzept wie etwa das »need-to-know«-Prinzip, an Prozesse für die Verwaltung der Rechte, an Kontrollprozesse oder die Dokumentation der Rechteänderungen gestellt. [142]

Im Modul **IT-Projekte, Anwendungsentwicklung (inkl. durch Endbenutzer in den Fachbereichen)** werden grundlegende Anforderungen an ein geordnetes Projektmanagement im Bereich der IT gestellt. Diese umfassen beispielsweise die Projektsteuerung inklusive der Abschätzung von Projektrisiken, die Festlegung von Prozessen zu einzelnen Phasen des Softwareentwicklungsprojektes inklusive Test- und Dokumentationsphase sowie die Kategorisierung und Umgang der von Endbenutzern entwickelten internen Anwendungen (individuelle Datenverarbeitung, IDV). [143]

Das Modul **IT-Betrieb (inkl. Datensicherung)** enthält Anforderungen an die Verwaltung der Komponenten der IT-Systeme, an die Steuerung des IT-Systemportfolios unter Berücksichtigung der Risiken aus Alt-Systemen, an die Änderungsprozesse für IT-Systeme, an die Störungsmeldungen und an das Datensicherungskonzept. [144]

Im Modul **Auslagerungen und sonstiger Fremdbezug von IT-Dienstleistungen** werden Anforderungen gemäß § 25a Abs. 1 KWG für den sonstigen Fremdbezug von IT-Dienstleistungen dargestellt. Der Begriff sonstiger Fremdbezug ist in der Erläuterungspalte von AT 9 Abs. 1 MaRisk erläutert. Ein sonstiger Fremdbezug gilt nicht als Auslagerung, für die eine Reihe von umfassenden Anforderung gemäß AT 9 MaRisk zu erfüllen sind. IT-Dienstleistungen, die als sonstiger Fremdbezug klassifiziert werden, würden damit nicht in den Anwendungsbereich des AT 9 MaRisk fallen. [145]

Wegen der grundlegenden Bedeutung der IT für das Institut werden jedoch in der BAIT auch für diese IT-Dienstleistungen Anforderungen gestellt. Zunächst ist für jeden sons-

---

142 Vgl. BAIT, S. 11 f.
143 Vgl. BAIT, S. 13-15.
144 Vgl. BAIT, S. 16-18.
145 Gemäß der MaRisk ist der isolierte Bezug von Software grundsätzlich als sonstiger Fremdbezug einzustufen. Dies umfasst neben dem Erwerb auch folgende weiteren Unterstützungsleistungen: das Customizing der Software, die Programmierung von spezifischen Änderungswünschen, den Test-, Freigabe- und Deployment-Prozess bei Ersteinführung bzw. nach wesentlichen Änderungen, den Supportprozess bei Fehlern bzw. im Rahmen des Change-Managements, sowie sonstige Unterstützungsleistungen, die über die reine Beratung hinausgehen. Explizit ausgenommen von diesem Grundsatz sind Software-Lösungen und Dienstleistungen für die Identifizierung, Beurteilung, Steuerung, Überwachung und Kommunikation der Risiken, außerdem solche Applikationen, die für die Durchführung von bankgeschäftlichen Aufgaben von wesentlicher Bedeutung sind. In solchen Fällen sind die Unterstützungsleistungen zwingend als Auslagerung einzustufen. Außerdem ist der Betrieb von Software durch einen externen Dritten immer als Auslagerung zu qualifizieren.

tigen Fremdbezug einer IT-Dienstleistung eine Risikobewertung durchzuführen, die im weiteren Verlauf regelmäßig und anlassbezogen zu überprüfen ist. Dann ist der sonstige Fremdbezug unter Berücksichtigung der Risikobewertung zu steuern und die Leistung des Dienstleisters risikoadäquat zu überwachen. Aus der Risikoanalyse abgeleitete Maßnahmen sind in der Vertragsgestaltung mit dem Dienstleister zu berücksichtigen. Die Ergebnisse der Risikobewertung sind im Rahmen des Managements der operationellen Risiken angemessen zu berücksichtigen. [146]

Das letzte Modul **Kritische Infrastrukturen** wurde am 14.09.2018 in die BAIT eingefügt und richtet sich eigens an die Betreiber kritischer Infrastrukturen (sog. KRITIS-Betreiber). [147] Im Modul werden Anforderungen an die wirksame Umsetzung besonderer Maßnahmen zum Erreichen des KRITIS-Schutzziels, d. h. Bewahren der Versorgungssicherheit der Gesellschaft mit kritischen Dienstleistungen, genannt. Das Modul kann optional verwendet werden, um im Rahmen einer Jahresabschlussprüfung den Nachweis gem. § 8a Abs. 3 BSIG zu erbringen. Durch diesen Nachweis müssen Betreiber kritischer Infrastrukturen zeigen, dass sie angemessene organisatorische und technische Vorkehrungen zur Vermeidung von Störungen der Verfügbarkeit, Integrität, Authentizität und Vertraulichkeit ihrer informationstechnischen Systeme, Komponenten oder Prozesse, die für die Funktionsfähigkeit der betriebenen kritischen Infrastrukturen maßgeblich sind, getroffen haben. [148]

4.4.5   Anforderungen zum IT-Risiko auf globaler Ebene

Das **IKT-Risiko** ist auch im Baseler Ausschuss für Bankenaufsicht ein wichtiges Thema. Im März 2017 haben die G20-Finanzminister und Notenbankpräsidenten festgestellt, dass »the malicious use of information and communication technologies (ICT) could disrupt financial services crucial to both national and international financial systems, undermine security and confidence, and endanger financial stability«. [149]

Im Finanzmarkt ist auf IT-technischer Ebene eine zunehmende **Automatisierung und Integration** von Drittparteien und Kunden zu beobachten. Damit wird das Finanzsystem aber auch verwundbarer gegenüber Angriffen insbesondere aus dem weltweiten anonymen Internet. Darüber hinaus ist der Kreis der IT-Dienstleister im speziellen durch

---

146 Vgl. BAIT, S. 19 f.
147 Vgl. Erste Verordnung zur Änderung der BSI-Kritisverordnung vom 21.06.2017.
148 Vgl. BAIT, S. 20 ff.
149 Communique: G20 Finance Ministers and Central Bank Governors Meeting, Baden-Baden, Germany, 17. bis 18. März 2017.

die **Cloud Technology** gewachsen, und die damit einhergehenden neuen Möglichkeiten erfordern neue Maßnahmen, um die Widerstandfähigkeit (**Resilienz**) der Institute gegenüber Cyber-Angriffen aber auch normalen IT-Risiken zu stärken.

Gerade vor dem Hintergrund einer wachsenden Bedrohung durch Cyber-Angriffe sind eine Menge von regulatorischen Initiativen ins Leben gerufen worden, um die **Cyber-Resilienz** zu stärken. Die G7 etwa haben die »Fundamental Elements of Cyber-Security for the Financial Sector« veröffentlicht. Das Committee on Payments and Market Infrastructures (CPMI) gab gemeinsam mit der International Organization of Securities and Commissions (IOSCO) im Juni 2016 Guidance on Cyber-Resilience for Financial Market Infrastructures heraus. [150]

In diesen Initiativen ist zu erkennen, dass das hier adressierte Thema operationelle Resilienz über das reine Management operationeller Risiken mit Blick auf deren Mindestkapitalanforderungen hinausgeht. Der Baseler Ausschuss für Bankenregulierung hat daher eine **Arbeitsgruppe Operational Resilience Working Group** eingerichtet, die sich unter anderem mit dem Thema Cyber Risk aber auch operational Resilience beschäftigen soll.

Ein erstes Arbeitsergebnis dieser Arbeitsgruppe ist das im Dezember 2018 veröffentlichte Dokument **Cyber-Resilience: Range of Practices**. [151] In diesem Dokument wurden durch die Teilnehmer Informationen zu verschiedenen Aspekten von Cyber-Resilienz zusammengetragen und kommentiert. Hauptergebnis sind zehn Schlüsselfeststellungen, mit denen das Umfeld des Cyber-Risikos beschrieben wird:

- Die meisten nationalen Aufseher verweisen auf bereits entwickelte **nationale oder internationale Standards** zum Thema Cyber-Resilienz, wodurch generell ein hoher Grad an Homogenität der Methoden gegeben ist.
- Obwohl explizite **Cyber-Strategien** nicht von den Instituten verlangt werden, erwarten die Aufsichtsbehörden in der Regel, dass das Thema in der übergreifenden Strategie angesprochen wird.
- In den meisten Ländern sind **IT-Risk-Management** und das Management operationeller Risiken weit entwickelt und werden verwendet, um das Cyber-Risiko zu steuern bzw. die Cyber-Resilienz zu überwachen.
- Obwohl Managementmodelle wie das **Three-Lines-of-Defence**-Modell weit verbreitet sind, ist das Thema Cyber-Resilienz noch nicht ausreichend klar im Organisations- und Ablaufplan abgegrenzt.

---

150 Im Dezember 2018 hat die EZB auf Grundlage dieser Richtlinie eine Auslegung mit dem Namen Cyber Resilience Oversight Expectation for Financial Market Infrastructures (CROE) veröffentlicht.
151 Vgl. Basel Committee on Banking Supervision (2018): Cyber-resilience: Range of practices.

- Die IT-technischen Qualifikationsanforderungen sind ein Engpass bei der **Personalsuche**.
- Während Test der Phasen **Protection und Detection** weit verbreitet sind, sind diese in den Phasen **Response und Recovery** noch nicht sehr stark ausgeprägt.
- Es gibt bislang in wenigen Ländern Anforderungen an ein **Inzident-Management-Rahmenwerk**, allerdings wird fast überall ein Response Plan erwartet.
- Auch wenn es ein paar vorausschauende **Indikatoren** zur Messung von Cyber-Resilienz gibt, existieren derzeit noch keine Mindestanforderung für **Maßnahmen** zur Bewertung von Cyber-Resilienz.
- Bezüglich **Inzidentmeldungen** gibt es in einigen Jurisdiktionen Anforderungen an die Meldung der Bank an die Aufsichtsbehörde. Meldungen zwischen einzelnen Instituten erfolgen weitgehend auf freiwilliger Basis.
- Rahmenwerke zum Umgang mit **Auslagerungsaktivitäten** sind in den meisten Ländern weit etabliert und zeigen eine vergleichsweise hohe Homogenität auf.

Das Dokument selbst enthält dann Informationen zu folgenden Themen:
- Richtlinien und Standards für Cyber-Resilienz,
- Cyber-Governance,
- Ansätze zum Risikomanagement, zu Tests, zu Incident Response und zu Recovery,
- Kommunikation und Informationsweitergabe,
- Zusammenwirken mit Drittparteien.

Die Informationen in dieser Veröffentlichung können ergänzend zu den oben genannten Quellen Hinweise auf Verbesserungsmöglichkeiten zur Steuerung des IKT-Risikos in den Instituten geben bzw. lassen zukünftige neue regulatorische Anforderungen in diesem Bereich antizipieren.

4.5   Outsourcing

4.5.1   Aufsichtsrechtlicher Überblick und Bezug zum OpRisk

Anforderungen an die Steuerung von Auslagerungen sind im deutschen Bankaufsichtsrecht bisher – auf Grundlage von § 25b KWG in AT 9 der MaRisk sowie zu IT-Auslagerungen und sonstigem Fremdbezug von IT-Dienstleistungen in Modul 8 der BAIT enthalten (s. Unterabschnitt 4.5.2). Neue Anforderungen auf EU-Ebene wurden von der EBA am 25.02.2019 in Form der EBA Revised Guidelines on Outsourcing Arrangements veröffentlicht (s. Unterabschnitt 4.5.3). Aktuell beschäftigt die Aufsicht insbesondere die zunehmende Tendenz zum Cloud-Computing (s. Unterabschnitt 4.5.4).

In den letzten Jahren wurden durch die Institute immer mehr Geschäftsaktivitäten ausgelagert, um Kosten zu reduzieren oder die Flexibilität und Effizienz der eigenen Prozesse zu steigern. Insbesondere im Zuge der **Digitalisierung** kann man vermehrt Auslagerungen von Prozessteilen an Dritte beobachten, wobei neben der Auslagerung von Teilen der bankgeschäftlichen Wertschöpfungskette etwa an spezialisierte Fintechs auch die Auslagerung an Cloud-Anbieter zu nennen sind. Der Bezug zur OpRisk-Steuerung besteht einerseits darin, dass die Auslagerungen **neue Risiken** durch eine zunehmende Komplexität der Prozessketten und eine größere Anzahl von beteiligten Personen, Unternehmen und Datenübertragungen verursachen können. Andererseits stellen die genannten Entwicklungen das OpRisk-Controlling vor **operative Herausforderungen** wie die Gewährleistung der Zumeldung von OpRisk-Verlusten und Frühwarnindikatoren auch bei den ausgelagerten Prozessen.

Zudem ist schließlich wieder ein stärkeres **Zusammenwachsen der OpRisk- und Auslagerungssteuerungsprozesse** zu beobachten. Diese Tendenz bestand bereits mit der Einführung des Auslagerungsmoduls in die MaRisk als in der Praxis oftmals versucht wurde, die Risikoanalysen für Auslagerungen mit dem OpRisk Self Assessment und Szenarioerhebungen zu verbinden. Im Zuge des Trends zur Bildung größerer Einheiten im Bereich Non-Financial Risk gewinnen solche Harmonisierungsbestrebungen aktuell wieder an Bedeutung. Zudem wird zunehmend erkannt, dass gerade im Bereich ausgelagerter IT-Prozesse eine **Zusammenlegung der Risikoanalysen** im Zusammenhang mit der Schutzbedarfsermittlung, der OpRisk-Analysen, der BCM-Kritikalitätseinstufungen und der originären Auslagerungsrisikoanalysen notwendig ist für eine insgesamt konsistente Risikobewertung.

Erst, wenn schnell mit wenig Aufwand die wesentlichen Risiken aus Auslagerungen identifiziert und ihrer Bedeutung nach in die Gesamtmenge der operationellen Risiken (inkl. IT- und Rechtsrisiken) eingewertet werden können, ist eine Fokussierung auf die wichtigsten Einzelrisiken und priorisierte schnelle Umsetzung konkreter Risikobegrenzungsmaßnahmen möglich. Im Folgenden sollen hierzu die Anforderungen an die Steuerung von Auslagerungen gemeinsam mit praktischen Herausforderungen und aktuellen Risiken im Bankensektor kurz vorgestellt werden, bevor dann abschließend Möglichkeiten zur besseren Verbindung der OpRisk- und Auslagerungssteuerungsprozesse skizziert werden (s. Unterabschnitt 4.5.5).

4.5.2   Geltende Vorgaben in KWG und MaRisk

Während bei den nicht wesentlichen Auslagerungen lediglich die **allgemeinen Anforderungen an die Ordnungsmäßigkeit der Geschäftsorganisation** gemäß § 25a Abs. 1 KWG zu beachten sind, wurden in AT 9 MaRisk für die wesentlichen Auslagerungen eine Menge von weiteren Maßnahmen gefordert:

• Erarbeitung von Handlungsoptionen für die Beendigung der Auslagerung,
• Vorgegebene Mindestinhalte für die Auslagerungsverträge,
• Einräumung von Zustimmungsvorhalten bei Weiterverlagerungen,
• Einrichtung eines zentralen Auslagerungsmanagements.

Zunächst ist demnach grundsätzlich zu unterscheiden, ob es sich um eine Auslagerung handelt oder ob nicht. Die MaRisk qualifizieren einen Sachverhalt als Auslagerung, wenn ein anderes Unternehmen mit der Wahrnehmung von Aktivitäten und Prozessen im Zusammenhang mit der Durchführung von Bankgeschäften, Finanzdienstleistungen oder sonstigen institutstypischen Dienstleistungen beauftragt wird, die ansonsten vom Institut selbst erbracht würden. Davon abgegrenzt, d. h. nicht als Auslagerung zu qualifizieren, ist der sonstige Fremdbezug von Leistungen. Darunter fällt der einmalige oder gelegentliche Fremdbezug von Gütern und Dienstleistungen. Des Weiteren Leistungen, die typischerweise **nicht** vom Institut selber selbst erbracht werden können (z. B. die Nutzung von Zentralbankfunktionen innerhalb der Verbünde, die Nutzung von Clearingstellen im Rahmen des Zahlungsverkehrs/der Wertpapierabwicklung, die Inanspruchnahme von Liquiditätslinien, die Einschaltung von Korrespondenzbanken oder die Verwahrung von Vermögensgegenständen von Kunden nach dem Depotgesetz). Bei diesen Leistungen müssen nur die allgemeinen Anforderungen gemäß § 25a KWG und nicht die für Auslagerungen spezifischen Anforderungen gemäß § 25b KWG eingehalten werden.

Für den Zusammenhang hier ist wichtig, dass gemäß der MaRisk der **isolierte Bezug von Software** grundsätzlich als sonstiger Fremdbezug einzustufen ist. Dies umfasst neben dem Erwerb auch folgende weitere Unterstützungsleistungen:

• das Customizing der Software,
• die Programmierung von spezifischen Änderungswünschen,
• den Test-, Freigabe- und Deployment-Prozess bei Ersteinführung bzw. nach wesentlichen Änderungen,
• den Supportprozess bei Fehlern bzw. im Rahmen des Change-Managements sowie
• sonstige Unterstützungsleistungen, die über die reine Beratung hinausgehen.

Explizit ausgenommen von diesem Grundsatz sind **Software-Lösungen und Dienstleistungen für die Identifizierung, Beurteilung, Steuerung, Überwachung und Kommunikation der Risiken**. Des Weiteren solche **Anwendungen, die für die Durchführung von bankgeschäftlichen Aufgaben von wesentlicher Bedeutung** sind. In solchen **Fällen sind die Unterstützungsleistungen zwingend als Auslagerung einzustufen**. Außerdem ist der Betrieb von Software durch einen externen Dritten immer als Auslagerung zu qualifizieren.

Nachdem mit diesen Maßgaben festgestellt ist, **was** eine Auslagerung im Sinne der MaRisk darstellt, ist ein Institut aufgefordert, auf Basis einer einheitlichen und nachvollziehbaren **Risikoanalyse** festzulegen, welche der Auslagerungen **wesentlich** sind. Kriterien für die Wesentlichkeit sind die mit der Auslagerung verbundenen Risiken (einschließlich möglicher Risikokonzentrationen), Risiken aus Weiterverlagerungen sowie die Eignung des Auslagerungsunternehmens.

Auch wenn die MaRisk davon ausgehen, dass – solange die Ordnungsmäßigkeit der Geschäftsorganisation gemäß § 25a Abs. 1 KWG nicht beeinträchtigt ist – grundsätzlich alle Aktivitäten und Prozesse auslagerbar sind, sind de facto folgende Einschränkungen gegeben: Zum einen sind die **Leitungsaufgaben der Geschäftsleitung per se nicht auslagerbar.** Zum anderen gelten besondere Maßstäbe bei der vollständigen oder teilweisen Auslagerung der Risikocontrolling-Funktion, der Compliance-Funktion und der Internen Revision. Diese besonderen Maßstäbe sind in AT 9 Tz. 5 der MaRisk genauer ausgeführt.

Die EBA hat am 25.02.2019 den »Final Report« zu den überarbeiteten Leitlinien zum Outsourcing veröffentlicht. Das 125-seitige englischsprachige Dokument enthält den Leitlinientext in englischer Sprache sowie umfangreiche Informationen zum durchlaufenen Konsultationsverfahren. Die Leitlinien treten nach Übersetzung in die Amtssprachen der EU zum 30.09.2019 in Kraft. Längere Übergangsfristen betreffen das neue Reporting zu Auslagerungen sowie die unter Umständen notwendige Rückholung von Auslagerungen bzw. Verlagerung auf andere Auslagerungsunternehmen.

4.5.3   EBA-Vorgaben zum Outsourcing

Die aus der Auslagerung erwachsenden Risiken sind originär dem operationellen Risiko zuzuordnen. In den **EBA-SREP-Leitlinien** (EBA/GL/2014/13 geändert durch EBA/GL/2018/03) wurde speziell darauf hingewiesen, dass die zuständigen Behörden die Wesentlichkeit der mit ausgelagerten Dienstleistungen und Aktivitäten verbundenen operationellen Risiken untersuchen sollen.

Am 25.02.2019 hat die EBA die Guidelines on Outsourcing Arrangements veröffentlicht. In diesen werden Anforderungen in Zusammenhang mit dem Outsourcing gestellt. Zunächst werden die Aspekte der Proportionalität erläutert und auf das Outsourcing innerhalb von Gruppen eingegangen. Dann wird definiert, was unter den Auslagerungstatbestand fällt und was nicht, woran sich dann Vorgaben zur Bewertung der Wesentlichkeit (Kritikalität oder Wichtigkeit) der Auslagerung anschließt. Im folgenden Governance-Teil werden die Themen stimmige Governance-Arrangements, Auslagerungsrichtlinie, Interessenskonflikte, Business Continuity Plans, Interne Revision und

Dokumentation adressiert. Anschließend werden Vorgaben zum Auslagerungsprozess mit den Phasen Pre-Outsourcing-Analyse, Vertragsgestaltung, Überwachung der ausgelagerten Funktion und Exit-Strategie aufgeführt. Die Richtlinie schließt mit Anforderungen an die zuständigen Behörden zur Überwachung der Auslagerungen.

Im Wesentlichen sind die Anforderungen der EBA bekannt und in der deutschen Aufsichtspraxis bereits eingeführt. In Deutschland sind die wesentlichen Anforderungen in § 25b KWG zu finden, die dann in AT 9 MaRisk weiter spezifiziert wurden.

4.5.4 Fortentwicklung der Vorgaben zum Cloud-Computing[152]

Speziell für die **Auslagerungen an Cloud-Anbieter** hat die deutsche Aufsicht das Merkblatt Orientierungshilfe zu Auslagerungen an Cloud-Anbieter im November 2018 veröffentlicht. Grund waren insbesondere vermehrt Nachfragen aus der Finanzbranche nach Ausgestaltung von Verträgen mit den Cloud-Anbietern. In dieser Orientierungshilfe werden keine neuen Anforderungen gestellt, sondern die derzeitige aufsichtliche Praxis wiedergegeben. Durch sie soll insbesondere die aufsichtliche Einschätzung zu verschiedenen Formulierungen in Vertragsklauseln transparent gemacht werden.

Mit der Orientierungshilfe wird das Ziel verfolgt, für die beaufsichtigten Unternehmen ein **Problembewusstsein im Umgang mit Cloud-Diensten** und den damit verbundenen aufsichtsrechtlichen Anforderungen zu schaffen. In diesem Zusammenhang weist die Orientierungshilfe auf wesentliche Aspekte hin, welche die beaufsichtigten Unternehmen bei der Auslagerung an Cloud-Anbieter z. B. im Rahmen der Risikoanalyse und der vertraglichen Gestaltung beachten sollten.

Der Aufbau dieser Veröffentlichung ist wie folgt: Zunächst werden insbesondere Fachbegriffe zum Thema Cloud erläutert. Anschließend wird darauf hingewiesen, dass Überlegungen zu Cloud-Nutzung in der IT-Strategie abgebildet werden sollen. Wenn die strategische Entscheidung zur Nutzung der Cloud-Dienstleistung gefallen ist, ist eine Risikoanalyse durchzuführen. Dazu werden Aspekte aufgezählt, was bei dieser Analyse grundsätzlich zu beachten ist. Ist das Ergebnis der Risikoanalyse, dass eine wesentliche Auslagerung vorliegt, so werden schließlich in der Orientierungshilfe folgende Mindestinhalte für den Auslagerungsvertrag vorgeschlagen:
- Leistungsgegenstand,
- Informations- und Prüfungsrechte des beaufsichtigten Unternehmens,

---

152 Vgl. hierzu auch Mährle/Buchmüller (2019) und Buchmüller/Mährle (2019).

- Informations- und Prüfungsrechte der Aufsicht,
- Weisungsrechte,
- Datensicherheit/-schutz (Hinweis zum Ort der Datenspeicherung),
- Kündigungsmodalitäten,
- Weiterverlagerung,
- Informationspflichten,
- Hinweis zum anwendbaren Recht.

Es ist davon auszugehen, dass insbesondere die Vertragsgestaltung durch die Orientierungshilfe für die Marktteilnehmer transparenter, weitgehend harmonisierter und vor
allem schneller durchgeführt werden kann.

4.5.5   Verbindungsmöglichkeiten von OpRisk- und Auslagerungssteuerung

Bereits seit der Begründung der OpRisk-Steuerung durch das Basel-II-Rahmenwerk ist
ein dezentrales OpRisk-Controlling und die Vornahme von Risikoanalysen ein Kernbereich der OpRisk-Steuerung. Ähnliche Vorgaben hatte die BaFin bereits vor der Aufnahme
des AT 9 zu Auslagerungen in die MaRisk zum Thema Auslagerungen vorgegeben. Grundsätzlich trat dabei in der Praxis immer wieder das »Problem« auf, dass die zuständigen
Fachabteilungen relativ häufig nicht nur ein OpRisk-Self Assessment, sondern für den
gleichen ausgelagerten Prozess auch eine Zeitkritikalitätseinwertung und eine jährliche
Risikoanalyse der Auslagerung durchführen mussten. Aktuell wird diese Gemengelage
nun dadurch verschärft, dass die ganzheitlichen Schutzbedarfsanalysen für dieselben
ausgelagerten IT-Prozesse durch die Einführung der BAIT einen ganz neuen Stellenwert
erhalten haben.

Wesentliches Synergiepotenzial besteht nun in der Verknüpfung der Risikoanalysen
sowie der Verbindung der unterschiedlichen Reporting- und Steuerungsstränge in den
Themenfeldern OpRisk, BCM, Auslagerungsmanagement und IT-Steuerung. Diese Effi-
zienzbestrebungen können durch eine Zusammenlegung dieser Einheiten zu einer Orga-
nisationseinheit Non-Financial Risk forciert werden.

5 Offenlegungsanforderungen und Verlustdaten

5.1 Offenlegung und Meldeanforderungen

5.1.1 Einführung

Die Offenlegungsanforderungen an die Banken zum operationellen Risiko wurden bereits als Teil des Basel-II-Regelwerkes international vereinheitlicht.[153] Dabei ist die **Offenlegung der Institute** in Form ihrer Geschäftsberichte und besonderer Offenlegungsberichte als neue Teildisziplin nach genauen aufsichtlichen Vorgaben mit Basel II eingeführt worden. Sie ist zu unterscheiden von der allgemeinen Finanzmarktkommunikation, aufgrund börsenrechtlicher Vorgaben bei frei gehandelten Wertpapieremissionen wie Aktien und Pfandbriefen. Ebenso ist die Offenlegung der Institute zu unterscheiden von der aufsichtlichen Offenlegung und dem Meldewesen der Institute an die Aufsicht.

Bereits mit dem Basel-II-Rahmenwerk wurde zwischen einer qualitativen und quantitativen Offenlegung unterschieden. Zum Thema operationelles Risiko waren die Baseler Offenlegungsvorgaben bisher sehr spärlich. Tab. 5.1 zeigt, dass das **Basel-II-Rahmenwerk** ursprünglich lediglich eine qualitative Offenlegung zu den Ansätzen, für die sich das Institut qualifiziert, und im Fall des AMA die Beschreibung des Messverfahrens und der eigenkapitalanforderungsreduzierenden Nutzung von Versicherungen forderte.

Operationelle Risiken		
Qualitative Offenlegung	a)	Zusätzlich zu den allgemeinen qualitativen Offenlegungspflichten (Absatz 824), die Methode(n) zur Bestimmung der Eigenkapitalunterlegung des operationellen Risikos, für die sich die Bank qualifiziert
	b)	Beschreibung des AMA, falls von der Bank verwendet, einschl. einer Erörterung der in der Messmethode der Bank berücksichtigten sachdienlichen internen und externen Faktoren. Im Falle einer partiellen Anwendung Erfassungsbereich und Umfang der verschiedenen Methoden
	c)	Für Banken, die den AMA-Ansatz verwenden, Beschreibung der Verwendung von Versicherungen zur Verringerung des operationellen Risikos

Tab. 5.1: OpRisk-Offenlegungsanforderungen gemäß Basel II (Quelle: Baseler Ausschuss (2006), S. 275)

---

153 Vgl. Buchmüller (2008), S. 200-218.

Mit der Umsetzung des Baseler Rahmenwerks in der EU und vor allem der Gründung des Ausschusses der Europäischen Bankaufsichtsbehörden (**Committee of European Banking Supervisors, CEBS**) kam schnell die Forderung nach der erweiterten internetbasierten Offenlegung der Institute bzw. einem EU-weit vereinheitlichten Meldewesen der Banken an die Aufsicht auf. Während der Baseler Ausschuss nun die Offenlegungsanforderungen der dritten Säule mit dem Basel-III-Rahmenwerk fortentwickelt hat, betreibt er im Bereich Meldewesen und aufsichtliche Offenlegung keine Harmonisierung.

CEBS nahm als sogenanntes Stufe-3-Komitee gemäß dem »**Lamfalussy-Verfahren**« im Jahr 2004 seine Arbeit auf und konnte somit große Bereiche der Basel-II-Umsetzung prägen.[154] Der Ausschuss wurde in London angesiedelt und zum 01.01.2011 in die Europäische Bankenaufsichtsbehörde (European Banking Autority, EBA) überführt.[155] CEBS beschäftigte sich im Bereich operationelles Risiko insbesondere mit einer Harmonisierung der Vorgaben für die Prüfung der AMA-Ansätze und der grundlegenden Harmonisierung des sog. Partial Use.[156] Eine risikoartenübergreifende Tätigkeit war die Entwicklung des sog. FINREP- und COREP-Rahmenwerks für die Finanzberichterstattung an die Aufsicht und das aufsichtliche Meldewesen sowie der Vorgaben zur aufsichtlichen Offenlegung.[157] Die EBA führt diese Arbeit fort und präzisiert die Vorgaben gemäß CRR zum Meldewesen.

Darüber hinaus wurde im Rahmen **Säule-II-Umsetzung** in der EU nun ebenfalls der Kern eines einheitlichen Meldewesens seitens der EBA mit den SREP-Vorgaben gelegt. In diesem Bereich wirkt in der Praxis auch die EZB mit,[158] primär sind hier die Regelungen aber noch national geprägt.

Der folgende Unterabschnitt 5.1.2 beschreibt die aktuellen Vorgaben zum Meldewesen und zur Offenlegung und geht dabei auch auf das **Meldewesen zum IT-Risiko** als Unter-

---

154 Vgl. hierzu Buchmüller (2008), Abschnitt 2.4.2, S. 62-78 zur Rolle von CEBS, dem Lamfalussy-Verfahren und die »Stufe 3 Ausschüsse« sowie zur Umsetzung von Basel II in der EU insgesamt.
155 Vgl. Brixner/Schaber (2016), Kap. 1, S. 1-37 für einen Überblick über die institutionellen Aufgaben der EBA und das Zusammenspiel mit den weiteren Institutionen der EU-Finanzaufsicht. Andrae/Hellmich/Schmaltz (2018) geben einen Überblick über die Arbeit der EBA und listen die wichtigsten EBA-Regelwerke auf.
156 Hauptergebnis seiner Arbeit waren hier die sog. CEBS Guidelines zur Umsetzung und Validierung und Überprüfung von AMA und IRBA, die Anfang 2006 veröffentlicht wurden nach sehr kontroverser Diskussion des hierzu veröffentlichten Konsultationspapiers (CP 10) im Sommer 2015, vgl. CEBS (2005, 2006).
157 Hierzu hat CEBS bereits in den Jahren 2005 und 2006 wesentliche Arbeitsergebnisse in Form von Leitlinien (Guidelines) veröffentlicht, vgl. CEBS (2005a, 2006b). Besonders wichtig waren die Guidelines for the Implementation of the Framework for Consolidated Financial Reporting (FINREP) vom 16.12.2005 sowie das Framework for Common Reporting of the New Solvency Ratio, London, 13.01.2006 (COREP).
158 Eine aktuelle Beschreibung der Arbeit der EZB im Single Supervisory Mechanism geben Knaack/Tellers (2018). Lackhoff (2017) liefert eine hervorragende Kurzdarstellung der bankaufsichtlichen Befugnisse der EZB.

art des operationellen Risikos ein. Unterabschnitt 5.1.3 stellt die seitens des Baseler Ausschusses Ende 2018 fertiggestellten neuen **Meldeanforderungen zu Basel III** vor. Abschnitt 5.2 zeigt, wie jenseits des aufsichtlichen Meldewesens und der Offenlegung der Institute in der Praxis Informationen zu OpRisk-Verlusten über **Schadensfalldatenbanken** nichtstaatlicher Anbieter gesammelt werden und beschreibt die wichtigsten Erkenntnisse aus den aggregierten Schadenstatistiken dieser hervorragenden Datenquelle. Abschnitt 5.3 geht dann zum Abschluss des Buches auf **wichtige einzelne Schadensfälle** ein und verbindet die hieraus gewonnenen Erkenntnisse mit der Fortentwicklung der Bankenregulierung und der Risikosteuerungspraxis in den Banken.

5.1.2 Geltende Offenlegungs- und Meldeanforderungen

Während die ICAAP-Anforderungen (Internal Capital Adequacy Assessment Process) nach Säule II von der Bankenrichtlinie CRD IV geregelt werden (vgl. Kap. 3), sind die Offenlegungsanforderungen der dritten Säule wiederum als **Teil 8 in Art. 431–455 der CRR** enthalten. Art. 446 CRR verlangt hinsichtlich des operationellen Risikos die Offenlegung des Ansatzes, für den sich das Institut qualifiziert hat. Darüber hinaus müssen AMA-Institute die Beschreibung des AMA mit Fokus auf die in das Modell einfließenden internen und externen Faktoren veröffentlichen sowie Angaben zum Umfang des Partial Use machen, falls sie diesen anwenden. Tab 5.1 enthält den Wortlaut der Offenlegungsanforderungen zum operationellen Risiko. Die Angaben zum Partial Use werden im Regelfall im Rahmen separater Offenlegungsberichte veröffentlicht. Die grundsätzliche Beschreibung der Risikomessmethodik erfolgt im Regelfall auch per Geschäftsbericht.

Über die Nennung der Grobgewichtung der AMA-Inputfaktoren im Modell hinausgehend haben aber auch die größeren Institute nie eine ausführliche AMA-Modellbeschreibung veröffentlicht. Diese **Detailinformationen** hätten auch Bankanalysten anderer Institute oder sonstige Adressaten der Offenlegung überfordert. Allenfalls die Ratingagenturen sind so tief in die Modellwelt der Institute eingestiegen, haben dann aber eigene Fragebögen an die Institute verschickt. Gleiches gilt für die Einlagensicherungseinrichtungen bei der risikoorientierten Beitragsbemessung und ihren Vor-Ort-Prüfungen sowie für Wirtschaftsprüfer und Aufsicht ohnehin.

Generell sind im Baseler Regelwerk nur die Offenlegungsanforderungen der Institute geregelt, nicht aber die aufsichtliche Offenlegung und das Meldewesen der Institute an die Aufsicht. In diesen Bereichen wurden allerdings mittlerweile einheitliche Regelwerke auf EU-Ebene geschaffen, sodass im Folgenden diese anstelle der lange Zeit maßgeblichen nationalen Regelungen beschrieben werden können.[159] Die **Meldeanforderungen** wurden mit dem Übergang von den nationalen Regelungen (ursprünglich geregelt in der Solvabilitätsverordnung, SolvV) auf ein EU-weit einheitliches Meldewesen stark erweitert. Die Grundlage hierzu hat CEBS mit den COREP-Vorgaben gelegt.[160] Diese EU-Meldebögen wurden dann von der EBA fortentwickelt. Die aktuellen COREP-Meldebögen zum OpRisk wurden im Rahmen des **EBA ITS on Reporting** festgelegt und zuletzt am 06.12.2017 im Amtsblatt der Europäischen Union veröffentlicht.[161] Seit Anfang 2019 sind die neuen Meldebögen in Nutzung.

Die im Amtsblatt der Europäischen Union im Dezember 2017 veröffentlichten aktualisierten Meldebögen umfassen insgesamt 427 Seiten, die ursprüngliche Durchführungsverordnung aus dem Jahr 2014 ist sogar 1861 Seiten stark. Dabei ist das OpRisk-Meldewesen hinsichtlich des Volumens der Meldebögen im Vergleich zu Kreditrisiko ähnlich übersichtlich wie bei den Offenlegungsanforderungen nach dem Basel-II-Regelwerk. Abb. 5.1 zeigt den **Meldebogen zur OpRisk-Kapitalanforderung** (Bogen 16.00 OpR). Dieser fordert letztlich nur die Zwischenschritte zur Berechnung der Eigenkapitalanforderungen und die jeweiligen Kapitalanforderungen in den drei Ansätzen. Sofern ein Institut den Partial Use anwendet, muss es mehr als einen Ansatz melden, dementsprechend ist der Meldebogen modular aufgebaut. Die Institute, die den AMA ohne Partial Use verwenden, müssen dennoch den maßgeblichen Indikator der letzten drei Jahre melden, obwohl sie ihn für die Kapitalberechnung nicht benötigen. Somit werden aber Vergleichsrechnungen der Aufsicht, wie z. B. die Kalibrierung der Basel-III-Ansätze und die Arbeiten der EBA im Call for Advice möglich.

Die Durchführungsverordnung (EU) Nr. 680/2014 gibt die **Meldefristen** vor. Demnach muss der OpRisk-Meldebogen C.16.00 vierteljährlich nach Art. 5 Buchst. a Nr. 9 von allen Instituten an die Aufsicht gemeldet werden. Die nachfolgend beschriebenen Detailmeldebögen zu den OpRisk-Verlusten müssen nach Art. 5 Buchst. b Nr. 2 nur halbjährlich

---

159 Eine Einführung zu dem Thema liefert Buchmüller (2007). Die von den Aufsichtsbehörden im Rahmen ihrer Offenlegung veröffentlichten Informationen zu den von den Instituten angewendeten Säule-I-Ansätzen sind in Unterabschnitt 1.1.5 kurz beschrieben. Darüber hinaus geht die EBA im sog. »Transparency Exercise« mittlerweile einen Schritt weiter und veröffentlicht für die wichtigsten 130 Institute der EU auch Einzeldaten zu Kapitalausstattung, Risikopositionen und anderen Kennziffern auf ihrer Internetseite: https://eba.europa.eu/risk-analysis-and-data/eu-wide-transparency-exercise/2018. Datenbasis dieser Offenlegung sind die COREP- und FINREP-Meldungen. Das operationelle Risiko ist dabei allerdings nicht im Fokus, insbesondere werden keine Verlustdaten offengelegt. Statt dessen werden umfangreiche Daten zum Kredit- und Marktrisiko zur Verfügung gestellt.

160 Vgl. Buchmüller (2008), S. 221 ff.

161 Die gültige Version der OpRisk-Meldebögen wurde als Durchführungsverordnung 2017/2114 der Kommission im EU-Amtsblatt veröffentlicht und somit rechtswirksam, vgl. EU-Kommission (2017). Die regelmäßige Fortentwicklung ihrer Reporting-Vorgaben dokumentiert die EBA auf ihrer Internetseite: https://eba.europa.eu/risk-analysis-and-data/reporting-frameworks

gemeldet werden. Darüber ist der Kreis der Institute, welche die OpRisk-Detailmeldungen ableisten müssen, stark eingeschränkt.[162]

BANKTÄTIGKEITEN	MASSGEBLICHER INDIKATOR			DARLEHEN UND KREDITE (BEI ANWENDUNG DES ASA)			EIGENMITTEL-ANFORDERUNG	Gesamtbetrag der Risikoposition operationelles Risiko
	JAHR-3	JAHR-2	LETZTES JAHR	JAHR-3	JAHR-2	LETZTES JAHR		
	010	020	030	040	050	060	070	071
010 1. DEM BASISINDIKATORANSATZ (BIA) UNTERLIEGENDE BANKTÄTIGKEITEN								Verknüpfung mit CA2
020 2. DEM STANDARDANSATZ (SA) BZW. DEM ALTERNATIVEN STANDARDANSATZ (ASA) UNTERLIEGENDE BANKTÄTIGKEITEN								Verknüpfung mit CA2
DEM SA UNTERLIEGEND:								
030 UNTERNEHMENSFINANZIERUNG/ -BERATUNG (CF)								
040 HANDEL (TRADING AND SALES) (TS)								
050 WERTPAPIERPROVISIONSGESCHÄFT (RBr)								
060 FIRMENKUNDENGESCHÄFT (CB)								
070 PRIVATKUNDENGESCHÄFT (RB)								
080 ZAHLUNGSVERKEHR UND VERRECHNUNG (PS)								
090 DEPOT UND TREUHANDGESCHÄFTE (AS)								
100 VERMÖGENSVERWALTUNG (AM)								
DEM ASA UNTERLIEGEND:								
110 FIRMENKUNDENGESCHÄFT (CB)								
120 PRIVATKUNDENGESCHÄFT (RB)								
130 3. FORTGESCHRITTENEN MESSANSÄTZEN UNTERLIEGENDE BANKTÄTIGKEITEN — AMA								Verknüpfung mit CA2

Abb. 5.1: Auszug aus dem OpRisk-Meldebogen C16.00 (Quelle: Quelle: Europäische Kommission (2017), Anhang I, C16.00, ABl. EU L 321 vom 06.12.2017, S. 89)

Die Detail-Meldeanforderungen zu den OpRisk-Verlusten sind zweigeteilt in die beiden Meldebögen OpRDetails1 und OpRDetails2. Im Meldebogen OpRDetails1 sind aggregierte Angaben zu den aufgetretenen **Verlusten im Institut** zu leisten. Der Meldebogen OpRiskDetails2 fordert über die aggregierten Informationen zur Verlusthistorie hinaus auch Angaben zu einzelnen Großverlusten ab 100.000 EUR. Dabei müssen ausgewählte, in der DurchführungsVO 2017/2114 definierte Institute mindestens ihre zehn größten Verluste inkl. einer Schadensfallbeschreibung melden. Abb. 5.2 zeigt einen kleinen Auszug des Meldebogens OpRiskDetails1.

---

162 Vgl. Art. 1 der Durchführungsverordnung 2017/2114, s. EU-Kommission (2017). Nachdem konsolidierte Rechtstexte auf EU-Ebene leider nur im Ausnahmefall erstellt werden, sind die aktuellen Meldebögen nun in der Durchführungs-VO 2017/2114 aus dem Jahr 2017 veröffentlicht. Die Vorgaben, in welchem Zyklus zu melden ist, sind allerdings nur in der ursprünglichen Durchführungs-VO 680/2014 zu finden.

ZUORDNUNG VON VERLUSTEN ZU GESCHÄFTSFELDERN		EREIGNISKATEGORIEN							EREIGNIS-KATEGO-RIEN INSGE-SAMT	ZUSATZINFORMATION: BEI DER DATENSAMMLUNG ANGEWANDTE BAGATELLGRENZE	
		INTERNER BETRUG	EXTERNER BETRUG	BESCHÄFTIGUNGSPRAXIS UND ARBEITSPLATZSICHERHEIT	KUNDEN, PRODUKTE UND GESCHÄFTSGEPFLOGENHEITEN	SACHSCHÄDEN	GESCHÄFTSUNTERBRECHUNG UND SYSTEMAUSFÄLLE	AUSFÜHRUNG, LIEFERUNG UND PROZESSMANAGEMENT		NIEDRIGSTE/R	HÖCHSTE/R
Zeilen		010	020	030	040	050	060	070	080	090	100
010	UNTERNEHMENSFINANZIERUNG/-BERATUNG [CF]:	Anzahl der Ereignisse (neue Ereignisse)									
020		Bruttoverlustbetrag (neue Ereignisse)									
030		Anzahl der Ereignisse mit Verlustanpassung									
040		Verlustanpassungen für frühere Berichtsperioden									
050		Größter Einzelverlust									
060		Summe der fünf größten Verluste									
070		Direkter Gesamtrückfluss von Verlusten									
080		Gesamtrückfluss aus Versicherungsschutz und sonstigen Risikoübertragungsmechanismen									

Abb. 5.2: Auszug aus dem Meldebogen C17.00 OpRisk Details (Quelle: Europäische Kommission 2018, Anhang I, C16.00, ABl. EU L 321 vom 06.12.2017, S. 91)

Angaben zur Verlustursache erfolgen im Meldebogen OpRisk Details1 nur indirekt durch die Einordnung in die **Verlustereigniskategorien** des Basel-II-Rahmenwerks. Daneben müssen die Verluste auch den regulatorischen Geschäftsfeldern zugeordnet werden. Zumindest Letztere verlieren mit dem Übergang zu Basel III eigentlich ihre Daseinsberechtigung. Auch die Verlustereigniskategorien werden im Basel-III-Text nicht mehr genannt, diese waren allerdings auch in Basel II für die Berechnung des AMA nicht zwangsläufig notwendig. Die Verlustereigniskategorien haben ebenso wie die **regulatorischen Geschäftsfelder** den anonymisierten Verlustdatenaustausch über Datenkonsortien sehr stark vereinfacht und generell die Verwendung externer Daten, d.h. auch öffentlicher Verlustdaten, stark erleichtert. Bereits im EBA Call for Advice sollte seitens der Aufsichtsbehörden der EU eine erste Meinungsäußerung erfolgen, ob sie die bisherige Verlustmeldemethodik beibehalten möchte.

Neben dem seit der Basel-II-Einführung bestehenden Säule-I-Meldewesen und den Offenlegungsanforderungen wurde mittlerweile auch ein **Säule-II-Meldewesen** eingeführt. In Deutschland ist dies geregelt in der Verordnung zur Einreichung von Finanz- und Risikotragfähigkeitsinformationen nach dem Kreditwesengesetz – FinaRisikoV. Auf EU-Ebene wurden hierzu mit den SREP-Leitlinien auch Reporting-Vorgaben eingeführt. Tab. 5.2 stellt die Risikoartengliederung im Säule-II-Meldewesen nach FinRisikoV dar. Die Details zur Risikotragfähigkeitsmethodik und Relevanz der Abgrenzungen zwischen den einzelnen OpRisk-Unterarten in der RTF-Meldung haben wir in Kap. 3 erläutert.

Risikoklasse	Risikokategorie in der RTF-Meldung
Adressrisiken	Kreditrisiko, CVA Risiko, Default-Risiko, Kontrahentenrisiko, Migrations-risiko, Settlementrisiko, Länderrisiko, Emittentenrisiko, Kunden-Portfolio, Privatkunden-Portfolio, Firmenkunden-Portfolio, Eigengeschäft-Portfolio
Marktpreisrisiken	Marktpreisrisiko, Aktienkursrisiko, Credit-Spread-Risiko, Restwertrisiko, Rohwarenrisiko, Währungsrisiko, Zinsänderungsrisiko im Handelsbuch, Zinsänderungsrisiko im Anlagebuch, Immobilienrisiko, Fondsrisiko, Kurs-risiko, Zinsspannenrisiko, Optionsrisiko, Beteiligungsrisiko
Operationelle Risiken	IT-/Projektrisiko, Operationelles Risiko, Reputationsrisiko, Modellrisiko
Weitere wesentliche Risiken	Geschäftsrisiko, Versicherungsrisiko, Pensionsrückstellungsrisiko, Strategisches Risiko, Konzentrationsrisiko, Refinanzierungskostenrisiko, Liquiditätsrisiko, Zahlungsunfähigkeitsrisiko, Sonstige Risiken

Tab. 5.2: Risikoartenkategorien im deutschen Säule-II-Meldewesen (Quelle: Deutsche Bundesbank 2019, S. 44)

Bereits 2013 wurde mit dem CRD-IV-Umsetzungsgesetz in § 25 KWG die allgemeine Pflicht der Kreditinstitute und übergeordneten Unternehmen verankert, regelmäßig Risikotragfähigkeitsinformationen einzureichen. Die konkreten **Meldeinhalte** gibt die FinaRisikoV mit den entsprechenden Meldebögen als Teil der Verordnung vor. Die Meldungen müssen mindestens jährlich zum Stichtag 31.12. erfolgen. Institute, die eine Bilanzsumme von mehr als 30 Mrd. EUR haben bzw. als potenziell systemgefährdend gemäß Sanierungs- und Abwicklungsgesetz (SAG) eingestuft wurden, müssen gemäß § 12 FinaRisikoV in einem halbjährlichen Turnus mit ergänzendem Stichtag melden. Kern der RTF-Meldung sind neben den methodischen Beschreibungen der Risikomessung und Definition des bankinternen Risikodeckungspotenzials vor allem die Arten und Höhe der bankinternen Risiken. Konkret müssen die Risikoarten, der hierfür angesetzte Risikobetrag, die Risikolimite und der Gesamtbetrag sowie das Gesamtlimit für alle Risikoarten mit und ohne Berücksichtigung von Diversifikationseffekten zwischen den Risikoarten angegeben werden.

Bisher ist noch keine vollständige Anpassung des deutschen RTF-Meldewesens an das **Säule-I-Plus-Konzept** erfolgt (s. Kap. 3). Dennoch spielen die darin gelieferten Informationen der Institute zu ihren Risiken eine entscheidende Rolle für die Höhe ihres SREP-Zuschlags: Für die nicht in Säule I enthaltenen Risiken wird der Kapitalzuschlag u. a. auf Basis der in der RTF-Meldung gelieferten bankinternen Kapitalunterlegung solcher Risiken abgeleitet.

Als dritte Art des Meldewesens von OpRisk-Ereignissen müssen nun über die bisherigen bankaufsichtlichen Meldungen hinaus die Meldungen an die BaFin zum **Verbrau-**

cherschutz über Beschwerden und zu **IT-Störungen** an die BaFin und das BSI genannt werden. Beispielhaft können wir hierzu die die Meldung schwerwiegender Zahlungssicherheitsvorfälle anführen. Gemäß BaFin-Rundschreiben 08/2018 sind hierzu alle Zahlungsdienstleister verpflichtet. Rechtgrundlage für diese Meldung ist § 54 Abs. 1 Satz 1 Zahlungsdiensteaufsichtsgesetz (ZAG), wonach Zahlungsdienstleister die BaFin unverzüglich über einen schwerwiegenden Betriebs- oder Sicherheitsvorfall unterrichten müssen. Das Rundschreiben 08/2018 präzisiert anhand von Kriterien, welche Betriebs- oder Sicherheitsvorfälle als schwerwiegend und somit meldepflichtig gelten, und gibt die Meldebögen vor.[163] Sehr viel intransparenter ist das **Cyber Incident Reporting der EZB-Bankenaufsicht**. Die EZB hat die ihrer direkten Aufsicht unterstehenden Institute bei IT-Risiko verpflichtet, wesentliche Cyber-Incidents zu melden. Die genaue Meldeerfordernis oder aggregierte Informationen zu den erhaltenen Daten wurden bisher noch nicht veröffentlicht.[164]

5.1.3   Neue Offenlegungsanforderungen als Teil von Basel III

Der Baseler Ausschuss für Bankenaufsicht hat am 11.12.2018 die neuen Vorgaben zur Offenlegung als noch ausstehendes Element des Basel-III-Rahmenwerks veröffentlicht. Die Vorgaben sollen wie die neuen Berechnungsvorgaben ebenfalls bis 01.01.2022 umgesetzt werden.

Die OpRisk-Vorgaben umfassen 6 Seiten des 62-seitigen Gesamtdokuments und enthalten vier **Offenlegungstabellen,** die im Folgenden näher vorgestellt werden. Die erste Tabelle ORA enthält allgemeine qualitative Offenlegungsanforderungen. Darüber hinaus enthält der Baseler Offenlegungsstandard noch je eine Offenlegungstabelle zu den erlittenen internen Verlusten (Tabelle OR1), zum Business Indicator und dessen Bestandteilen (Tabelle OR2) sowie zur eigentlichen Berechnung der Kapitalanforderung (Tabelle OR3). **Tabelle OR3** ist dabei am einfachsten: In ihr sind jährlich die Höhe der OpRisk-RWA und des OpRisk-Kapitalbetrags, des Internal Loss Multiplier ILM sowie der Business Indicator Component (BIC) zu veröffentlichen.

---

163 Vgl. BaFin (2018c). Mit dem Rundschreiben wurde die bisher im MaSI-Rundschreiben geregelte Meldepflicht auf eine neue verwaltungsrechtliche Grundlage gestellt.

164 Insbesondere könnte die Offenlegung der genauen Definition von »Cyber Incidents« auch die institutionenübergreifende Vereinheitlichung der Terminologie und die öffentliche Diskussion hierüber schärfen. Informationen zum Thema hat die EZB-Bankenaufsicht lediglich sehr knapp kommuniziert, zuletzt im aktuellen Jahresbericht zur Aufsichtstätigkeit (ECB (2019)), S. 24 f. Die Einführung des Reportings wurde ebenfalls sehr knapp im Newsletter der EZB-Bankenaufsicht vom 17.05.2017 beschrieben, vgl. EZB (2017).

Die in der **ORA-Tabelle** geforderten Informationen (vgl. Abb. 5.3) gehen nicht viel über die bestehenden Anforderungen hinaus, die zur Offenlegung der AMA-Institute bzw. zum allgemeinen Risikomanagement bereits galten, sei es nach der CRR oder nach dem IFRS-Regelwerk bzw. anderen Normen. Auch diese Angaben sind jährlich zu veröffentlichen.

Table ORA: General qualitative informationon a bank's operational risk framework

Purpose: To describe the main characteristics and elements of a bank's operational risk management framework.
Scope of application: The table is mandatory for all banks.
Content: Qualitative information.
Frequency : Annual.
Format: Flexible.

Banks must describe:

(a) Their policies, frameworks and guidelines for the management of operational risk.
(b) The structure and organisationof their operational risk management and control function.
(c) Their operational risk measurement system (ie the systems and data used to measure operational risk in order to estimate the operational risk capital charge).
(d) The scope and main context of their reporting framework on operational risk to executive management and to the board of directors.
(e) The riskmdditigationand risktransferusedin themanagementofoperational risk. This includesmitigation by policy (such as the policies on risk culture, risk appetite, and outsourcing), by divesting from high-risk businesses, and by the establishment of controls. The remaining exposure can then be absorbed by the bank or transferred. For instance, the impact of operational losses can be mitigated with insurance

Abb. 5.3: Risikoartenkategorien im deutschen Säule-II-Meldewesen (Quelle: Basel Committee (2018), S. 26)

Die ebenfalls bisher nur jährlichen geforderten **Informationen zur OpRisk-Verlustdatensammlung** (vgl. Abb. 5.4) sind am schwierigsten für die Institute. Hier wurden im Rahmen der Konsultation Befürchtungen geäußert, dass die Offenlegung der Rückstellungshöhe für einzelne OpRisk-Schadensfälle die Rechtsposition der Banken gegenüber klagenden Dritten verschlechtern könnte. Da hier allerdings (im Gegensatz zu den Meldeanforderungen) keine einzelnen Verlustfälle offengelegt werden müssen, scheint diese Befürchtung unbegründet. Insgesamt wirkt diese Offenlegungsanforderung sehr ähnlich zur Verlustdatenmeldung nach COREP in der EU. Allerdings werden die Verlustereigniskategorien und regulatorischen Geschäftsfelder nach Basel II dabei vom Baseler Ausschuss nicht mehr als Abgrenzungsraster verwendet.

Purpose: To disclose aggregate operational losses incurred over the past 10 years, based on the accounting date of the incurred losses. This disclosure informs the operational risk capital calculation. The general principle on retrospective disclosure set out in the first bullet point of Section 4 of the March 2017 Pillar 3 standard does not apply for this template. From the implementation date of the template onwards, disclosure of all prior periods is required, unless firms have been permitted by their supervisor to use fewer years in their capital calculation on a transitional basis.

Scope of application: The table is mandatory for: (i) all banks that are in the second or third business indicator (BI) bucket, regardless of whether their supervisor has exercised the national discretion to set the internal loss multiplier (ILM) equal to one; and (ii) all banks in the first BI bucket which have received supervisory approval to include internal loss data to calculate their operational risk capital requirements.

Content: Quantitative information.

Frequency: Annual.

Format: Fixed. National supervisors may prescribe further guidance regarding the disclosure of the total number of exclusions in rows 4 and 9.

Accompanying narrative: Banks are expected to supplement the template with narrative commentary explaining the rationale in aggregate, for new loss exclusions since the previous disclosure. Banks should disclose any other material information, in aggregate, that would help inform users as to its historical losses or its recoveries, with the exception of confidential and proprietary information, including information about legal reserves.

		a	b	c	d	e	f	g	h	i	j	k
		T	T–1	T–2	T–3	T–4	T–5	T–6	T–7	T–8	T–9	Ten-year average
Using €20,000 threshold												
1	Total amount of operational losses net of recoveries (no exclusions)											
2	Total number of operational risk losses											
3	Total amount of excluded operational risk losses											
4	Total number of exclusions											
5	Total amount of operational losses net of recoveries and net of excluded losses											
Using €100,000 threshold												
6	Total amount of operational losses net of recoveries (no exclusions)											

Abb. 5.4: Offenlegung von OpRisk-Verlustdaten gemäß Basel III (Quelle: Basel Committee (2018), S. 27 f.)

Die **Offenlegung des Business Indicator** (s. Abb. 5.5) macht deutlich, wie sich der ebenfalls offenzulegende OpRisk-Anrechnungsbetrag (in der bereits erläuterten Tabelle OR3) genau errechnet. Die Tabellen ORA, OR2 und OR3 müssen alle Institute standardisiert jährlich veröffentlichen. Die Offenlegung der Verlustdaten in der Tabelle OR1 ist hingegen nur für diejenigen Institute verpflichtend, die unter die Anforderungen an den Internal Loss Multiplier fallen.

Template OR2: Business Indicator and subcomponents

Purpose: To disclose the business indicator (BI) and its subcomponents, which inform the operational risk capital calculation. The general principle on retrospective disclosure set out in the first bullet point of Section 4 of the March 2017 Pillar 3 standard does not apply for this template. From the implementation date of this template onwards, disclosure of all prior periods is required.

Scope of application: The table is mandatory for all banks.

Content: Quantitative information.

Frequency: Annual.

Format: Fixed.

Accompanying narrative: Banks are expected to supplement the template with narrative commentary to explain any significant changes over the reporting period and the key drivers of such changes. Additional narrative is required for those banks that have received supervisory approval to exclude divested activities from the calculation of the BI.

		a	b	c
	BI and its subcomponents	T	T–1	T–2
1	Interest, lease and dividend component			
1a	Interest and lease income			
1b	Interest and lease expense			
1c	Interest earning assets			
1d	Dividend income			
2	Services component			
2a	Fee and commission income			
2b	Fee and commission expense			
2c	Other operating income			
2d	Other operating expense			
3	Financial component			
3a	Net P&L on the trading book			
3b	Net P&L on the banking book			
4	BI			
5	Business indicator component (BIC)			

Disclosure on the BI:

		a
6a	BI gross of excluded divested activities	
6b	Reduction in BI due to excluded divested activities	

Abb. 5.5: Offenlegung zum Business Indicator gemäß Basel III (Quelle: Basel Committee (2018), S. 29)

Wie erläutert sind in den Baseler Offenlegungstabellen **keine Zuordnungen der Verlustdaten zu den bisherigen regulatorischen Geschäftsfeldern und Verlustereigniskategorien** gefordert, auf denen z. B. der Datenaustausch im ORX-Datenkonsortium basiert. Ob solche Vorgaben zukünftig weiterhin im OpRisk-Meldewesen gefordert sein werden, ist noch offen. Hierzu wird voraussichtlich die EBA in der Beantwortung des Call for Advice der EU-Kommission im Sommer 2019 bereits eine erste Indikation geben.

5.2   Verlustdatenbanken und Schadensentwicklung

5.2.1   Aktuelle Schadensfallentwicklung im Überblick

Die beste Quelle für einen Überblick über die weltweite Entwicklung der OpRisk-Schäden bei Banken ist **das internationale Verlustdatenkonsortium ORX**. In diesem Konsortium liefern knapp 100 Banken und weitere Finanzmarktteilnehmer ihre Verlustdaten anonymisiert an das Konsortium und können dann auf den gesamten Datenpool zurückgreifen.[165] Neben den Verlustdaten an die Konsortiumsmitglieder liefert die Operational Riskdata eXchange Association (ORX) auch öffentlich verfügbare Kurzauswertungen der Verlustdaten und weitere Studien. Beispielhaft kann hier die jährliche **Studie Operational Risk Horizon** genannt werden, aus der die Informationen in Tab. 5.3 zur Einschätzung der wichtigsten Risiken stammen.

Aktuelle Hauptrisiken gemäß ORX Umfrage:	Kommende Hauptrisiken gemäß ORX-Umfrage:
1. Informationssicherheit (inkl. Cyber Risk)	1. Digitale Disruption und Disintermediation
2. Conduct Risk	2. Informationssicherheit (inkl. Cyber Risk)
3. Betrugsrisiken	3. Geopolitische und makroökonomische Risiken
4. Transaktionsbearbeitungsprozesse	4. Regulatorische Compliance
5. Technologie	5. Third Party Risk

Tab. 5.3: Bedeutung der einzelnen OpRisk-Unterarten nach ORX-Studie (Quelle: ORX (2018))

Nach der ORX-Umfrage unter 48 Konsortiumsmitgliedern im Jahr 2018, die jeweils ihre TOP 10 aktuelle und kommende Risiken meldeten, hat demnach das Thema **Informationssicherheit** an Bedeutung gegenüber dem **Conduct Risk** klar gewonnen, neben geopolitischen Risiken ist zudem auch das »Third Party Risk«, d. h. im Wesentlichen **Auslagerungen**, zu nennen. Das klassische Fraud-Risiko durch interne Mitarbeiter wie z. B. »rogue trader« scheint hingegen zumindest in der Wahrnehmung der Experten in den Hintergrund zu rücken.[166] Auch hier sind allerdings neue gefährliche Trends zu diagnostizieren, wie z. B. der sog. »CEO-Fraud«, bei dem Mitarbeiter zum Teil unter Einsatz von Spionagesoftware zu Millionenüberweisungen gedrängt werden, aufgrund vermeintlich geheimer Anweisungen der Geschäftsleitung.[167]

---

165   Weitere Informationen zum Datenkonsortium und die nachfolgend beschriebenen Studien sind zu finden auf der Internetseite https://managingrisktogether.orx.org/

166   Vgl. ORX (2018b).

167   Die Überweisungen erfolgen dann unter Umgehung grundlegender Kontrollen auf das Konto der Straftäter, die der organisierten Kriminalität zuzuordnen sind. In den letzten Jahren sind dabei laut BKA Schäden in mehrstelliger Millionenhöhe entstanden, s. hierzu die Kurzbeschreibung im BSI-Jahresbericht 2018, vgl. BSI (2018), S. 37, und die entsprechende Warnung des Bundeskriminalamtes, die zeigt, dass es sich nicht um Einzelfälle handelt, vgl. Bundeskriminalamt (2017).

Die Datenlage zum Thema IT-Risiko wird im Unterabschnitt 5.2.2, die Verlustsituation im Bereich Conduct Risk im Unterabschnitt 5.2.3 dargestellt. Zunächst erläutern wir allerdings die Gesamtverlustsituation der Banken anhand der ORX-Verlustdaten: Der wichtigste öffentliche Bericht des ORX-Datenkonsortium ist **der Annual Banking Loss Report**. Die jüngste Version wurde am 05.07.2018 veröffentlicht und enthält eine Analyse der von den Konsortialbanken für die Jahre 2012 bis 2017 eingelieferten Verlustdaten.[168] Erfasst wurden dabei die gemeldeten Verlustfälle ab 20.000 USD von 83 im Konsortium vertretenen Banken.

Die aus diesem Bericht entnommene Tab. 5.4 verdeutlicht, dass die mit Abstand höchsten Verluste mit 67 % der Gesamtverluste und einem Gesamtvolumen von 104 Mrd. EUR weiterhin in der **Verlustereigniskategorie Kunden, Produkte und Geschäftsgepflogenheiten** zu finden sind.[169] Unter diese Verlustereigniskategorie fallen nach der Definition gemäß Basel II insbesondere die Strafzahlungen an öffentliche Stellen aufgrund von Marktmanipulationen und Schadenersatzzahlungen gegenüber Kunden aufgrund fehlerhafter Produkte sowie unzureichender Beratung.

	Clients, Products and Business Practices	Disasters and Public Safety	Employment Practices and Workplace Safety	Execution, Delivery and Process Management	External Fraud	Internal Fraud	Technology and Infrastructure Failure
Agency Services	374	23	565	4,372	68	22	182
Asset Management	3,258	8	350	3,109	89	29	137
Clearing	147	15	239	1,777	521	22	161
Commercial Banking	7,624	248	1,958	12,732	9,371	357	559
Corporate Finance	470	163	208	907	171	29	53

---

168 S. ORX (2018a). Insgesamt enthält die ORX-Verlustdatenbank nun 630.000 Verlustereignisse von 95 Banken mit einer Gesamtschadensumme von 400 Mrd. USD.
169 Dies entspricht den Ergebnissen der ORX-Auswertung für die Jahre 2011-2016, vgl. ORX (2017) sowie Buchmüller/Sturm (2018).

	Clients, Products and Business Practices	Disasters and Public Safety	Employment Practices and Workplace Safety	Execution, Delivery and Process Management	External Fraud	Internal Fraud	Technology and Infrastructure Failure
Corporate Items	10,176	557	11,928	6,209	726	159	261
Private Banking	3,421	23	2,826	3,650	1,864	122	85
Retail Banking	36,724	2,706	37,548	57,206	84,870	4,785	1,879
Retail Brokerage	19	1,525	3,183	978	471	182	
Trading and Sales	2,788	278	2,061	16,404	277	90	1,584

Tab. 5.4: Verluste in ORX von 2012-2017 nach Geschäftsfeldern und Verlustereigniskategorien (Quelle: nach ORX (2018a))

Gegenüber den Vorjahren ist die Höhe der in der ORX Datenbank registrierten **OpRisk-Verluste im Jahr 2017** stark gesunken, sowohl absolut als auch in Relation zum Bruttoertrag (gross income nach der Basel-II-Definition). So hat sich die Höhe der von westeuropäischen Banken zugelieferten OpRisk-Verluste von 9,8 Mrd. EUR im Jahr 2016 zu 4,5 Mrd. EUR 2017 mehr als halbiert. Ursächlich hierfür war vor allem ein starkes Absinken der durchschnittlichen Verlusthöhen pro Verlustfall, insbesondere bei den größten OpRisk-Verlusten.[170] Abb. 5.6 verdeutlicht die Entwicklung der sinkenden OpRisk-Verluste in Relation zu den Bankerträgen gemessen anhand des Bruttoertrags nach der Basel-II-Definition. Dies zeigt die Problematik einer rein verlustdatengetriebenen Kalibrierung der OpRisk-Kapitalanforderungen im Basel-III-Regelwerk.[171]

Die Analysen der bisherigen ORX-Berichte zeigen, dass entgegen möglicher Erwartungen bezüglich der überdurchschnittlichen Schärfe von Strafzahlungen in den USA ein

---

170 Insgesamt hat sich die durchschnittliche Verlusthöhe aller bei ORX gemeldeten Schadensfälle gegenüber 2016 mehr als halbiert und gegenüber 2012 um zwei Drittel reduziert auf nun 206 TEUR im Jahresdurchschnitt 2017. Der Anteil der 10 größten Schadensfälle an der gesamten Verlusthöhe ist von 35 % im Jahr 2012 auf rund 15 % im Jahr 2017 gesunken, vgl. ORX (2018a), S. 8.

171 Bei einer Betrachtung einzelner regulatorischer Geschäftsfelder sind noch größere Ausschläge zu beobachten. So ist zum Beispiel im regulatorischen Geschäftsfeld Trading & Sales der Quotient der durchschnittlichen Verlusthöhe pro 100 EUR Bruttoertrag von 4,33 EUR in 2012 auf 6,99 EUR in 2013 gestiegen und dann kontinuierlich gefallen auf mittlerweile 0,59 EUR, vgl. ORX (2018a), S. 15.

größerer Teil der in der ORX Datenbank registrierten Verluste in Westeuropa aufgetreten ist. Auch die geringere Profitabilität, insbesondere der deutschen Banken, verstärkt diesen Effekt.

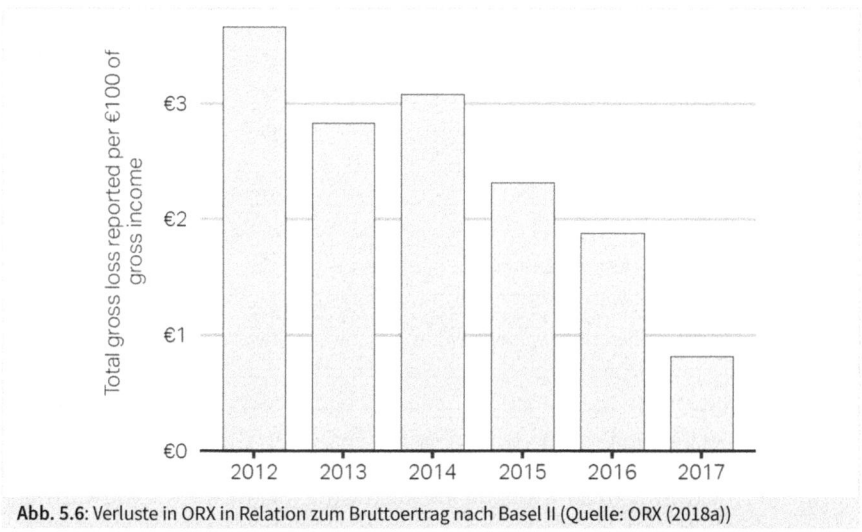

Abb. 5.6: Verluste in ORX in Relation zum Bruttoertrag nach Basel II (Quelle: ORX (2018a))

Eine bereits im Jahr 2013 vorgelegte ORX-Auswertung zu Verlusten und Bruttoertrag nach regulatorischen Geschäftsfeldern zeigt, wie schwierig es ist, **besonders risikobehaftete Geschäftsfelder** zu identifizieren. Abb. 5.7 zeigt, wie sich die Rangordnung der Geschäftsfelder im Jahr 2011 nach dem Kriterium Verlusthöhe pro Einheit Bruttoertrag stark verschoben hatte.[172]

Risk rankings by gross loss per 100€ gross in come by business line
- Reported to ORX during the years 2006-2010 and 2011

2006-2010	GL per 100€ GI	Rank	2011	GL per 100 € GI – change	Rank
Trading and Sales	3.04€	1	Clearing	6.04€ - ▲	1 (9) ▲
Private Banking	2.24€	2	Retail Banking	4.76€ - ▲	2 (7) ▲
Asset Management	2.03€	3	Trading and Sales	1.42€ - ▽	3 (1) ▽
Retail Brokerage	1.88€	4	Retail Brokerage	1.36€ - ▽	4 (4) ◄►
Corporate Finance	1.74€	5	Private Banking	1.28€ - ▽	5 (2) ▽
Agency Services	1.67€	6	Agency Services	1.13€ - ▽	6 (6) ◄►
Retail Banking	1.31€	7	Asset Management	0.83€ - ▽	7 (3) ▽
Commercial Banking	1.24€	8	Commercial Banking	0.82€ - ▽	8 (8) ◄►
Clearing	0.65€	9	Corporate Finance	0.54€ - ▽	9 (5) ▽

Abb. 5.7: Quotient Verlusthöhe/Bruttoertrag nach Geschäftsfeldern (Quelle: ORX (2013))

---

172 Vgl. ORX (2013) sowie eine ausführlichere Kommentierung in Buchmüller/Sturm (2018).

Gegenüber dem sehr stark von der Finanzkrise geprägten »Rekordjahr« 2011, aber auch den Folgejahren ist die durchschnittliche Verlusthöhe im Jahr 2017 stark gesunken, insbesondere auch in Relation zum Bruttoertrag der beim ORX-Datenkonsortium teilnehmenden Institute. Ob dieser Trend anhält, ist zweifelhaft angesichts **zunehmenden Verwundbarkeiten** durch »Third-Party Risk« (vgl. Abschnitt 4.5) sowie vor allem IT-Risiken (vgl. hierzu Unterabschnitt 5.2.2) und potenziell wieder ansteigendem »Conduct Risk« (s. Unterabschnitt 5.2.3, hier ist u. a. eine Trendwende bereits in 2019 möglich durch die potenziell seitens UBS gegenüber den französischen Behörden zu leistenden Strafzahlungen in Bezug auf Steuervergehen).[173]

5.2.2   Schadensfallentwicklung bei IT-Risiken

Das Datenkonsortium ORX gibt auf seiner Homepage an, mindestens 90 öffentlich gewordene »cyber stories« mit jeweils einem Schaden von 1 Mrd. EUR den Abonnenten seines News-Services zur Verfügung gestellt zu haben.[174] Ein **aktuelles Beispiel** für einen IT-Risikofall, der bisher nicht mit einem »Cyber-Angriff«, sondern vor allem mit einer potenziell zu komplexen IT-System-Entwicklung in Verbindung gebracht wird, ist der zeitweilige Entzug der Flugerlaubnis für Verkehrsflugzüge vom Typ **Boeing 737 Max**.[175] Der Fall, dessen Details komplex und – Stand März 2019 – noch nicht aufgeklärt sind, zeigt, dass neue IT-Systeme trotz aufwändiger Tests bei der Umsetzung in der Praxis auch in Branchen mit vorbildlichen Sicherheitsstandards zu verheerenden Schäden führen können. Für die betroffenen Fluglinien Lion Air und Ethopian Airlines stellt der Fall ein »Third-Party Risk« dar, bei dem sie durch Schadenersatzleistungen an die Opfer der beiden Abstürze in Äthiopien und Indonesien und vor allem den resultierenden Reputationsverlust in existenzbedrohende Nöte geraten könnten.[176]

---

173 S. hierzu die von der UBS im Geschäftsberichtsbericht 2018 bekannt gegebene Rückstellung i. H. v. 450 Mio. EUR, vgl. UBS (2019), S. 4.

174 Vgl. https://managingrisktogether.orx.org/news-and-blogs/orx-launches-cyber-risk-initiative (Eintrag datiert vom 17.01.2019, abgerufen am 16.03.2019). Genannt werden dabei »cyber stories«, ohne diesen Begriff und die Detailinformationen näher zu definieren. Es ist allerdings ersichtlich, dass sie im Regelfall weit über den Bankensektor hinausgehen dürften.

175 Nach der vorausgehenden Sperrung des europäischen Luftraums für die betroffenen Flugzeugtypen hat die US-amerikanische Luftfahrtbehörde Federal Aviation Administration (FAA) am 13.03.2019 auch den US-Luftraum für die Boeing-Flugzeugtypen 737-8 und 737-9 gesperrt, vgl. FAA (2019). Boeing hat zuvor bereits auf seiner Internetseite am 11.03.2019 ein Software-Update seines Maneuvering Characteristics Augmentation System (MCAS) für die kommenden Wochen angekündigt, vgl. https://www.boeing.com/commercial/737max/737-max-update.page (abgerufen am 16.03.2019).

176 Interessant an dem Fall ist, dass der erste Absturz in Jakarta am 29.10.2018 noch keine größeren Reaktionen der Luftfahrtbehörden nach sich gezogen hat. Erst nach dem zweiten Absturz am 10.03.2019 wurden schnell Flugverbote verhängt und die französische Flugsicherheitsbehörde von den äthiopischen Behörden anstelle der US-Behörden mit der Auswertung der Flugschreiber-Daten betraut.

Ein weiterer prominenter Fall, der Cyber-Angriff auf die Central Bank of Bangladesh, der bereits Unterabschnitt 1.1.1 skizziert wurde, wird im Folgenden nochmals in Unterabschnitt 5.3.3 genauer beleuchtet. Generell sind IT-Risiken weit über den Bankensektor hinaus für die gesamte Wirtschaft zunehmend bedrohlich. So ermittelte auf Basis einer jährlichen Umfrage der IT-Branchenverband BITKOM die Höhe der **Belastungen der deutschen Wirtschaft durch Cybercrime.** Dabei gaben 68 % der befragten Unternehmen an, in den letzten beiden Jahren Opfer von Wirtschaftsspionage, (sonstigem) Datendiebstahl und/oder Sabotage gewesen zu sein, weitere 19 % vermuteten dies. Sensible Daten wurden laut Umfrage bei 23 % der Unternehmen entwendet.[177] Die bereits in Unterabschnitt 1.1.1 genannte Gesamthöhe der erlittenen Schäden für die deutsche Wirtschaft aus IT-Risiken in den letzten beiden Jahren i. H. v. rund 44 Mrd. EUR wurde mit den in der Umfrage erhaltenen Schadenschätzungen von 343 Unternehmen per Hochrechnung auf die gesamt deutsche Wirtschaft sehr grob extrapoliert. Weniger die Gesamthöhe, sondern die in Tab. 5.5 dargestellten einzelnen Schadenbestandteile sind interessant.

Delikttyp	Schadenssumme innerhalb der letzten 2 Jahre in Mrd. EUR
Imageschaden bei Kunden oder Lieferanten/Negative Medienberichterstattung	8,8
Patentrechtsverletzungen (auch schon vor der Anmeldung)	8,5
Ausfall, Diebstahl oder Schädigung von Informations- und Produktionssystemen oder Betriebsabläufen	6,7
Kosten für Ermittlungen und Ersatzmaßnahmen	5,7
Umsatzeinbußen durch Verlust von Wettbewerbsvorteilen	4,0
Umsatzeinbußen durch nachgemachte Produkte (Plagiate)	3,7
Kosten für Rechtsstreitigkeiten	3,7
Datenschutzrechtliche Maßnahmen (z. B. Informationen von Kunden)	1,4
Erpressung mit gestohlenen Daten oder verschlüsselten Daten	0,3

---

177 Am häufigsten wurde dabei die physische Entwendung von Datenträgern, z. B. Laptops und Smartphones, genannt. Angesichts von lediglich 503 befragten Unternehmen ist die Aussagekraft der Studie vorsichtig einzuschätzen, so sind z. B. Auswertungen nach einzelnen Wirtschaftssektoren aufgrund der geringen Menge der erhobenen Daten schwer möglich. Dennoch wurde dabei eine besondere Betroffenheit der Chemie- und Pharmabranche gegenüber anderen Industriezweigen wie z. B. Maschinenbau und Fahrzeugindustrie diagnostiziert, vgl. BITKOM (2018), S. 14-17.

Delikttyp	Schadenssumme innerhalb der letzten 2 Jahre in Mrd. EUR
Sonstige Schäden	0,6
Gesamtschaden innerhalb der letzten zwei Jahre	43,4

Tab. 5.5: Schäden durch IT-Angriffe laut BITKOM-Studie (Quelle: BITKOM (2018), S. 25)

Die Tabelle zeigt, dass neben dem Reputationsrisiko in der deutschen Wirtschaft v.a. die **Verschlechterung der Wettbewerbssituation** als beträchtliches Schadenspotenzial identifiziert wird. Diese Effekte fließen nicht in die Messung des operationellen Risikos ein und sind bisher im Bankensektor kaum ein Thema. Gemäß bisheriger ICAAP-Methodik müssten solche Schadenpotenziale eher als Geschäfts- oder strategisches Risiko in die Risikotragfähigkeitsrechnung der Institute einfließen. Inwiefern gesonderte Risikosteuerungsverfahren über allgemeine Maßnahmen zum Schutz der IT-Systeme und Daten hinaus hilfreich sein könnten, müssten OpRisk- und IT-Risikosteuerungsspezialisten sowie die bankinternen Experten für Datenschutz, Betriebsschutz und Compliance idealerweise gemeinsam in einem ganzheitlichen Non-Financial Risk Steuerungsprozess klären.

Während die BITKOM-Umfrage starke methodische Schwächen aufweist, können professionelle Datenbankanbieter hier verlässlichere Daten liefern. Als Beispiel hierfür dient die **Datenbank ÖffSchOR**, die seitens VÖB-Service neben dem Datenkonsortium DAKOR betrieben wird. Die Erfahrung des Anbieters bei der Bereitstellung von Konsortialdaten, die bei AMA-Prüfungen als externe Verlustdaten von der Aufsicht zugelassen wurden, hilft, auch die Qualität der Datenbank ÖffSchOR zu sichern, indem ähnliche Qualitätssicherungsroutinen implementiert wurden. Darüber hinaus helfen die abonnierenden Institute bei der Überprüfung der öffentlichen Schadensfälle hinsichtlich der Einstufung in die Baseler Verlustereigniskategorien und regulatorischen Geschäftsfelder. Abb. 5.8 zeigt die Schadensfallentwicklung zu IT-Schäden auf Basis der in ÖffSchOR erfassten öffentlich gewordenen Schäden der Finanzwirtschaft.[178]

Harte Verluste durch Erpressung mit gestohlenen und verschlüsselten Daten scheinen bisher eher vernachlässigbar zu sein, die Beeinträchtigung von Produktionsprozessen durch Datendiebstahl oder Sabotage dürften hingegen tatsächlich bereits zu umfangreichen Schäden geführt haben. Die bekanntesten Beispiele hierfür sind Angriffe durch die **Schadsoftware Carbanak, Petya und WannaCry**: Bereits 2014 wurden bei osteuropäischen, vor allem russischen Banken durch die **Schadsoftware Carbanak/Anunak** unauthorisierte SWIFT-Transaktionen durchgeführt.[179]

---

178   Weitere Informationen und Probezugänge zur Datenbank für Wissenschaftler und Institute stellt der Datenbank-Anbieter auf Anfrage gerne zur Verfügung.
179   Vgl. BSI (2015).

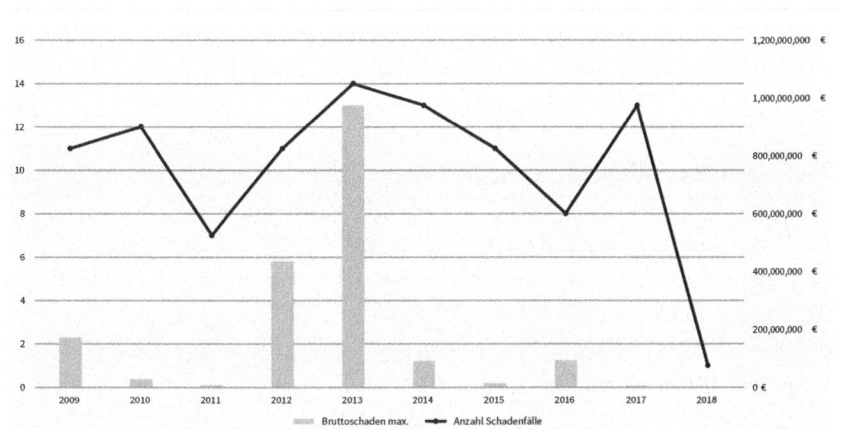

Abb. 5.8: Öffentlich bekannte IT-Schadensfälle in der Finanzwirtschaft (Quelle: Datenbank ÖffSchOR, mit freundlicher Genehmigung der VÖB-Service GmbH)

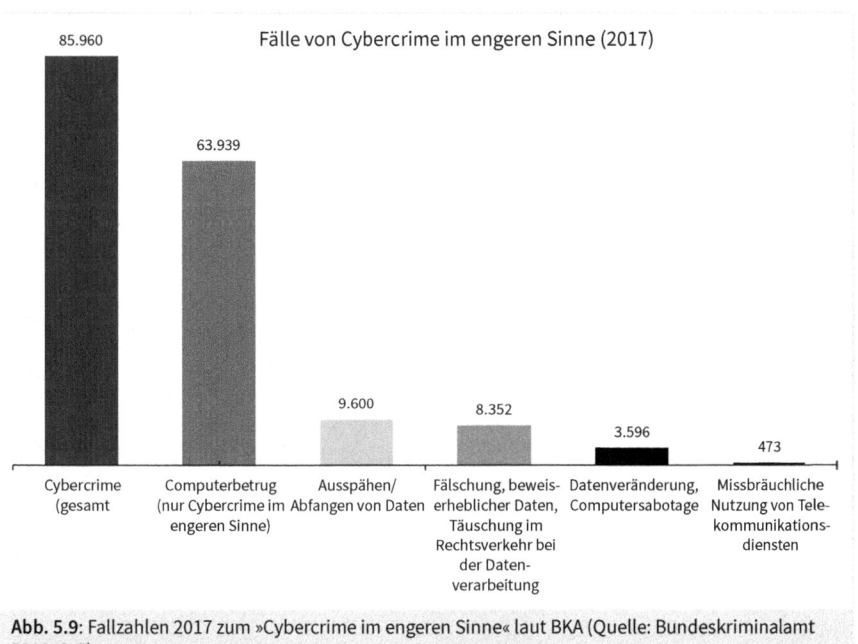

Abb. 5.9: Fallzahlen 2017 zum »Cybercrime im engeren Sinne« laut BKA (Quelle: Bundeskriminalamt 2018, S. 7)

Während die Berichte von BITKOM und BSI sowie die Verlustdatenbanken der Banken-branche und die Bankenaufsicht zum Teil sehr undifferenziert die Begriffe IT-Risiko und Cybercrime verwenden, hat das Bundeskriminalamt den Begriff Cybercrime anhand der in der polizeilichen Kriminalstatistik erfassten Straftaten genauer belegt. Abb. 5.9 zeigt die vom BKA für das Jahr 2017 zum »Cybercrime im engeren Sinne« erfassten Deliktzahlen.[180]

5.2.3 Schadensfallentwicklung im Conduct Risk

Die Schadensfallentwicklung der letzten Jahre wurde sehr stark durch das sogenannte »Conduct Risk« geprägt. Die folgende, vom Baseler Ausschuss mit der neuen Baseler Rahmenvereinbarung veröffentlichte Abb. 5.10 verdeutlicht dies. Die Strafzahlen wurden dabei nur für 111 Banken erhoben, d. h., die Gesamtbelastung für die gesamte Bankenbranche liegt weit höher.

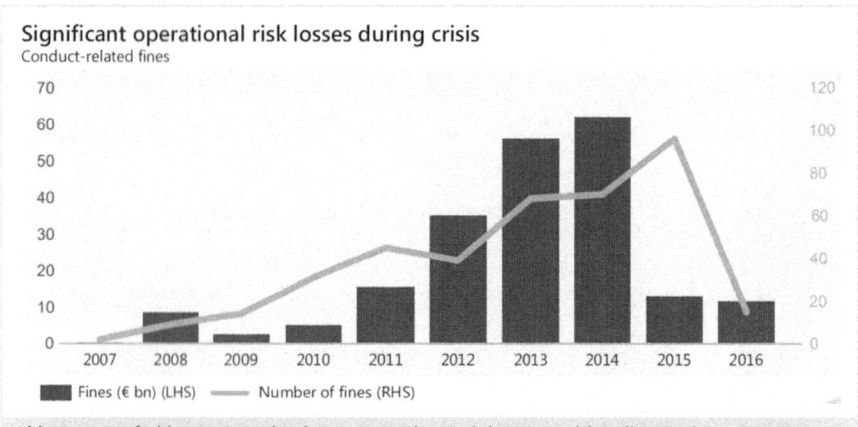

Abb. 5.10: Strafzahlungen in Verbindung mit Conduct Risk (2007-2016) (Quelle: Basel Committee 2017a), Datenmaterial: »Le Monde« und Sekretariat des Baseler Ausschusses

Auch in der Schadensfalldatenbank ÖffSchOR sind zahlreiche Fälle von Conduct Risk enthalten, die den seitens des Baseler Ausschusses konstatierten Trend zu rückläufigen Verlusten grundsätzlich bestätigen (s. Abb. 5.11). Generell muss hier allerdings sehr vorsichtig bezüglich der zukünftigen Schadensfallentwicklung argumentiert werden. Die Untersuchungen im Zusammenhang mit den Cum-Ex-Geschäften oder die Schadenshäufung bei britischen Banken bezüglich unzulässigem Kreditausfallversicherungsvertrieb bei Konsumentenkrediten zeigen, dass es durchaus sehr schnell zu größeren Schadensfallhäufungen kommen kann.

---

180 Dabei wird zwischen normalem Betrug und Computerbetrug u. a. dadurch unterschieden, dass bei der Erfassung der Straftat in der polizeilichen Kriminalstatistik das seit 2004 erhobene »Tatmittel Internet« erkannt und vermerkt wurde, vgl. Bundeskriminalamt (2018), S. 3-5.

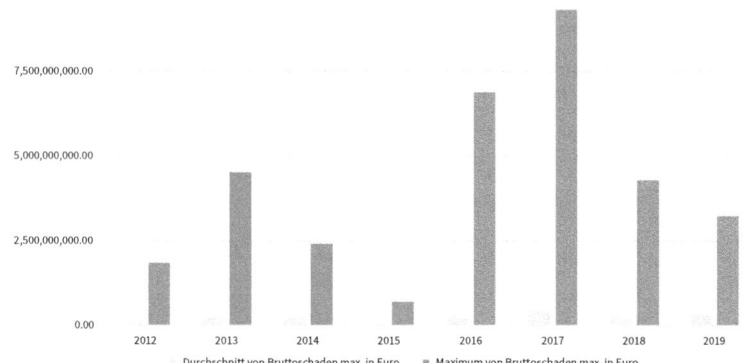

Conduct Risk

Die durchschnittliche Schadenhöhe (orange) eines Conduct Risk-Ereignisses liegt in jedem Jahr deutlich unter den max. Schadenhöhen (blau).

Basis: alle seit 2012 in ÖffSchOR veröffentlichten Fälle mit Conduct Risk = Ja, Interner Kategorisierung = Schadenfall und Anzahl geschädigter Institute = 1. Jahreszahl bezieht sich auf das Jahr der Veröffentlichung in ÖffSchOR.

Abb. 5.11: Strafzahlungen in Verbindung mit Conduct Risk (2007-2016) (Quelle: Datenbank ÖffSchOR mit freundlicher Genehmigung der VÖB-Service GmbH)

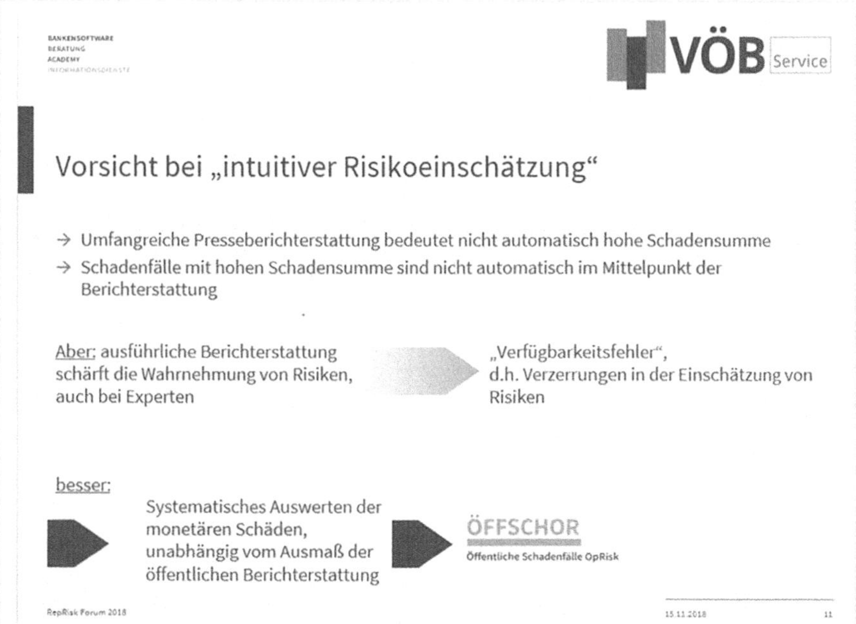

Vorsicht bei „intuitiver Risikoeinschätzung"

→ Umfangreiche Presseberichterstattung bedeutet nicht automatisch hohe Schadensumme
→ Schadenfälle mit hohen Schadensumme sind nicht automatisch im Mittelpunkt der Berichterstattung

Aber: ausführliche Berichterstattung schärft die Wahrnehmung von Risiken, auch bei Experten

„Verfügbarkeitsfehler", d.h. Verzerrungen in der Einschätzung von Risiken

besser:

 Systematisches Auswerten der monetären Schäden, unabhängig vom Ausmaß der öffentlichen Berichterstattung

RepRisk Forum 2018   15.11.2018   11

Abb. 5.12: Zusammenhang zwischen öffentlicher Berichterstattung und Schadenwahrnehmung (Quelle: Ludwig (2018))

169

Weitere Besonderheiten beim Thema Conduct Risk sind, dass Betrug die Banken vor allem auch im Kreditgeschäft trifft[181] und dass damit fast automatisch große Reputationsschäden mit öffentlich bekannt gewordenem Fehlverhalten einhergehen. Die große Öffentlichkeitswirksamkeit führt zudem zu einem weiteren Problem: Die Verlusthöhe wird intuitiv verzerrt und im Regelfall höher wahrgenommen. Abb. 5.12 beschreibt diesen Zusammenhang, der auch in der Fachliteratur im Forschungszweig Behavioural Risk Management bekannt ist.[182] Solche Verzerrungen sind insbesondere auch bei den Risikobewertungen gemäß MaRisk über Self Assessments und bei der Ableitung von Szenarien zu beachten und können mit Hilfe der strukturierten Nutzung von Datenbanken reduziert werden.

5.3   Wesentliche Einzelverlustfälle

Im Folgenden werden wichtige einzelne Verlustfälle eingehender kommentiert, die über die betroffenen Banken hinaus auch für die Fortentwicklung der OpRisk-Regulierung und die Risikosteuerung in den Banken eine besondere Rolle spielten und weiterhin spielen können. Wir konzentrieren uns auf die Fälle nach dem Inkrafttreten von Basel II, die bei der aktuellen Reform der Eigenkapitalvorschriften wichtig sind, und gehen somit an dieser Stelle nicht auf »Klassiker« wie Nick Leeson ein.[183] Aufgrund seiner großen Rolle bei der Überarbeitung der MaRisk (vgl. Abschnitt 3.3) ist hier zuvorderst der Kerviel-Fall zu nennen (s. Unterabschnitt 5.3.1). Daneben ist der Madoff-Fall aufgrund seiner Schadenhöhe, des langen Zeitraums, in dem er unentdeckt blieb, und seiner Charakteristika als Paradebeispiel eines Schneeballsystems (im englischsprachigen Raum auch Ponzi-Scheme genannt) als häufige Form des Kapitalanlagebetrugs zu nennen (s. Unterabschnitt 5.3.2). Schließlich kommen wir zurück auf die beiden Verlustfälle Central Bank of Bangladesh und Wells Fargo (s. Unterabschnitt 1.1.1). Beide Fälle sind relativ aktuell und stellen daher exemplarisch die auch nach der Finanzkrise bestehenden großen OpRisk-Anfälligkeiten sowohl durch IT-Risiken als auch das Conduct Risk dar. Die aus diesen Fällen gezogenen Lehren werden abschließend in den Unterabschnitten 5.3.3 und 5.3.4 bewertet.

---

181   S. hierzu z. B. den in der jüngsten Vergangenheit sehr prominenten Fall der Unternehmensgruppe Steinhoff, vgl. https://www.spiegel.de/wirtschaft/unternehmen/steinhoff-bilanzskandal-wird-als-sammelklage-verhandelt-a-1268919.html

182   Vgl. hierzu z.B das Standardwerk von Kaeheman (2012), in dem Verzerrungen bei der Wahrnehmung und die wirtschaftswissenschaftliche Forschung hierzu sehr eingängig beschrieben werden.

183   Einen Überblick über die wichtigsten Schadensfälle aus deutscher Perspektive bis zur ersten Phase der Finanzkrise geben z. B. Buchmüller/Haas (2009). Interessanten Fälle sind der Betrug der Geldtransportfirma Heros, die Fehlspekulationen der WestLB mit VW-Aktien, sowie die zu spät gestoppte Überweisung der KfW im Zusammenhang mit der Lehman-Pleite.

5.3.1 Der Kerviel-Fall und Folgen

Direkte Wirkungen auf die OpRisk-Regulierung entfaltete vor allem der spektakuläre OpRisk-Verlustfall der Société Générale (SG): Im Eigenhandel des Corporate- und Investment-Banking-Bereichs der SG ging der Händler Jérôme Kerviel seit 2005 unautorisierte Positionen ein, die im Januar 2008 bekannt wurden und deren Schließen zu einem **Nettoverlust in Höhe von 4,82 Mrd. EUR** führten. Kerviel konnte offenbar die eingegangenen unautorisierten Positionen mittels falscher Angaben zu risikomindernden Gegengeschäften tarnen. Dabei dürften ihm seine Kenntnisse aus seiner vorherigen Tätigkeit bei der Handelsüberwachung geholfen haben. Abb. 5.13 fasst den Fall sehr knapp zusammen.

SF Nr. ▼	Titel ▼	Datum Auftreten ▼	Bruttoschaden ▼ max. in EUR
24	Skandal bei der Société Générale um den Händler Jérôme Kerviel. Dieser konnte sämtliche Kontrollen der Bank umgehen und riesige Positionen in riskanten Wetten eingehen. Die Rollen anderer als Helfer bzw. (mangelhafte) Kontrolleure konnten nicht vollständig geklärt werden. Insgesamt entstand der Bank ein Schaden von 4,82 Milliarden EUR. Er wurde zur Rückzahlung der Schulden verurteilt.	24.01.2008	6.320.000,00

Abb. 5.13: Kurzzusammenfassung zum »Kerviel Fall« (Quelle: Datenbank ÖffSchOR, mit freundlicher Genehmigung der VÖB-Service GmbH)

Deutlich wird bereits in der Kurzzusammenfassung, dass über den eigentlichen Handelsschaden hinaus noch **umfangreiche weitere Kosten** angefallen sind, sodass die Schadenhöhe mittlerweile (gemäß den in ÖffSchOR zugrunde gelegten öffentlichen Quellen, Stand 15.03.2019) auf 6,32 Mrd. EUR geschätzt wird. Kostenträchtig waren die umfangreichen Maßnahmen zur Aufklärung des Falls (u. a. Untersuchungen von Wirtschaftsprüfern) und zur rechtlichen Aufarbeitung mit langjährigem Rechtsstreit zwischen Bank und Händler sowie die massiven Investitionen zur Verbesserung des internen Kontrollsystems der Bank. Die Bank hat über den reinen »harten« Verlust hinaus einen enormen Imageschaden erlitten, auch durch die sehr öffentlichkeitswirksame Verteidigung Kerviels gegen die Vorwürfe.

Zu den umstrittenen Aspekten des Falls gehört u. a. die Frage, ob Mitarbeiter der Bank (z. B. Kerviels Assistent und vor allem die Vorgesetzten) vorsätzlich Beihilfe geleistet haben oder zumindest von den Regelverstößen wussten. Kerviels unerlaubte Geschäfte hatten das Ziel, seinen Jahresbonus zu erhöhen, seine überaus positive Handelsperformance mit einem Gewinn in Milliardenhöhe war bekannt, wurde aber nicht kritisch hinterfragt. Ein erstes Gerichtsurteil vom Herbst 2010 sah zunächst keine **Mitwisserschaft von Kerviels Vorgesetzten** und sprach der Bank einen Schadenersatzanspruch gegen ihren Ex-Mitarbeiter in Milliardenhöhe zu. Ein Berufungsgerichtsurteil vom September stellte allerdings eine Teilschuld der Bank fest und reduzierte die Schadenersatzpflicht Kerviels von 4,9 Mrd. EUR auf 1 Mio. EUR.[184]

Der Fall verdeutlichte, dass OpRisk-Großschäden durch unautorisierte Handelsgeschäfte auch nach der Einführung der bankaufsichtlichen OpRisk-Managementvorgaben immer noch zu Bankzusammenbrüchen führen können. Trotz langjähriger Bestrebungen zur Vermeidung von Betrug im Handel waren die internen Kontrollen oftmals unzureichend bei nicht standardisierten Geschäften, die nur mit hohem Zusatzaufwand im Back Office wirklich verstanden und unabhängig überprüft werden können. Infolge dieses Großschadens hatten sich neben der französischen Aufsicht auch die anderen EU-Aufseher intensiv mit diesem Thema beschäftigt. Schnell wurden vor allem aufgrund der Initiative der britischen Aufsicht Vorgaben zur Verstärkung einfacher organisatorischer Kontrollen erlassen, darunter insbesondere die Verpflichtung der Händler, zumindest über mehrere Wochen in Folge pro Jahr ihr Geschäftsportfolio an einen Urlaubsvertreter abzugeben.[185] Diese sog. »**Händlerferien**« fanden später dann auch Eingang in die MaRisk (s. hierzu Abschnitt 3.3).

Die BaFin hatte den Société-Générale-Fall zum Anlass genommen, die Anforderungen an Handelsgeschäfte in den MaRisk weiter zu verschärfen. Neu aufgenommen wurden daher mit der **MaRisk-Novelle 2010** der Zwang zur besseren Regelung von internen Geschäften (BTO 2.2.1), die bessere Überwachung von Stornierungen und erweiterte Anforderungen an die Bestätigung von Handelsgeschäften (BTO 2.2.2). Daneben kann auch die Pflicht zur Beschränkung der IT-Benutzerrechte auf das notwendige Minimum in AT 7.2 MaRisk zumindest zum Teil als Reaktion auf den Fall Kerviel verstanden werden.[186] Auf Ebene der europäischen Bankenaufsicht stellte CEBS bereits im Dezember 2009 ein Konsultationspapier zur Stärkung des OpRisk-Managements in »Market Related Activities« zur Diskussion. Aufgrund der zahlreichen Änderungswünsche wurde im Juni 2010 eine nochmalige Konsultation mit einem geänderten Regelvorschlag eröffnet, der schließlich mit der Veröffentlichung der finalen CEBS-Guidelines on the Management of Operational Risks in market-related Activities im Oktober 2010 abgeschlossen wurde. Kern des 16-seitigen Papiers waren spezifische Vorschläge zur besseren Überwachung der Handelseinheiten, um internen Betrug und daraus resultierende Großschäden zu vermeiden. Die CEBS Guidelines sind dann auch in die MaRisk-Novelle vom Dezember 2012 eingeflossen.[187]

---

184 Vgl. z. B. der Eintrag auf der deutschen Wikipedia-Seite zu Jérôme Kerviel: https://de.wikipedia.org/wiki/J%C3%A9r%C3%B4me_Kerviel (u. a. mit Hinweisen auf das von Kerviel bereits 2010 veröffentlichte Buch zu seinem Fall).

185 Vgl. hierzu Buchmüller/Sturm (2018), Abschnitt 5.3.

186 Ein laxer Umgang mit offensichtlich fehlenden bzw. gefälschten Handelsgeschäftsdokumentationen wurde als Hauptkontrollschwäche identifiziert. Während der Untersuchung des Falles kam allerdings auch der Verdacht auf, dass Kerviel sich unbefugt Zutritt zu Backoffice-Systemen verschaffen konnte.

187 Vgl. CEBS (2010a) sowie CEBS (2010c).

Auch die Verschärfung der Regelungen zur Vergütung in Banken wurde in Zusammenhang mit dem Kerviel-Fall gebracht. Die Bankenaufsichtsbehörden in vielen Ländern hatten exzessive Bonuszahlungen der Banken als eine der Ursachen der Finanzmarktkrise identifiziert.[188] So hatte CEBS im April 2009 seine Grundsätze zur Entlohnungspolitik der Banken veröffentlicht, mit denen Fehlanreize im Sinne einer exzessiven Risikoneigung von Entscheidungsträgern verhindert werden sollten.[189] Eine entsprechende Handhabe zur aufsichtlichen **Überwachung der Entlohnungspolitik der Banken** wurde kurzfristig im Rahmen der Anpassung der MaRisk in deutsches Aufsichtsrecht umgesetzt.

Die entsprechende Neuregelung in AT 7.1 MaRisk orientierte sich an den CEBS-Grundsätzen.[190] Im Dezember 2009 hatte die BaFin dann erste aufsichtsrechtliche Anforderungen an die Vergütungssysteme von Instituten in einem eigenen Rundschreiben geregelt. Mittlerweile wurden die Inhalte des Rundschreibens in die **Institutsvergütungsverordnung** übernommen. Im gleichen Zusammenhang stand auch eine Änderung des Aktiengesetzes zur Anpassung des Rechtsrahmens hinsichtlich der Vorstandsvergütung in Aktiengesellschaften, die ebenfalls 2009 umgesetzt wurde. Aus OpRisk-Sicht besonders bemerkenswert ist dabei die mit diesem Gesetz eingeführte **Beschränkung des Versicherungsschutzes für Vorstandsmitglieder**: Demnach müssen Vorstände von Aktiengesellschaften bei Pflichtverletzungen mindestens 10 % des Schadens bis zu einer Mindesthöhe des 1,5-fachen ihrer festen Jahresbezüge selbst bezahlen.[191]

Wesentliche Folge des Kerviel-Skandals waren somit Verschärfungen bei den Anforderungen an die Handelsüberwachung in den MaRisk sowie die Einführung der Vergütungsvorgaben als einen eigenen neuen Teilbereich der Bankenaufsicht.[192]

5.3.2 Der Madoff-Fall und die Folgen

Bereits im Dezember 2008 wurde der Betrugsfall durch die Investmentfirma von Bernhard Madoff öffentlich. Für das operationelle Risiko von Banken wirkte sich der Fall mit

---

188 So sollen Fehlanreize durch Koppelung der Bonihöhe an die kurzfristige Handelsperformance z. B. bei damaligen Fehlspekulationen der WestLB mit VW-Aktien eine Rolle gespielt haben, vgl. Ott (2009).

189 Vgl. CEBS (2009).

190 Sowie den »Principles for Sound Compensation Practices« des Financial Stability Board vom 02.04.2009. Den CEBS High Level Principles vom April 2009 folgten dann schnell, bereits im Dezember 2010 die CEBS Leitlinien (Guidelines) zur Vergütung, s. CEBS (2010b).

191 Damit wurde gesetzlich eine Eigenbeteiligung der Führungskräfte bei sog. Directors' and Officers' Liability Policen (d. h. Haftpflichtversicherungen für Führungskräfte) festgelegt, die seitdem in Art. 93 Abs. 2 des Aktiengesetzes zu finden ist.

192 Zur Entwicklung der Vorgaben zur Vergütung siehe u. a. den entsprechenden Beitrag in Binder/Glos/Riepe (2018). Eine umfassende Kommentierung der Institutsvergütungsverordnung liefern Buscher/von Harbou/Link/Weigl (2018).

einer Gesamtverlusthöhe von geschätzt 16 Mrd. EUR unter anderem dahingehend aus, dass der Abwickler der Madoff-Firma und seines Privatvermögens mehrere Banken auf Schadenersatz verklagt hatte: Betroffen waren unter anderem Citigroup, J.P. Morgan, HSBC sowie UBS. Ihnen wurde vorgeworfen, dass sie – trotz Kenntnis von Unregelmäßigkeiten in Madoffs Geschäftsgebaren – Kundengelder an den Betrüger überwiesen hatten. Die österreichische Bank Medici, der schließlich die Banklizenz entzogen wurde, wurde sogar der aktiven Teilnahme am Betrugssystem beschuldigt und gemeinsam mit Bank Austria auf Zahlungen von fast 20 Mrd. USD verklagt. Von der UBS, deren luxemburgische Tochter als Treuhänder und Verwalter mehrerer Madoff-Fonds diente, wurde eine Summe von 2 Mrd. USD gefordert, da sie ihren Überwachungspflichten nicht nachgekommen sei. Abb. 5.14 fasst den Fall zusammen.

SF Nr. ▼	Titel ▼	Datum Auftreten ▼	Bruttoschaden ▼ max. in EUR
462	Schneeballsystem Madoff: Der Chef der Investmentfirma IS LLC, Bernard Madoff, hat Investoren (Banken, Fonds und vermögende Privatkunden) um rund 16 Mrd. EUR betrogen. Madoff hatte über Jahre ein Schneeballsystem betrieben, das erst auffolg, als ein Großinvestor im Zuge der Finanzkrise 7 Mrd. USD abziehen wollte. Die Gewinne, die Madoff an Investoren ausschüttete, soll er mit dem Geld neuer Investoren ausgezahlt haben. Die Bücher des Brokers-Hauses, das Anlegergelder und das Vermögen einiger Hedge-Fonds verwaltete, hielt Madoff stets unter Verschluss. Die Geschäfte führte er im Alleingang von einer isolierten Büroetage aus. Investoren und Aufseher soll Madoff mit doppelter Buchführung und fingierten Papieren getäuscht haben. Mangelnde Kontrolle der SEC trotz Hinweisen begünstigten den Betrug.	10.12.2008	16.248.000,00

Abb. 5.14: Kurzzusammenfassung zum »Madoff-Fall« (Quelle: Datenbank ÖffSchOR, mit freundlicher Genehmigung der VÖB-Service GmbH)

In der Folge des Madoff-Falls wurde eine Vielzahl weiterer Großfälle von Kapitalanlagebetrug, sog. Mini-Madoffs, aufgedeckt. In Deutschland betraf dies zum Beispiel den Hedgefonds-Manager Helmut Kiener, in dessen K1-Fonds rund 8.000 deutsche Privatanleger 90 Mio. EUR investiert hatten. Auch die Banken HSBC, BNP Paribas, Barclays, JP Morgan und Bear Stearns investierten in Kieners Schneeballsystem, in das insgesamt mehr als 500 Mio. EUR flossen.

Das im Juli 2010 final veröffentliche Rundschreiben der BaFin zu den Aufgaben und Pflichten der Depotbanken kann auch als Reaktion auf die im Madoff-Fall zutage getretenen Versäumnisse gesehen werden. Diese Auslegung der bereits bestehenden Anforderungen nach dem Investmentgesetz macht insbesondere detaillierte Vorgaben zu Art und Weise der von der Depotbank durchzuführenden Kontrollen. Die Kontrollpflichten gegenüber der Kapitalanlagegesellschaft (KAG) wurden ergänzt durch einen Eskalationsprozess gegenüber der KAG nach Feststellung von Regelverstößen sowie Dokumentationspflichten der Depotbank, mit denen sie belegen muss, dass sie die Anforderungen des Rundschreibens erfüllt.

Die Frage ist, ob solche großen Anlegerbetrüge weiterhin möglich sind. Zumindest auf dem grauen Kapitalmarkt muss dies auch in Deutschland klar bestätigt werden. Für Aufsehen sorgte die Insolvenz Prokon Regenerative Energien GmbH im Jahr 2014, vor deren Finanzierung mit hochverzinsten Genußrechten Verbraucherschützer schon länger warnten und zuletzt vor allem der **Fall der P&R Group** mit Sitz in Grünwald bei München. Dieses Unternehmen hatte in einem Schneeballsystem rund 3,5 Mrd. EUR von Privatanlegern für Beteiligungen an Containern eingeworben und dabei Teile der Kundengelder veruntreut. Von den 1,6 Mio. bilanzierten Containern sind im Verlauf des Insolvenzverfahren bisher nur rund 628.000 auffindbar, sodass nach Presseangaben mit einem Verlust von Kundengeldern von 1 bis 2 Mrd. EUR gerechnet wird.[193]

5.3.3   Lehren aus dem Central Bank of Bangladesh Fall

Der Fall der Central Bank of Bangladesh zeigt, wie sogar eine Zentralbank aufgrund ihrer Vernetzung im internationalen Zentralbankgeschäft und Nutzung gängiger Großzahlungsverkehrsanwendungen besonderen Risiken ausgesetzt ist. Abb. 5.15 beschreibt detailliert den Ablauf der Hackerattacke auf die Central Bank of Bangladesh, wie er in der Schadensfalldatenbank ÖffSchOR (Stand 15.03.2019) anhand der öffentlich verfügbaren Informationen erfasst ist.[194]

Die Fallbeschreibung zeigt, dass es sich um eine von langer Hand vorbereitete **professionelle Cyber-Attacke** handelt, die sowohl Kenntnisse im Zahlungsverkehr, IT-Angriffstechniken als auch internationale Logistik erforderte. Nur durch die Aufmerksamkeit der Korrespondenzbank und eines Flüchtigkeitsfehlers der Angreifer konnte ein weitaus größerer Diebstahl von 776 Mio. EUR verhindert werden. Diese noch in letzter Sekunde gestoppten Transaktionen wären wohl gemäß MaRisk als »Beinaheverlust« in die Schadensfallsammlung aufzunehmen (s. Unterabschnitt 3.3.2). Die Hacker konnten durch Eindringen in die Systeme der Zentralbank von Bangladesh sowohl die Zugangsschlüssel für die SWIFT-Überweisungen als auch die Prozesse zwischen den beiden Zentralbanken ausspähen und waren sogar in der Lage zu verhindern, dass Rückfragen der Fed

---

193 Vgl. z. B. https://www.br.de/nachrichten/wirtschaft/glaeubigerversammlung-zu-milliardenpleite-von-pandr-container,R6iZN9 g

194 Beispiele für eine hervorragende Berichterstattung zu dem Fall, die bereits relativ früh nach Bekanntwerden des Schadens erfolgten, sind Das/Spicer (2016) sowie Devnath/Riley (2016).

New York bei der Zentralbank von Bangladesh ankamen. Offensichtlich erleichterten **Sicherheitslücken in der SWIFT-Software** den Hackerangriff.[195]

Ablauf/Chronologie:

- Die BangladeshBank (Zentralbank von Bangladesch) führt ein Konto bei der bei der Federal Reserve Bank of New York (Fed). Auf dem Konto befanden sich Anfang Februar etwa 1 Mrd. USD Guthaben für den Schuldendienst des Landes und als Beratungsentgelt für Entwicklungsprojekte.
- Am 04.02.2016 erreichten die Fed über 30 Überweisungsaufträge für dieses Konto. Fünf davon über insgesamt 101 Mio. USD (90 Mio. EUR) wurden per Swift ausgeführt. 81 Mio. USD (72 Mio. EUR) gingen an private Konten bei zwei Banken auf den Philippinen, 20 Mio. USD (18 Mio. USD) sollten nach Sri Lanka. Die Überweisungen waren jedoch nicht von der BangladeshBank, sondern von Hackern angewiesen worden.
- Sie hatten bereits im Januar 2016 das System der Bangladesh Bank gehackt. Sie spähten die internen Abläufe aus, um das Muster, nach dem Bangladesh in New York Zahlungen in Auftrag gibt, zu kopieren. Sie waren auch im Besitz der Zugangsdaten und not wendigen Schlüssel für das Swift-System.
- Zu weiteren Transaktionen über insgesamt 870 Mio. USD (776 Mio. EUR) kam es nicht, da die Hacker einen Tippfehler machten: Als Empfänger der Zahlung über 20 Mio. USD nach Sri Lanka wurde eine Stiftung genannt. Statt "foundation" stand auf der Überweisungsanweisung »fandation«. Dies veranlasste die als Korrespondenzbank eingeschaltete Deutsche Bank zu einer Nachfrage bei der BangladeshBank, die daraufhin die Transaktion stoppte.
- Gleichzeitig informierte die Fed die Bangladesh Bank über ungewöhnlich hohe und viele Überweisungsaufträge an private Empfänger. Bei der Bangladesh Bank wurden am nächsten Morgen weder die Bestätigungsmeldungen der ausgeführten Zahlungen noch die Nachfragen der Fed via SWIFT ausgedruckt, weil die Drucker ebenfalls infiziert waren. Die Mitarbeiter des Bereitschaftsdienstes gingen aber von einem technischen Druckerproblem aus, das sie am nächsten Arbeitstag lösen wollten.
- Die 81 Mio. USD sind verschwunden. 50 Mio. USD (45 Mio. EUR) wurde über verschiedene Casinos auf den Philippinen gewaschen. 30 Mio. USD (27 Mio. EUR) sollen auf den Philippinen in bar ausgezahlt worden sein. Selbst in 100-Dollar-Scheinen wiegt eine solche Summe etwa 300 Kilogramm.
- Sicherheitsexperten fanden heraus, dass Hacker mittels einer Schadsoftware die Swift-Kundensoftware manipuliert hatten. Betroffen ist vermutlich die Software Alliance Access, die von einigen Instituten für Swift genutzt wird.
- Am 25.04.2016 gab Swift eine Warnung an seine Kunden heraus. Es habe mehrere Vorfälle gegeben, bei denen betrügerische Nachrichten per Swift versendet worden seien. Swift gab ein Software-Update heraus.

Aufdeckung/Entdeckung:

- Die Fed sowie die Deutsche Bank als eingeschaltete Korrespondenzbank schöpften Verdacht wegen der ungewöhnlichen Kontobewegungen bzw. einem Tippfehler in einem Überweisungsauftrag.

Abb. 5.15: Detailablauf im Schadensfall »Central Bank of Bangladesh« (Quelle: Datenbank ÖffSchOR, mit freundlicher Genehmigung der VÖB-Service GmbH)

Vermutlich haben auch Mitarbeiter der Zentralbank von Bangladesh den Cyberangriff unterstützt, wie Untersuchungen nahelegten. Abb. 5.16 enthält weitere Details und die daraus folgenden Maßnahmen zu dem Schadensfall auf Basis der in der Schadensfalldatenbank ÖffSchOR zusammengetragenen Informationen (Stand 15.03.2019). Wichtig ist hierbei die Aussage, dass es sich bei dem Angriff wahrscheinlich um die Arbeit einer staatlich gestützten nordkoreanischen Hackergruppe handelt. Solche **staatlich gesteuerte Cyberangriffe auf Banken** bedeuten völlig neue Drohpotenziale, die aufgrund des ungleich höheren möglichen Ressourceneinsatzes gegenüber klassischen kleinkriminellen Hackern weitaus gefährlicher sind.

---

195 Als Reaktion auf die Sicherheitslücken im Fall Central Bank of Bangladesh und wohl auch in anderen Fällen hat SWIFT im September 2016 bekanntgegeben, ab 2018 von seinen Kunden jährliche Nachweise zu fordern, dass sie jeweils 16 einzelne von SWIFT zentral vorgegebene Kontrollen zur Erhöhung der IT-Sicherheit im Umgang mit den Swift-Dienstleistungen durchgeführt haben, s. SWIFT (2016).

Begünstigende Begleitumstände/Motive/Auffälligkeiten:

- Als Zeitpunkt für die Transaktionen wählten die Hacker einen Donnerstagabend (4.2.). Im muslimischen Bangladesch sind Freitag und Samstag Wochenendtage. Der anschließende Sonntag ist Wochenendtag in den USA. Am Montag (8.2.) war Feiertag auf den Philippinen, dem Empfängerland. Dadurch vergingen mehrere Tage, bis ein direkter Austausch zwiSschen den betroffenen Instituten möglich war. Di Bank hatte E-Mails an Kontaktadressen von der Fed-Homepage geschickt, die aber nur werktags abgerufen wurde.
- Für die gefälschten Aufträge nutzten die Betrüger Namen echter Projekte, Organisationen und Behörden.
- Die ersten Aufträge hatte die Fed wegen fehlerhafter Formatierung abgewiesen, die Hacker hatten sie dann ein zweites Mal in korrekter Formatierung gesendet.
- Die Regierung Bangladeschs wirft der New Yorker Fed vor, die Transaktionen zu spät gestoppt zu haben. Die New Yorker Fed weist jegliche Schuld von sich. Bei den Überweisungen gab es keinerlei Hinweise auf eine Hackerattacke. Auch Swift teilte mit, dass es keinen illegalen Systemzugriff gab.
- Bei der Bangladesch Bank gab es keine Firewall, die Computer waren mit gebrauchten elektronischen Schaltern vernetzt.

Konsequenzen:

- Mitte Februar forderte die Bangladesh Bank der philippinischen Behörde Amtshilfe an, woraufhin ein Gericht eine sechsmonatige Sperre über Konten bei vier philippinischen Banken verfügte.
- Der Zentralbankchef von Bangladesch trat am 15.03.2016 zurück.
- Nach Ansicht des Finanzministers von Bangladesch haben Mitarbeiter der Bank bei der kriminellen Aktion geholfen, da zur Autor isierung von Transaktionen nacheinander die Handabdrücke von sechs Menschen über eine Sensorplatte eingelesen werden müssen.
- Eine Untersuchungskommission geht ebenfalls davon aus, dass möglicherweise Mitarbeiter der Zentralbank in den Cyber-Raub verwickelt sind.
- Nach Einschätzung von Internet-Sicherheitsexperten ist die nordkoreanische Hackergruppe Lazarus für den Cyber-Angriff verantwortlich. Es wird vermutet, dass die nordkoreanische Regierung hinter der Hackergruppe steckt. Wegen internationaler Sanktionen versucht das Land, mit Hilfe von Online-Hacking an Devisen zu kommen.

Maßnahmen:

- Für hohe Beträge wird die Bangladesh Bank der Fed künftig zusätzlich zu den Swift-Nachrichten ein mündliches Avis geben.
- Die Fed hat eine 25h-Notfallhotline eingerichtet für 250 Kontoinhaber weltweit, meistens Zentralbanken.
- Swift teilte am 27.09.2016 mit, dass Swift-Kunden ab 2017 Nachweise über die Erfüllung zentraler Sicherheitsstandards erbringen müssen. Ab 2108 erfolgt eine jährliche Überprüfung. Dazu müssen Kunden Compliance-Bestätigungen erbringen. Bei Nichteinhaltung oder Nichterfüllung erfolgt eine Meldung an die Aufsicht.

Abb. 5.16: Maßnahmen/Konsequenzen beim Schadensfall »Central Bank of Bangladesh« (Quelle: Datenbank ÖffSchOR, mit freundlicher Genehmigung der VÖB-Service GmbH)

Staatliche Cyberangriffe dieser Art können kaum noch allein privatwirtschaftlich bekämpft werden. Das Ausmaß des Drohpotenzials wird deutlich anhand der Vorwürfe gegenüber nordkoreanischen Geheimdienstmitarbeitern im Zusammenhang mit diversen Cyber-Attacken: So hat das US-Justizministerium am 07.09.2018 umfassende Anklage gegenüber einem nordkoreanischen Programmierer erhoben und dabei die Fälle Central Bank of Bangladesh, den WannaCry-Virus und den Cyber-Angriff auf die Sony-Filmstudios (Sony Pictures Entertainment) im Jahr 2014 verbunden.[196] Auch Russland wird u. a. seitens der Bundesanstalt für Sicherheit in der Informationstechnik (BSI) vorgeworfen, eine massive Cyber-Kriegsführung durch **Angriffe auf kritische Infrastruktur** zu betreiben.[197] Bei diesen Angriffen geht es mitunter gar nicht mehr um das Erbeuten von Geld, sondern um das gezielte Lahmlegen von Infrastruktur und die Verunsicherung der Bevölkerung zum Teil auch durch **Social-Media-Kampagnen.**

---

196 Siehe DoJ (2018). Zu finden ist die Klageschrift unter dem folgenden Link: https://www.justice.gov/opa/pr/north-korean-regime-backed-programmer-charged-conspiracy-conduct-multiple-cyber-attacks-and

197 Vgl. BSI (2018), z. B. S. 11 ff im Zusammenhang mit Betreibern kritischer Infrastrukturen. Der Angriff auf die IT-Infrastruktur des Deutschen Bundestags im Jahr 2015 oder der Anfang 2018 bekannt gewordene Angriff auf das Netzwerk der Bundesbehörden, ausgehend von einer Lernplattform der Hochschule des Bundes, wurde im jüngsten BSI-Jahresbericht nicht direkt mit russischen Hackern in Verbindung gebracht, dafür allerdings von der Bundesregierung über Äußerungen von Regierungssprecher Steffen Seibert im Oktober 2018, vgl. z. B. https://www.heise.de/newsticker/meldung/Auch-Bundesregierung-sieht-Russland-hinter-Cyberattacken-4182038.html

Das Thema IT-Sicherheit wurde als Reaktion auf die staatlich initiierten Angriffe, zu denen auch die Sabotage des iranischen Atomprogramms zu zählen ist, auf die internationale politische Agenda gesetzt: Sowohl auf Ebene der G7 und G20 spielt das Thema eine wichtige Rolle, ebenso wie auf Foren wie der Münchener Sicherheitskonferenz. Wichtige Ergebnisse sind dabei einerseits die »**Charter of Trust**«, die auf Initiative führender deutscher Unternehmen, das sog. Third Party Risk in den Zulieferbeziehungen der Unternehmen privatwirtschaftlich adressiert.[198] Andererseits soll neben dieser verstärkten Kooperation zwischen Unternehmen beim Schließen von Sicherheitslücken auch auf Ebene der staatlichen Akteure eine vertrauensvolle Zusammenarbeit im Bereich IT-Sicherheit aufgebaut werden.

Auf zwischenstaatlicher Ebene haben die **G7** bereits im Jahr 2015 die **Cyber Expert Group (CEG)** gegründet, die sich intensiv mit der IT-Sicherheit des Finanzsektors beschäftigt. Ergebnisse dieser Arbeit sind die sogenannten »**Fundamental Elements**« (von der Bundesbank als »Grundelemente« übersetzt). Dies sind grundlegende Empfehlungen zur Stärkung der IT-Sicherheit des gesamten Finanzsektors, die von den Staats- und Regierungschefs auf den G7-Gipfeln verabschiedet wurden. Spezifisch für den Finanzsektor wurden zuletzt Vorgaben zum Management des Third Party Risk und zur Durchführung von Penetrationstests der IT-Infrastruktur veröffentlicht, die nun von den zuständigen Aufsichtsbehörden und den Banken hinsichtlich konkreter Umsetzungsmaßnahmen geprüft werden.[199]

Auf Ebene der **G20** wurden mit der Abschlusserklärung des Treffens der Finanzminister in Baden-Baden im März 2017 die Gefahren der Nutzung der Informations- und Kommunikationstechnologie diskutiert und das Financial Stability Board (FSB, Ausschuss für Finanzstabilität) beauftragt, eine Übersicht (Stock Take) über Maßnahmen zur Stärkung der IT-Sicherheit zu erstellen.[200] Das FSB hat im Auftrag der G20 mittlerweile diesen Stocktake im Herbst 2017 vorgelegt sowie auch ein »**Cyber Lexicon**« grundlegender Begrifflichkeiten und Standardsetzer im Bereich IT-Sicherheit im November 2018 veröffentlicht.[201] Zuletzt hat, basierend auf der Arbeit des Financial Stability Board,

---

198 Die Initiative wurde maßgeblich von Siemens gestartet mit anderen deutschen und europäischen Großunternehmen wie Deutsche Telekom, Daimler, Airbus und Atos, aber auch Nicht-EU-Unternehmen wie Cisco. Die Charter of Trust wurde bei der Münchener Sicherheitskonferenz 2018 ins Leben gerufen und versucht seitdem, auch unter politischer Unterstützung von Instituten wie dem BSI weitere Teilnehmer weltweit zu gewinnen, zuletzt gelang es, mit Mitsubishi Heavy Industries im Februar 2019 eine Absichtserklärung zum Beitritt zur mittlerweile 16 Akteure umfassenden Initiative zu unterzeichnen. Weitere Informationen sind zu finden unter: https://new.siemens.com/global/en/company/topic-areas/digitalization/cybersecurity.html
199 Vgl. hierzu Buchmüller/Hellstern (2019) sowie G7 (2018a, 2018b).
200 Dabei wurden auch explizit Staaten außerhalb der G20 genannt, welche die Finanzstabilität gefährden könnten, ohne Nordkorea namentlich zu erwähnen, vgl. G20 (2017), Tz. 7.
201 Vgl. Financial Stability Board (2017a, 2917b und 2018) sowie Buchmüller/Hellstern (2019).

der Baseler Ausschuss im Dezember 2018 ein erstes **Range of Practices Dokument zur »Cyber-Resilience«** veröffentlicht, aus dem bereits recht konkrete Anforderungen an die IT-Risikosteuerung der Banken herauszulesen sind.[202]

5.3.4 Lehren aus Wells Fargo Fall

Als weiterer herauszuhebender Großverlust der jüngsten Vergangenheit erregten die Betrügereien bei der US-amerikanischen Großbank Wells Fargo aufgrund ihrer schieren Dimension eine große Aufmerksamkeit. Nicht nur die reine Schadenshöhe von rund 2 Mrd. EUR ist bemerkenswert. Erschreckend ist vielmehr, der Umstand, dass über einen mehr als 5-jährigen Zeitraum unter Mithilfe von mehreren Tausend Bankmitarbeitern Millionen Kunden systematisch betrogen wurden. Abb. 5.17 enthält die Detailbeschreibung des Schadensfalls, wie sie (Stand 15.03.2019) in der Schadensfalldatenbank Öff-SchOR auf Basis der öffentlich verfügbaren Informationen zusammengestellt wurde.

Ablauf/Chronologie:
- Mitarbeiter der amerikanischen Großbank Wells Fargo generierten seit 2011 Scheingeschäfte. Sie eröffneten rund 3,5 Millionen Konten ohne Auftrag und Einverständnis der betroffenen Kunden, sie übertrugen dann Geld von einem Kundenkonto auf das andere. Viele richteten E-Mail-Adressen ein, um Kunden zum OnlineBanking anzumelden. Sie gaben 565.000 Kreditkarten ohne Kundenzustimmung aus, in manchen Fällen mit erfundenem Namen (»Sandbagging«). Sie richteten Kreditlinien für Kunden ein, deren Einrichtung Umsatz für die Bankfilialen generiert.
- Die Bank misst den Mitarbeitererfolg an der Cross-Selling-Rate von durchschnittlich sechs Produkten pro Kunde. Mit den Scheingeschäften wurden ungerechtfertigt Gebühren generiert, Mitarbeiter erreichten so ihre Verkaufsziele.
- Von Anfang 2011 bis März 2016 kündigte die Bank 5.300 Mitarbeiter wegen unangemessenen Verhaltens.
- Aufseher und Ermittler werfen der Bank vor, ihre Mitarbeiter zu stark auf Vertriebsziele verpflichtet zu haben, ohne dabei fragwürdige Verkaufspraktiken zu verhindern.
- Eine Ehemalige Mitarbeiterin berichtete 2013 der LA Times von hohem Verkaufsdruck. Die Mitarbeiter müssen täglich Ziele für die Eröffnung neuer Konten und Zusatzprodukte wie Überziehungskredite erfüllen. Bei Nichterfüllung müssten sie abends länger arbeiten oder an Wochenenden eine Zusatzschicht im Telefonvertrieb übernehmen. Auch mit Entlassung würde bei Nichterreichen der Absatzziele gedroht.

Aufdeckung/Entdeckung:
- Kunden beschwerten sich wegen der Gebühren für die nicht beauftragten Dienste.
- Ein Anwalt verklagte Wells Fargo im Mai 2015 wegen nicht autorisierter Kontoeröffnungen. Daraufhin meldeten sich über 1.000 Kunden sowie auch Bankmitarbeiter bei ihm.
- Wells Fargo beauftragte eine Beratungsfirma mit der Untersuchung der Vorfälle.

Begünstigende Begleitumstände/Motive/Auffälligkeiten:
- Die für die Privatkundensparte und die Vertriebsmethoden zuständige Managerin ist Ende 2016 mit einem Bonus von 124 Mio. USD (110 Mio. EUR) in den Ruhestand gegangen.

Abb. 5.17: Ablauf Schadensfall »Wells Fargo« im Detail (Quelle: Datenbank ÖffSchOR, mit freundlicher Genehmigung der VÖB-Service GmbH)

Die Fallbeschreibung verdeutlicht, dass existenzbedrohliche OpRisk-Verluste durch Straftaten von Bankmitarbeitern keinesfalls nur durch »Rogue Trader« oder Marktmanipulationen im Investmentbanking vorkommen, sondern auch reine Retail-Institute

---

[202] Vgl. hierzu Buchmüller/Hellstern im Detail ebenso wie zur sehr schnell voranschreitenden Entwicklung von EU-Vorgaben zur IT-Risikosteuerung der Banken.

treffen können. Auslöser war ein **hoher Vertriebsdruck**, der dazu führte, dass die Zielvorgaben zum Cross-Selling-Ergebnis letztlich nur noch mit flächendeckendem Betrug im Einverständnis von Führungskräften und Mitarbeitern erreicht werden konnten. Angesichts der Berichte über den hohen Vertriebsdruck, auch in der deutschen Bankenbranche, wäre ein solcher Fall bei hinreichender krimineller Energie von Bankmitarbeitern und einer entsprechenden ganzheitlichen »Kultur« in der jeweiligen Bank auch in Deutschland denkbar.

Für die OpRisk-Steuerung ist interessant, wie die US-Bankenaufsicht mit diesem Fall umgegangen ist. Abb. 5.18 stellt die Informationen hierzu und vor allem zu den in die Schadensumme eingeflossenen Strafzahlungen zusammen (auf Basis der Informationen in der Datenbank ÖffSchOR (Stand 15.03.2019) inkl. der rechtlichen Einigung der Bank mit den US-Bundesstaaten und einer weiteren Strafzahlung i. H. v. rund 500 Mio. EUR Ende 2018). Abb. 5.19 verdeutlicht auch, dass die Beilegung der privatrechtlichen **Ansprüche von Kunden und Aktionären** sowie die strafrechtliche Abarbeitung mit **Strafzahlungen an diverse staatliche Institutionen** im Regelfall mehrere Jahre benötigt, selbst bei einem rein nationalen Fall.

- Wells Fargo schloss am 08.09.2016 mit drei amerikanischen Behörden einen Vergleich über 185 Mio. USD (164,8 Mio. EUR). Hinzu kommen 2,6 Mio. USD (2,3 Mio. EUR) an Gebührenerstattungen für betroffene Kunden. (USD Kurs v. 08.09.2016 1 EUR = 1,1226 USD)
- Der Aktienkurs der Bank sank in den beiden Tagen nach der Bekanntgabe des Vergleichs um 6% bei einem Marktwert von ca. 250 Mrd. USD (223 Mrd. EUR).
- Die Bank kündigte an, die Unregelmäßigkeiten durch eine umfassende interne Prüfung aufzuklären. Außerdem wird sie die Vorgabe von Verkaufszielen einstellen. Die Bank verpflichtete sich, die Kontrollen zu verbessern und die Kunden bei einer Kontoeröffnung besser zu informieren.
- Wells Fargo entschuldigte sich am 10.09.2016 öffentlich in ganzseitigen Anzeigen.
- Der Vorstandsvorsitzende musste zu zwei Kongressanhörungen, verschiedene staatliche Behörden leiteten Untersuchungen ein.
- Am 12.10.2016 trat der Vorstandsvorsitzende mit sofortiger Wirkung zurück.
- Gemäß Bankangaben gingen die Kontoeröffnungen im Oktober 2016 im Vergleich zum Vorjahreszeitraum um 44% zurück. Zudem wurden 50% weniger neue Kreditkarten beantragt.
- Anfang 11/2016 wurde bekannt, dass sich die US-Börsenaufsicht SEC in die Ermittlungen eingeschaltet hat. Diese hat Dokumente vom Management angefordert, um zu prüfen, ob die Bank gegen die Veröffentlichungspflichten verstoßen hat.
- Die Bank teilte am 21.02.2017 mit, dass sie vier Manager in leitenden Positionen gekündigt hat. Außerdem wurden den Managern die Bonuszahlungen und sonstige Prämien für das vergangene Jahr gestrichen.
- Im März 2017 einigte sich die Bank mit Privatpersonen, die sich Sammelklagen angeschlossen haben, auf die vorläufige Zahlung von 110 Mio. USD (102,3 Mio. EUR, USD Kurs v. 29.03.201 1 EUR = 1,0748 USD). Diese Summe wurde im Juni 2018 auf 142 Mio. USD erhöht (122,3 Mio. EUR, USD Kurs v. 18.06.2018 1 EUR = 1,1613 USD).
- Aus einem im April vorgelegten Untersuchungsbericht, den der Verwaltungsrat mit einer Anwaltskanzlei durchführte, geht hervor, dass das Management der Bank eine „aggressive Verkaufskultur" geschaffen hat. Als Konsequenz wird ein Manager ein Aktienpaket im Wert von 28 Mio. EUR zurückgeben, ein anderer verzichtet auf Aktien im Wert von 47 Mio. USD. Teile ihrer Entlohnung hatten die beiden Manager bereits im vergangenen Jahr zurückgezahlt. Insgesamt hat die Bank Managergehälter von mehr als 180 Mio. USD zurückgefordert.
- Nach einer Untersuchung der Vorfälle korrigierte die Bank die Zahl der unautorisiert eröffneten Kundenkonten auf 3,5 Mio. Die Bank kündigte an, weitere 2,8 Mio. USD (2,3 Mio. EUR, USD Kurs v. 01.09.2017 1 EUR = 1,1920) für Entschädigungen bereitzustellen.
- Im April 2017 stellte sich die US-Bankenaufsicht ein mangelhaftes Zeugnis aus. Aus einem Untersuchungsbericht geht hervor, dass die Kontrollen unzureichend waren und es verpasst wurde, die Praktiken aufzudecken.
- Im Oktober 217 wurde publik, dass die Bank mehr als 1.780 im Zusammenhang mit dem Scheinkonten wieder eingestellt hat.
- Die US-Notenbank Fed ordnete bei Wells Fargo einen Wachstumsstopp an bis die internen Kontrollen ausreichend verbessert wurden. Die Bank kündigte an, detaillierte Pläne innerhalb von 60 Tagen bei den Aufsehern einzureichen.
- Wegen des Skandals um fingierte Konten sowie weiterer dubioser Geschäftspraktiken einigte sich Wells Fargo am 20.04.2018 mit verschiedenen US-Regulierern auf eine Vergleichszahlung von 1 Mrd. EUR (812,4 Mio. EUR, USD Kurs v. 20.04.2018 1 EUR = 1,2309 USD).
- Die Bank teilte am 04.05.2018 mit, dass sie sich mit den Anlegern auf eine Vergleichszahlung von 480 Mio. USD (401 Mio. EUR, USD Kurs v. 04.05.2018 1 EUR = 1,1969 USD) geeinigt hat. Der Betrag ist komplett durch Rückstellung gedeckt.
- Zur Beilegung des Verfahrens einigte sich die Bank am 28.12.2018 mit den 50 US-Bundesstaaten auf eine Vergleichszahlung von 575 Mio. USD (502 Mio. EUR, USD Kurs v. 28.12.2018 1 ERU = 1,1454 USD).
- Die Berichterstattung erfolgte wiederholt sowohl national, als auch international in den wichtigsten Medien und Boulevard-Medien berichteten. Der Name der Bank wurde im Titel genannt, der Aktienkurs sank. Die Öffentlichkeitswirkung wird als hoch eingestuft.

Abb. 5.18: Konsequenzen im Fall »Wells Fargo« (Quelle: Datenbank ÖffSchOR mit freundlicher Genehmigung der VÖB-Service GmbH)

Die **ermittelte Schadenhöhe** umfasst gemäß der Hard-Loss-Definition des Baseler Ausschusses vor allem die direkten Kosten im Sinne der rechtlich verbindlichen Zahlungsverpflichtungen. Diese können auch meistens entsprechend aus öffentlichen Quellen erhoben werden. Schwieriger sind die ebenfalls unter die Verlustdefinition nach Basel II fallenden indirekten Kosten für Anwälte und bankinterne Prozessanpassungen. Gar nicht einbezogen werden die **Reputationseffekte**, die in diesem Fall mit dem Rücktritt des Vorstandsvorsitzenden und Kongressanhörungen sehr hoch waren.

Die Frage ist nun, welche Lehren aus diesem Fall gezogen werden können. Grundsätzlich ist anzuzweifeln, ob ein solcher flächendeckender Betrug ein Einzelfall ist. Der Dieselskandal bei mehreren deutschen Automobilherstellern und insbesondere in der VW-Gruppe verdeutlicht, dass Rechtsverstöße mit hoher krimineller Energie und fehlendem Unrechtsbewusstsein durchaus auch in Deutschland vorkommen können. Weltweite immer wiederkehrende Fälle von Verstößen gegen das Wettbewerbsrecht in Form von Kartellabsprachen, Bestechung zur Absatzförderung sowie im Bankensektor, vor allem die häufigen Vorwürfe zur Beihilfe bei Geldwäsche und Steuerhinterziehung, verdeutlichen die Brisanz, ebenso wie die Cum-Ex-Geschäfte. Als Lösung hat die Bankenaufsicht hierzu vor allem den **Fokus auf die Risikokultur** verstärkt und auch die Möglichkeiten zum Whistleblowing in den Banken erleichtert (inbesondere im Rahmen von EBA-Vorgaben, die dann in Deutschland über die MaRisk zu verbindlichen Anforderungen an die Banken wurden, s. Abschnitt 3.3).

6   Fazit und Ausblick

In diesem Buch wurden zunächst die grundlegenden regulatorischen Anforderungen an das OpRisk-Management und dabei insbesondere an die Berechnung der Eigenmittelunterlegung dargestellt. Dies beinhaltete sowohl eine Darstellung der aktuellen Anforderungen als auch deren geplante Veränderungen und der damit verbundenen Anpassungsherausforderungen. Anschließend wurde die Behandlung des operationellen Risikos in der Säule II dargestellt, und es wurden spezielle Teilbereiche des operationellen Risikos erläutert. Schließlich wurden die Offenlegungsanforderungen beschrieben und einige aktuelle lehrreiche Schadensfälle aufgezeigt.

Insgesamt ist festzuhalten, dass in der Risikoart operationelle Risiken eine Menge Bewegung stattfindet, auch wenn durch die geplante Abschaffung des AMA auf den ersten Blick eine Abwertung der Risikoart zu erwarten wäre.

Die Schadensfälle zeigen jedoch, dass das operationelle Risiko nicht geringer geworden ist. Allerdings findet die Beschäftigung mit dem Risiko vermehrt in anderen Bereichen statt und wird oft nicht mehr im operationellen Risiko verankert. Gerade im aktuellen Umfeld der Digitalisierung ist beispielsweise das Thema IT-Risiko immer stärker in den Vordergrund gerückt. Aufgrund der durch die Digitalisierung möglichen Auslagerung von IT-Tätigkeiten auf spezialisierte Dritte wie Cloud-Dienstleister gewinnt auch die Beschäftigung mit dem Auslagerungsrisiko stark an Bedeutung.

Ebenso haben sich das Conduct Risk sowie das Modellrisiko gerade in großen Instituten mittlerweile stark als eigene Risikosteuerungsdisziplinen entwickelt und die Messung bzw. Steuerung dieser Risiken ist in der Praxis nicht im eigentlichen Bereich operationelle Risiken verankert.

Es ist zu erwarten, dass in Spezialgebieten weiterhin neue Anforderungen gestellt werden, und es ist eine strategische Aufgabe, einen Überblick über all diese Entwicklungen unter dem gemeinsamen Schirm operationelles Risiko einzuführen. Ein Beispiel für neue Anforderungen in Spezialgebieten ist im IT-Risiko zu finden. Aufgrund der erhöhten Bedeutung dieser Risikoart werden gerade Umsetzungen der TIBER-EU-Richtlinie entwickelt. Diese Richtlinie beschreibt den Umgang mit geleiteten Penetrations-Tests auf die IT in Instituten.[203]

---

203 S. hierzu Buchmüller/Hellstern (2019).

Insbesondere im IT-Bereich ist ein neuer Aufsichtsansatz notwendig, der anstelle der reaktiven Bankenaufsicht proaktiv Drohpotenziale frühzeitig in Kooperation mit den Instituten angeht. Anstelle der Frage, wie hoch die Kapitalunterlegung des operationellen Risikos sein soll, werden sich die OpRisk-Spezialisten in den Banken zukünftig viel stärker mit der Frage befassen müssen, welche Risiken sie besonders ernst nehmen und prioritär berichten und dadurch Risikominderungshandlungen anstoßen.

Literaturverzeichnis

Rechtstexte und sonstige »regulatorische Veröffentlichungen«

BaFin (2009): Studie zum Management operationeller Risiken in Instituten, die den Basisindikatoransatz verwenden, Bonn, 04.04.2009

BaFin (2017a): Rundschreiben 09/2017 (BA) - Mindestanforderungen an das Risikomanagement - MaRisk, 27.10.2017

BaFin (2017b): Übersendung der Endfassung der Bankaufsichtlichen Anforderungen an die IT (BAIT), Anschreiben an die Verbände vom 03.11.2017

BaFin (2017c): Bankaufsichtliche Anforderungen an die IT (BAIT), Rundschreiben 10/2017 (BA) vom 03.11.2017

BaFin (2018a): Europäische Aufsichtsbehörden BaFin übernimmt grundsätzlich alle Leitlinien sowie Fragen und Antworten in ihre Verwaltungspraxis, in: BaFin-Journal Februar 2018, S. 5 (ohne Verfasser)

BaFin (2018b): BaFin Jahresbericht 2017, Bonn, Frankfurt a.M., 03.05.2018

BaFin (2018c): Rundschreiben 08/2018 (BA) zur Meldung schwerwiegender Zahlungssicherheitsvorfälle, Bonn, Frankfurt a.M., 07.06.2018

BaFin (2018d): Bankaufsichtliche Anforderungen an die IT (BAIT), Rundschreiben 10/2017 (BA) in der Fassung vom 14.09.2018

BaFin/Bundesbank (2018): Aufsichtliche Beurteilung bankinterner Risikotragfähigkeitskonzepte und deren prozessualer Einbindung in die Gesamtbanksteuerung (»ICAAP«) Neuausrichtung (RTF-Leitfaden) vom 24.05.2018

Basel Committee on Banking Supervision (1997): Core Principles for Effective Banking Supervision, Basel, September 1997

Basel Committee on Banking Supervision (2003): Sound Practices for the Management and Supervision of Operational Risk, Basel, Februar 2003

Basel Committee on Banking Supervision (2001a): Consultative Document Operational Risk, Basel, Januar 2001

Basel Committee on Banking Supervision (2001b): Working Paper on the Regulatory Treatment of Operational Risk, Basel, September 2001

Basel Committee (2006): International Convergence of Capital Measurement and Capital Standards, Basel, June 2006

Basel Committee on Banking Supervision (2011): Principles for the Sound Management of Operational Risk, Juni 2011

Basel Committee on Banking Supervision (2014a): Review of the Principles for the Sound Management of Operational Risk, Basel, Oktober 2014

Basel Committee on Banking Supervison (2014b), Consultative Document, Operational Risk – Revisions to the simpler approaches, Basel, Oktober 2014

Basel Committee on Banking Supervision (2016): Consultative Document, Standardised Approach for Operational Risk, Basel, März, 2016

Basel Committee on Banking Supervision (2017a): Finalising Basel III. In brief, Basel, Dezember, 2017

Basel Committee on Banking Supervision (2017b): High-level Summary of Basel III reforms, Basel, Dezember, 2017

Basel Committee on Banking Supervision (2017c): Basel III. Finalising post-crisis reforms, Basel, Dezember, 2017

Basel Committee (2018): Pillar 3 Disclosure Requirements. Updated Framework, Basel 11.12.2018

Baseler Ausschuss (2006): Internationale Konvergenz der Eigenkapitalmessung und Eigenkapitalanforderungen, überarbeitete Rahmenvereinbarung, umfassende Version, Basel, Juni 2006

BSI (2015): Die Lage der IT-Sicherheit in Deutschland 2015, Stand November 2015, Bundesamt für Sicherheit in der Informationstechnik, Bonn

BSI (2018): Die Lage der IT-Sicherheit in Deutschland 2018, Bonn, 11.10.2018

CEBS (2005a): Guidelines on the Implementation, Validation and Assessment of Advanced Measurement (AMA) and Internal Rating Based (IRB) Approaches, Consultation Paper No. 10, London, 01.11.2005 (CP 10)

CEBS (2005b): CEBS Guidelines on Supervisory Disclosure, London, 01.11.2005

CEBS (2005c): Guidelines for the Implementation of the Framework for Consolidated Financial Reporting (FINREP), London 16.12.2005

CEBS (2006a): Framework for Common Reporting of the New Solvency Ratio, London, 13.01.2006 (COREP)

CEBS (2006b): Guidelines on the Implementation, Validation and Assessment of Advanced Measurement (AMA) and Internal Rating Based (IRB) Approaches, London, 20.01.2006 (CP10 revised)

CEBS (2006c): Guidelines on the Application of the Supervisory Review Process under Pillar 2 (CP03 revised), London, 25.01.2006

CEBS (2009): High-Level Principles of Remuneration Policies, London, 20.04.2009

CEBS (2010a): Revised Consultation Paper on the Management of operational Risks in market-related activities, London, 23.06.2010

CEBS (2010b) Compendium of Supplementary Guidelines on Implementation Issues of Operational Risk, London, 27.07.2010

CEBS (2010c): CEBS Guidelines on Remuneration Policies and Practices, London, 10.12.2010

CEBS (2010d): Guidelines on the Management of operational Risks in market-related activities, London, 12.10.2010

Council of the European Union (2019): Proposal for a Regulation of the European Parliament and of the Council amending Regulation (EU) No 575/2013 as regards the leverage ratio, the net stable funding ratio, requirements for own funds and eligible liabilities, counterparty credit risk, market risk, exposures to central counterparties, exposures to collective investment undertakings, large exposures, reporting and disclosure requirements and amending Regulation (EU) No 648/2012 - Presidency compromise, Brüssel, 14.02.2019 (Dok. 2016/0360(COD))

Deutsche Bundesbank (2019): Sicherstellung der Risikotragfähigkeit bei weniger bedeutenden Instituten (LSI) Range of Practice 2015 bis 2017, Frankfurt a.M., 06.02.2019

ECB Banking Supervision (2017a): SSM SREP Methodology Booklet - 2017 edition – to be applied in 2018, Frankfurt a.M. 18.12.2017

ECB Banking Supervision (2017b): IT risk – ECB to roll out cyber incident reporting framework, Supervision Newsletter, 17.05.2017

ECB Banking Supervision (2018a): SSM Supervisory Manual. European banking supervision: functioning of the SSM and supervisory approach, Frankfurt a.M., 16.03.2018

ECB Banking Supervision (2018b): Report on the Thematic Review on effective risk data aggregation and risk reporting, 08.05.2018

ECB Banking Supervision (2018c): SSM thematic review on profitability and business models – Report on the outcome of the assessment, 18.09.2018

ECB Banking Supervision (2018d): ECB Guide to internal models, General Topic Chapter, 15.11.2018

ECB Banking Supervision (2019): Annual Report on Supervisory Activities 2018, Frankfurt am Main, 21.03.2019

European Banking Authority (2014): Guidelines for common procedures and methodologies for the supervisory review and evaluation process (SREP), London, 19.12.2014 (EBA/GL/2014/13)

European Banking Authority (2016): EU-wide Stress Test Results, 29.07.2016

European Banking Authority (2017a): Leitlinien zu für SREP erhobene ICAAP- und ILAAP-Informationen, London, 10.02.2017 (EBA/GL/2016/10)

European Banking Authority (2017b): EBA Pillar II Roadmap, London, 11.04.2017

European Banking Authority (2017c): Leitlinien zur internen Governance, London, 15.03.2018 (EBA/GL/2017/11)

European Banking Authority (2017d): Leitlinien für die IKT-Risikobewertung im Rahmen des SREP, London, 11.09.2017 (EBA/GL2017/05)

European Banking Authority (2018a): Leitlinien zu den Stresstests der Institute, London, 19.07.2018 (EBA/GL/2018/04)

European Banking Authority (2018b): Leitlinien zur Steuerung des Zinsänderungsrisikos bei Geschäften des Anlagebuchs, London, 19.07.2018 (EBA/GL/2018/02)

European Banking Authority (2018c): Guidelines on the revised common procedures and methodologies for the supervisory review and evaluation process (SREP) and supervisory stress testing, Final Report London, 19.07.2018 (EBA/GL/2018/03, final report bzw. EBA/GL/2014/13 consolidated version)

European Banking Authority (2018d): Leitlinien zu Sicherheitsmaßnahmen bezüglich der operationellen und sicherheitsrelevanten Risiken von Zahlungsdiensten gemäß der Richtlinie (EU) 2015/2366 (PSD2) (EBA/GL/2017/17), London, 12.01.2018

European Banking Authority (2018e): Guidelines on the revised common procedures and methodologies for the supervisory review and evaluation process (SREP) and supervisory stress testing, Final Report (EBA/GL/2018/03), London, 19.07.2018

European Banking Authority (2018f): EBA Draft Guidelines on ICT and Security Risk Management (EBA/CP/2018/15), London, 13.12.2018

European Banking Authority (2019): EBA Revised Guidelines on Outsourcing Arrangements, London, 25.02.2019

Europäische Kommission (2014): Delegierte Verordnung (EU) Nr. 529/2014 der Kommission vom 12. März 2014 zur Ergänzung der Verordnung (EU) 575/2013 des Europäischen Parlaments und des Rates durch technische Regulierungsstandards für die Beurteilung der Wesentlichkeit von Erweiterungen und Änderungen des auf internen Beurteilungen basierenden Ansatzes und des fortgeschrittenen Messansatzes

Europäische Kommission (2017): Durchführungsverordnung 2017/2114 der Kommission vom 09. November 2017 zur Änderung der Durchführungsverordnung EU Nr. 680/2014 in Bezug auf Meldebögen und Erläuterungen

Europäische Kommission (2018a): Delegierte Verordnung (EU) 2018/959 der Kommission vom 14. März 2018 zur Ergänzung der Verordnung (EU) Nr. 575/2013 des Europäischen Parlaments und des Rates durch technische Regulierungsstandards zur Festlegung der Beurteilungsmethode, nach der die zuständigen Behörden Instituten die Verwendung fortgeschrittener Messansätze für operationelle Risiken gestatten

Europäische Kommission (2018b): FinTech-Aktionsplan: Für einen wettbewerbsfähigeren und innovativeren EU-Finanzsektor, Brüssel, 08.03.2018

Europäische Kommission (2018c): Call for Advice to the EBA for the purpose of revising the own funds requirements for credit, operational, market and credit valuation adjustment risk, Brüssel, 04.05.2018

EZB-Bankenaufsicht (2018a): SSM-Aufsichtshandbuch, Frankfurt a.M., März 2018

EZB-Bankenaufsicht (2018b): SSM-LSI-SREP-Methodik. Ausgabe 2018, Frankfurt a.M., 04.07.2018

EZB-Bankenaufsicht (2018c): Risikobewertung für 2019, Frankfurt a.M., 30.10.2018

EZB-Bankenaufsicht (2018d): Aufsichtsprioritäten des SSM im Jahr 2019, Frankfurt a.M., 30.10.2018

EZB-Bankenaufsicht (2018e): Leitfaden der EZB für den bankinternen Prozess zur Sicherstellung einer angemessenen Liquiditätsausstattung (Internal Liquidity Adequacy Assessment Process – ILAAP), Frankfurt a.M., November 2018

EZB-Bankenaufsicht (2018f): Leitfaden der EZB für den bankinternen Prozess zur Sicherstellung einer angemessenen Kapitalausstattung (Internal Capital Adequacy Assessment Process – ICAAP), Frankfurt a.M., November 2018

EZB-Bankenaufsicht (2019): ECB Sensitivity analysis of Liquidity Risk – Stress Test 2019 Methodological note, Frankfurt a.M., 06.02.2019

Fachgremium OpRisk (2007a): Empfehlung des Fachgremiums OpR zur Datensammlung (interne Schadensdaten) im AMA, Bonn, Frankfurt a.M., 13.09.2007

Fachgremium OpRisk (2007b): Empfehlung des Fachgremiums OpR zur Ermittlung des relevanten Indikators bei Wohnungsbaugenossenschaften mit Spareinrichtung, Bonn, Frankfurt a.M., 30.11.2007

Fachgremium OpRisk (2007c): Bestimmung des relevanten Indikators, Bonn, Frankfurt a.M., 19.12.2007

Fachgremium OpRisk (2007d): Empfehlung des Fachgremium OpR zum Partial Use von Basisindikatoransatz (BIA) und Standardansatz (STA), Bonn, Frankfurt a.M., 19.12.2007

Fachgremium OpR (2007e): Empfehlung des Fachgremium OpR zur Anerkennung der teilweisen Anwendung (Partial Use), Bonn, Frankfurt a.M., 19.12.2007

Fachgremium OpRisk (2008a), Auslegung zur Ermittlung des relevanten Indikators nach Übernahme von Basisindikatoransatz-Instituten durch Institutsgruppen, die den Standardansatz (STA) nutzen, Bonn, Frankfurt a.M., 28.10.2008

Fachgremium OpRisk (2008b): Auslegung zur Vorgehensweise zur Berücksichtigung von Aufwendungen für Auslagerungen bei der Ermittlung des relevanten Indikators, Bonn, Frankfurt a.M., 20.10.2008

Fachgremium OpRisk (2008c): Empfehlung des Fachgremiums OpR zu Faktoren des Geschäftsumfeldes und internen Kontrollsystems, Bonn, Frankfurt a.M., 05.03.2008

Fachgremium OpRisk (2008d): Empfehlung des Fachgremiums OpR zur Behandlung des erwarteten Verlustes im AMA, Bonn, Frankfurt a.M., 05.03.2008

Fachgremium OpR (2008e): Empfehlung des Fachgremiums OpR zur Berücksichtigung von Korrelationen im AMA, Bonn, Frankfurt a.M., 05.03.2008

Fachgremium OpRisk (2008f): Empfehlung des Fachgremiums OpR zur Geschäftsfeldzuordnung, Bonn, Frankfurt a.M., 05.03.2008

Fachgremium OpRisk (2008g): Empfehlung des Fachgremiums OpR zur OpR-Definition, Bonn, Frankfurt a.M., 05.03.2008

Fachgremium OpRisk (2008h): Empfehlung des Fachgremiums OpR zur Überprüfung (Validierung) des AMA, Bonn, Frankfurt a.M. 05.03.2008

Financial Stability Board (2017a): Summary Report on Financial Sector Cybersecurity Regulations, Guidance and Supervisory Practices, Basel, 13.10.2017

Financial Stability Board (2017b): Stocktake of Publicly Released Cybersecurity Regulations, Guidance and Supervisory Practices, Basel, 13.10.2017

Financial Stability Board (2018): Cyber Lexicon, Basel, 12.11.2018

G7 (2018a): Fundamental Elements for Threat-Led Penetration Testing, Oktober 2018

G20 (2017): Communique: G20 Finance Ministers and Central Bank Governors Meeting, Baden-Baden, Germany, 17.-18.03.2017

G7 (2018b): Fundamental Elements for Third Party Cyber Risk Management in the Financial Sector, Oktober 2018

Nouy, Danièle (2016): Aufsichtliche Erwartungen an ICAAP und ILAAP sowie harmonisierte Erhebung von ICAAP- und ILAAP-Informationen, Frankfurt a.M., 08.01.2016, Schreiben an die Geschäftsleitung bedeutender Banken

Nouy, Danièle (2017): Multi-year plan on SSM Guides on ICAAP and ILAAP, Frankfurt a.M., 20.02.2017, Schreiben an die Geschäftsleitung bedeutender Banken

Office of the Comptroller of the Currency (2011): Supervisory Guidance on Model Risk Management«, SR Letter 11-7 Attachment, 04.04.2011

Richtlinie 2006/48/EG des Europäischen Parlaments und des Rates v. 14.06.2006 über die Aufnahme und Ausübung der Tätigkeit der Kreditinstitute – Bankenrichtlinie 2006/48, ABl. EU L 177/1 v. 30.06.2006

Verordnung (EU) Nr. 575/2013 des Europäischen Parlaments und des Rates vom 26. Juni 2013 über Aufsichtsanforderungen an Kreditinstitute und Wertpapierfirmen

Weitere Quellen

Andrae/Hellmich/Schmaltz (2018): Bankaufsichtliches Risikomanagement. Grundlagen und Anwendung regulatorischer Anforderungen, Schäffer-Poeschel Verlag, Stuttgart

Beekmann, Frank/Buchmüller, Patrik/Elbracht, Hans/Engelbach, Sascha/Puppe, Inka (2018): Eigenmittelregulierung, in: Handbuch Bankenaufsichtsrecht, RWSVerlag, Köln, Februar 2018, S. 267-362

Beekmann, Frank/Stemper, Peter (2014): Beispiel für einen Advanced Measurement Approach zur Quantifizierung des Operationellen Risikos, in: Gendrisch/Gruber/Hahn (Hrsg.): Handbuch Solvabilität, 2. Aufl., Schäffer-Poeschel Verlag, Stuttgart, S. 363-378

Binder, Jens/Glos, Alexander/Riepe, Jan (Hrsg.) (2018): Handbuch Bankenaufsichtsrecht, RWS-Verlag, Köln

BITKOM (2018): Spionage, Sabotage und Datendiebstahl, Wirtschaftsschutz in der Industrie, Studienbericht 2018, Berlin, 02.10.2018

Brixner, Joachim/Schaber, Mathias (2016): Bankenaufsicht. Institutionen, Regelungsbereiche und Prüfung, Schäffer-Poeschel-Verlag, Stuttgart

Buchmüller, Patrik (2007): Aufsichtliche Offenlegung: Umsetzungsstand in der EU und Deutschland«, in: BankPraktiker, Nr. 10, Mai 2007, S. 462-464

Buchmüller, Patrik (2008): Basel II. Hinwendung zur prinzipienorientierten Aufsicht, Dissertation, Nomos-Verlag, Baden-Baden

Buchmüller, Patrik (2018): Eigenmittelregulierung/operationelles Risiko, in: Binder/Glos/Riepe (Hrsg.): Handbuch Bankenaufsichtsrecht, RWS-Verlag, Köln 2018, S. 267-362 (mit Frank Beekmann, Hans Elbracht, Sascha Engelbach und Inka Puppe)

Buchmüller, Patrik/Beekmann, Frank (2017): Art. 312 bis 324 CRR, in: Luz/Neus/Schaber/Schneider/Wagner/Weber (Hrsg.), KWG und CRR. Kommentar zu KWG, CRR, FKAG, SolvV, WuSolvV, GroMiKV, LiqV und weiteren aufsichtsrechtlichen Vorschriften, 3. Auflage, 2. Update, Schäffer-Poeschel Verlag, Stuttgart

Buchmüller, Patrik/Haas, Marcus (2009): Entwicklungen in der OpRisk-Regulierung und der Bankpraxis, in: Buchmüller, Patrik (Hrsg.): OpRisk-Management in Banken und Sparkassen, FinanzColloquium Heidelberg, Juli 2009, S. 5-49

Buchmüller, Patrik/Hellstern, Gerhard (2019): Regulierung von IT-Risiken in Banken, Schäffer-Poeschel Verlag, Stuttgart

Buchmüller, Patrik/Igl, Andreas/Röhrig, Susanne (2019) Handbook of EU Banking Regulation: Implementation of the New Basel Accord into European Banking Law and Supervisory Practice in the Single Supervisory Mechanism, in Vorbereitung

Buchmüller, Patrik/Igl, Andreas (Hrsg.) (2019): Handbuch ICAAP/ILAAP. Die Neuen Vorgaben zur Risikotragfähigkeit von EZB und BaFin, Bank-Verlag, Köln

Buchmüller, Patrik/Koschate, Sandra (2017): Stresstesting und Überprüfung der Angemessenheit der Eigenmittelausstattung für die Risikoart operationelles Risiko, in: Geiersbach/Prasser (Hrsg.) Praktikerhandbuch Stresstesting, 3. Aufl., Finanz Colloquium Heidelberg, S. 243-297.

Buchmüller, Patrik/Pfeifer, Guido (Hrsg.) (2018): MaRisk Interpretationshilfen, 5. Aufl. Finanz Colloquium Heidelberg, Mai 2018

Buchmüller, Patrik/Mährle, Christine (2019): Vorgaben von BSI, BaFin und EBA zum Cloud-Computing, in: Risikomanager, Nr. 4 2019, S. 12-16

Buchmüller, Patrik/Merchant, Sanjay (2015): Aktuelle Herausforderungen im Reputationsrisikomanagement, Vortrag im Rahmen Rahmens des Expertenforums der Dr. Peter & Company, Frankfurt a.M., 15.10.2015

Buchmüller, Patrik/Puntus, Georg/Tuder, Georg (2019): Regulatorische Agenda im ersten Halbjahr 2019, in: Zeitschrift für Finanzregulierung und Finanzinstitutionen (ZFF), Nr. 1, April 2019, S. 5-25

Buchmüller, Patrik/Sturm, Philipp (2018): Steuerung und Überwachung operationeller Risiken, in: Buchmüller /Pfeifer (Hrsg.): MaRisk Interpretationshilfen, 5. Aufl., Finanz Colloquium Heidelberg, S. 665-727

Bundeskriminalamt (2016): Cybercrime, Bundeslagebild 2015, Juli 2016

Bundeskriminalamt (2017): CEO-Fraud. Warnhinweis, veröffentlicht unter: https://www.bka.de/SharedDocs/Downloads/DE/IhreSicherheit/CEOFraud.html, Wiesbaden, 16.05.2017, abgerufen am 16.03.2019

Bundeskriminalamt (2018): Cybercrime Bundeslagebild 2017, Wiesbaden 27.09.2018 (Stand Juli 2018)

Buscher, Arne Martin/von Harbou, Christopher/Link, Vivien/Weigl, Thomas (2018): Verordnung über die aufsichtsrechtlichen Anforderungen an Vergütungssysteme von Instituten, Institutsvergütungsverordnung - InstitutsVergV, Kommentar, 2. Aufl., Schäffer-Poeschel Verlag, Stuttgart

CCP Research Foundation (2017): Conduct Cost Project Report 2017, Press Release, 11.08.2017

Cichy, Patrick/Buchmüller, Patrik/Igl, Andreas (2018): Sanierungs- und Abwicklungsplanung, in: Binder/Glos/Riepe (Hrsg.): Handbuch Bankenaufsichtsrecht, RWS-Verlag, Köln, Februar 2018, S. 684-733

Das, Krishna N./Spicer, Johnathan (2016): The SWIFT hack, How the New York Fed fumbled over the Bangladesh Bank cyber-heist, reuters.com, 21.07.2016

Devnath, Arun/Riley, Michael (2016): Bangladesh Bank Heist Probe Said to Find Three Hacker Groups, Bloomberg.com, 10.05.2016

DOJ (2018): Criminal Complaint charging Park Jin Hyok, US Department of Justice, 06.09.2018, veröffentlicht unter: https://www.justice.gov/opa/pr/north-korean-regime-backed-programmer-charged-conspiracy-conduct-multiple-cyber-attacks-and (abgerufen am 16.03.2019)

Eley, Slavka/Peters, Marc (2014): Building common European SREP framework – Guidelines for common SREP, Präsentation, im Rahmen des Public hearing zu den Draft SREP Guidelines, EBA, London, 09.09.2014

FAA (2019): Emergency Order of Prohibition – Operators of Boeing Company Model 737-8 and Boeing Company Model 737-9 Airplanes, 13.03.2019

FINMA (2012): Summary Report, FINMA Investigation into the Events surrounding trading losses of USD 2.3 billion incurred by the Investment Banking Division of UBS AG in London, Bern, 21.11.2012

Guiterrez, Pilar Rodriguez (2019): 2018 EU-wide stress test, Main Features, OpRisk Methodology, and Input for SREP, Vortrag im Rahmen des 15. OpRisk-Quant-Workhop, Frankfurt a.M., 24.01.2019

Hannemann, Ralf/Steinbrecher, Ira/Weigl, Thomas (2019): Mindestanforderungen an das Risikomanagement (MaRisk), 5. Aufl., Schäffer-Poeschel Verlag, Stuttgart

Hellstern, Gerhard (2017): § 25a KWG, in: Luz/Neus/Schaber/Schneider/Wagner/Weber (Hrsg.), KWG und CRR. Kommentar zu KWG, CRR, FKAG, SolvV, WuSolvV, GroMiKV, LiqV und weiteren aufsichtsrechtlichen Vorschriften, 3. Aufl., 2. Update 2017, Schäffer-Poeschel Verlag, Stuttgart

Ingves, Stefan (2015): Speech at the IIF Annual Membership Meeting, Lima, 9.10.2015

Kaeheman (2012): Schnelles Denken – langsames Denken, Siedler-Verlag, München

Knaack, Caroline/Tellers, Stefan (2018): SSM – Einheitlicher Bankenaufsichtsmechanismus, in: Luz/Neus/Schaber/Schneider/Wagner/Weber(Hrsg.), KWG und CRR. Kommentar zu KWG, CRR, SolvV, WuSolv, GroMiKV, LiqV und weiteren aufsichtsrechtlichen Vorschriften, Ergänzungsband SAG. Schäffer-Poeschel Verlag, Stuttgart, S. 567-584

Lackhoff, Klaus (2017): Single Supervisory Mechanism. European Banking Supervision by the SSM. A Practitioner's Guide, C.H. Beck, Hart, Nomos, Baden-Baden/München/Oxford, 2017

LeComte, Michiel/Yiannoulis, Nicola (2019): CP on Guidelines on ICT and Security Risk Management, EBA, Public Hearing, London, 13.02.2019

Lindenau, Jan/Rahn, Ulrich (2019): Stresstesting als Ergänzung zur Risikotragfähigkeits-berechnung, in: Buchmüller/Igl (Hrsg.), Handbuch ICAAP/ILAAP. Die Neuen Vorgaben zur Risikotragfähigkeit von EZB und BaFin, Bank-Verlag, Köln, S. 241-270

Ludwig, Petra (2018): Die Aufreger des Jahres, Vortrag im Rahmen des RepRisk-Forum, Köln, 15.11.2018

Mährle, Christine/Buchmüller, Patrik (2019): Was beim Outsourcing in die Cloud zu beachten ist, in: Die Bank, Nr. 4 2019, S. 40-44

McGregor, Richard/Stanley, Aron (2014): Banks pay out $100bn in US fines, ft.com, Internetver-öffentlichung v. 25.03.2014

ORX (2013): 2012 ORX Report on Operational Risk Loss Data, 2013

ORX (2017): Beyond the headlines: Banking Operational risk loss data for banks submitted in 2016, November 2017

ORX (2018a): Annual Bank Loss Report. Operational Risk loss data for banks submitted bet-ween 2012 and 2017, June 2108; ORX, Genf, 05.07.2018

ORX (2018b): ORX Operational Risk Horizon 2019, Genf, 09.11.2018

Ott, Klaus (2009): Gier nach Boni beschäftigt erstmals Justiz, in: Süddeutsche Zeitung vom 10.08.2009

Pfau, Rainer (2018): EBA Leitlinien zur internen Governance (EBA/GL/2017/11), Vortrag anläss-lich der VÖB-Fachtagung »Neue Entwicklungen in der Bankenaufsicht und der Bankenre-gulierung«, Köln, 20.09.2018

Rafeld, Hagen/Fritz-Morgenthal, Sebastian G./Posch, Peter N. (2019): Whale Watching on the Trading Floor: Unravelling Collusive Rogue Trading in Banks, in: Journal of Business Ethics, Januar 2019

Scharpf, Paul/Schaber, Mathias (2018): Handbuch Bankbilanz, 7. Aufl., IDW-Verlag, Düsseldorf

Schumacher, Stephan/Steinhoff, Carsten (2009): Quantifizierung operationeller Risiken mit ORC-RS, in: Buchmüller, Patrik (Hrsg.): OpRisk-Management in Banken und Sparkassen, FinanzColloquium Heidelberg, Juli 2009, S. 227-258

Swift (2016): SWIFT introduces mandatory customer security requirements and an asso-ciated assurance framework, Presseerklärung vom 27.09.2016, zu finden unter: https://www.swift.com/insights/press-releases/swift-introduces-mandatory-customer-security-requirements-and-an-associated-assurance-framework

UBS (2019): Annual Report UBS AG, Zürich 15.03.2019

Warnecke, Sven (2018): Die Steuerung von Zinsänderungsrisiken im Bankbuch und ihre Integration in den ICAAP, Vortrag im Rahmen des Seminars Risikotragfähigkeit, ICAAP und ILAAP – To Do's für Less Significant Institutions, Köln, Bank-Verlag, 03.09.2018

Stichwortverzeichnis

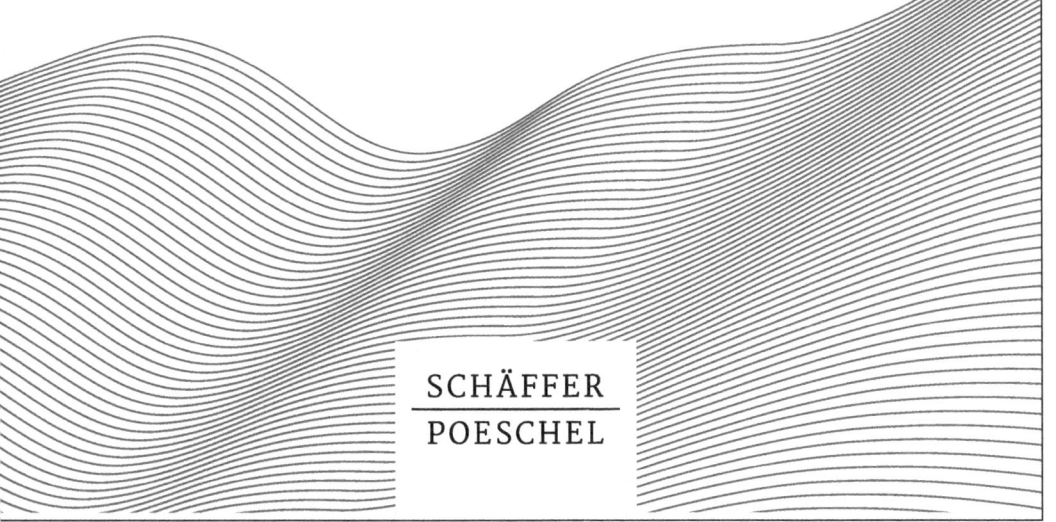

Ihr Feedback ist uns wichtig!
Bitte nehmen Sie sich eine
Minute Zeit:

www.schaeffer-poeschel.de/feedback

SCHÄFFER
POESCHEL